ENSEÑANZAS FALSAS DE LAS SECTAS COMPARADAS CON LA VERDAD DEL CRISTIANISMO CLÁSICO

Por
Jorge Ernesto Baena Lascano

Índice

CAPÍTULO 1 — 5
QUÉ ES UNA SECTA — 5
ETIMOLOGÍA — 5
LO QUE HACEN LAS SECTAS — 8
ORIGEN Y DESARROLLO DE LAS SECTAS — 9
DIFERENCIA ENTRE SECTA Y RELIGIÓN — 11

CAPÍTULO 2 — 13
LAS SECTAS DE LOS PRIMEROS SIGLOS Y LOS APOLOGISTAS — 13
LAS TERGIVERSACIONES JUDÍAS — 14
LAS TERGIVERSACIONES GENTILES — 15
LOS APOLOGISTAS — 17
LAS TRECE PRINCIPALES SECTAS — 18
ANTIGUAS EN EL CRISTIANISMO — 18
LOS PRIMEROS CREDOS CRISTIANOS — 27
EL CREDO DE PEDRO — 28
EL CREDO NICENO — 29
EL CREDO ATANASIANO — 30
EL CREDO APOSTÓLICO — 31

CAPÍTULO 3 — 32
LAS SECTAS DE LOS ÚLTIMOS SIGLOS — 32
EL UNITARISMO — 35
SU ORIGEN — 35
EL RESURGIMIENTO — 36
CUATRO PUNTOS BÁSICOS QUE DIFERENCIAN AL UNITARISMO DEL CRISTIANISMO — 37
APOLOGÍA — 37
EL ADVENTISMO — 41
HISTORIA DEL MOVIMIENTO — 41
CUATRO PUNTOS BÁSICOS QUE DIFERENCIAN AL ADVENTISMO DEL CRISTIANISMO — 42
APOLOGÍA — 43
LOS TESTIGOS DE JEHOVÁ — 47
SU ORIGEN — 47
HISTORIA DE LA SECTA — 47
LA TRADUCCIÓN DEL NUEVO MUNDO — 50
DE LAS SANTAS ESCRITURAS — 50
DOCTRINA DE LOS TESTIGOS DE JEHOVÁ — 53
LA FORMA DE GANAR ADEPTOS — 62
PROHIBICIONES SIN FUNDAMENTO BÍBLICO — 63
LOS MORMONES — 65
HISTORIA DEL MOVIMIENTO — 65
LA ESTRUCTURA DOCTRINAL — 66
DEL MORMONISMO — 66
APOLOGÍA — 67
LA DOCTRINAL DEL MORMONISMO — 72
CON RESPECTO A LA CAÍDA DE ADÁN — 72
LA CRISTOLOGÍA DEL MORMONISMO — 73
EL CONCEPTO TRINITARIO — 74
DEL MORMONISMO — 74
LA ECLESIOLOGÍA DEL MORMONISMO — 74

LA ANGEOLOGÍA DEL MORMONISMO	75

LA CIENCIA CRISTIANA — 77
- CONTEXTO HISTÓRICO — 77
- EL CONCEPTO QUE LA CIENCIA CRISTIANA TIENE DE DIOS Y DE LA TRINIDAD — 79
- **EL CONCEPTO QUE LA CIENCIA CRISTIANA TIENE DE CRISTO** — 79
- **EL CONCEPTO QUE LA CIENCIA CRISTIANA TIENE DE LA EXPIACIÓN** — 80
- **EL CONCEPTO QUE LA CIENCIA CRISTIANA TIENE DE LA MUERTE** — 80
- **EL CONCEPTO QUE LA CIENCIA CRISTIANA TIENE DE LOS ÁNGELES** — 81

LA TEOSOFÍA — 83
- CONTEXTO HISTÓRICO — 83
- EL CONCEPTO TEOSÓFICO DE DIOS Y DE LA TRINIDAD — 84
- EL CONCEPTO CRISTOLÓGICO DE LA TEOSOFÍA — 84
- EL CONCEPTO ANTROPOLÓGICO DE LA TEOSOFÍA — 84
- EL CONCEPTO QUE LA TEOSOFÍA TIENE DE LA EXPIACIÓN — 85
- EL CONCEPTO QUE LA TEOSOFÍA TIENE DE LOS ÁNGELES — 85

EL ROSACRUCISMO — 87
- SU ORIGEN — 87
- EL RESURGIMIENTO — 87
- LA CRUZ DEL ROSACRUCISMO — 88
- EL CONCEPTO TRINITARIO DEL ROSACRUCISMO — 89
- LA CRISTOLOGÍA DEL ROSACRUCISMO — 89
- LA COSMOLOGÍA DEL ROSACRUCISMO — 90

EL GNOSTICISMO — 92
- EL GNOSTICISMO PRIMITIVO — 92
- EL GNOSTICISMO MODERNO — 94
- APOLOGÍA — 95

LA NUEVA ERA — 97
- DEFINICIÓN — 97
- CONTEXTO HISTÓRICO — 97
- EL CONCEPTO QUE LA NUEVA ERA TIENE DE DIOS — 98
- EL CONCEPTO CRISTOLÓGICO DE LA NUEVA ERA — 99
- EL CONCEPTO QUE LA NUEVA ERA TIENE DE LA SAGRADA ESCRITURA — 99
- EL CONCEPTO QUE LA NUEVA ERA TIENE DEL NUEVO NACIMIENTO — 100
- EL CONCEPTO QUE LA NUEVA ERA TIENE DEL REINO DE DIOS — 100
- LA NEGACIÓN DEL INFIERNO POR PARTE DE LA NUEVA ERA — 101
- ÁREAS EN LAS QUE INTERVIENE — 102
- LA NUEVA ERA — 102

CRECIENDO EN GRACIA — 105
- EL CONCEPTO QUE CRECIENDO EN GRACIA TIENE DE CRISTO — 105
- EL CONCEPTO QUE CRECIENDO EN GRACIA TIENE DE LA BIBLIA — 106
- EL CONCEPTO QUE CRECIENDO EN GRACIA TIENE DE LOS APÓSTOLES PEDRO Y PABLO — 106
- EL CONCEPTO QUE CRECIENDO EN GRACIA TIENE DEL ANTICRISTO — 107
- EL CONCEPTO QUE CRECIENDO EN GRACIA TIENE DEL DIABLO Y DEL NÚMERO 666 — 107
- EL CONCEPTO QUE CRECIENDO EN GRACIA TIENE DE LA SEGURIDAD DE LA SALVACIÓN — 108

IGLESIA PENTECOSTAL DIOS ES AMOR — 110
- BASE DOCTRINAL — 110
- LA PRÁCTICA DE LA SIMONÍA — 111

IGLESIA UNIVERSAL DEL REINO DE DIOS (IURD) — 112
- BASE DOCTRINAL — 112

IGLESIA DE DIOS MINISTERIAL DE JESUCRISTO INTERNACIONAL — 114
- CONTEXTO HISTÓRICO — 114
- LA PRIMERA DE UNA MULTITUD DE — 114
- LUGARES DE REUNIÓN — 114
- EL ÉNFASIS Y LA FORMA DE LA PROFECÍA — 115

NEO-MESIANISMO — 117
- BREVE HISTORIA DEL SIONISMO — 117
- ESTRUCTURA DOCTRINAL — 120
- LA CRÍTICA DEL NEO-MESIANISMO A LA IGLESIA CRISTIANA — 126

LA FAMILIA DE DIOS _____ **127**
    FUNDADORES DEL MOVIMIENTO_____127
    EL ORIGEN DEL MOVIMIENTO _____128
    ESTRUCTURA DOCTRINAL _____128

RECOMENDACIONES AL TRATAR CON UN ADEPTO _130
BIBLIOGRAFÍA_____131

CAPÍTULO 1
QUÉ ES UNA SECTA

ETIMOLOGÍA

El Diccionario de la Real Academia de la Lengua Española define la palabra secta como "doctrina religiosa o ideológica que se aparta de lo que se considera ortodoxo". El término castellano parece provenir del vocablo latín *"sequi"*, que quiere decir "seguir" y originalmente le fue aplicado a las escuelas filosóficas, sin embargo, con el tiempo adquirió un significado coloquial o popular para las organizaciones religiosas, a la vez que se les considera, con mucha razón, peligrosas y nocivas, por alejarse de la ortodoxia teológica y de las doctrinas tradicionales u oficiales, tomando un carácter alienante y destructivo para los adeptos. Una secta es el conjunto de personas que se han apartado de la enseñanza oficial de un grupo establecido, para seguir una ideología, la mayoría de veces concreta, aun cuando en algunas ocasiones no, conformando una comunidad con afinidades comunes. En necesario diferenciar entre el significado general que tiene la palabra "secta", con la que se designa normalmente para cada uno de los grupos que se apartan o que causan divisiones en una religión o en una denominación histórica. En el caso específico del cristianismo, la secta es una agrupación que ha pervertido las enseñanzas que la iglesia ha sostenido a través de la historia.

Por otra parte, la palabra griega *"hairesis"* ha sido traducida al castellano como "elección", "separación" o "división" y precisamente por estas dos últimas, se deriva el término español "herejía", con el que se conoce todo doctrina que sea contradictoria a la sana interpretación bíblica. Asimismo, del vocablo *"hairesis"*, se ha derivado la palabra Heresiología, que es la rama que estudia o trata acerca de las herejías.

Con respecto a la definición desde el punto de vista del cristianismo, y por los grupos religioso formados a través de la historia, el autor cubano Marcos Antonio Ramos, en su NUEVO DICCIONARIO DE RELIGIONES, DENOMINACIONES Y SECTAS (Editorial Betania; pp. 139) afirmó que "esta palabra procede del latín e indica una escuela o una secta. Con el tiempo llegó a indicar una doctrina o grupo rechazado por el sector ortodoxo". Infinidad de organizaciones y doctrinas son consideradas herejías o heterodoxias. Por otra parte, el autor español Francisco Lacueva, en su libro titulado LA IGLESIA, CUERPO DE CRISTO (Editorial Clie; pp. 261) escribió lo siguiente: "La herejía significa *partido* o toma de posición a favor de una verdad fragmentaria, absolutizándola y cortándola del contexto total del mensaje" y citó al autor A. Alonso, quien con gran acierto distinguió entre una secta y una comunidad, así: "la secta es un individualismo colectivo; la comunidad es una personalización socializada". Así, con respecto a la iglesia cristiana, mientras ésta mantiene su invitación a todos los hombres que somos salvos por la gracia mediante la fe en el Señor Jesucristo, la secta se encierra en un exclusivo fanatismo que no hace énfasis en el núcleo del Evangelio, sino en detalles fragmentarios, junto con la negación de verdades fundamentales de la Biblia.

LA UTILIZACIÓN DEL TÉRMINO EN EL JUDAÍSMO

En el primer siglo de la era cristiana, dentro del judaísmo, el uso que se le daba a la palabra "secta" no era peyorativo y la opinión general de ese tiempo no tenía nada que ver con el sentido que se le da a en la época actual. Las principales sectas eran la de los saduceos, la de los fariseos y la de los esenios.

Los saduceos eran la elevada y aristocrática clase sacerdotal, pretendían ser el grupo religioso más justo y aun cuando no eran muy numerosos, tenían bastante influencia en las decisiones del Sanedrín por sus riquezas y su reconocida erudición. Se sabe de ellos que no creían en la resurrección (Mateo 22:23; Hechos 23:6-8) como tampoco en los espíritus, ni en ángeles, y se cree que el término "saduceo", que significa "justo", probablemente proviene se deriva del sumo sacerdote Sadoc, aquel que fuera investido por el rey Salomón (1 Reyes 1:8) para reemplazar a Abiatar, el sacerdote del rey David (1 Reyes 2:35) y que los saduceos eran descendientes de aquél. No eran tan numerosos como los fariseos por ser de la clase aristócrata, pero la mayoría eran los políticos y gobernantes de la nación, tanto así que es probable que la descendencia del sacerdote Sadoc haya llegado hasta Antíoco Epifanes. Se oponían a la tradición oral (el Talmud) sin embargo, aceptaban la *"Torah"*, pero no la vivían. Este grupo religioso dentro del judaísmo se acabó en el año 70 d. C.

Los fariseos eran otra de las principales sectas del judaísmo y la más poderosa e influyente en el pueblo. Se caracterizaban por su marcado legalismo, ritualismo, gran apego a las tradiciones, y la observancia fiel y rígida de las normas de la ley mosaica, lo que les hacía creer que eran más santos que el resto de los grupos religiosos, pero utilizaban métodos falsos y artificiales de exégesis de la Escritura. Su nombre se deriva del vocablo hebreo *"perusim"*, que significa "separados" o del verbo *"parash"*, que significa "separar", por cuanto querían separarse del mundo obedeciendo literalmente la ley oral y escrita, lo que los llevó al legalismo. Aparecieron como los *"haberim"* o "vecinos" durante el ministerio del sumo sacerdote Juan Hircano, entre los años 130-104 a. C., tiempo en que se desarrollaron como un grupo religioso, adquiriendo cada vez mayor influencia entre los judíos. Hacían demasiado énfasis en el ritualismo (Mateo 23:24) y habían compuesto un código ceremonial relacionado con las leyes, que era aún más riguroso que la ley de Moisés, como por ejemplo, ayunar dos veces por semana (Lucas 18:11-12). El apóstol Pablo y Nicodemo eran fariseos, y actualmente, esta es la única secta que existe de los judíos.

Los escribas, también llamados doctores, intérpretes o maestros de la ley debido al conocimiento diligente que tenían de las legislaciones mosaicas, junto con los ancianos y sacerdotes, constituían el Sanedrín. Eran eruditos bíblicos, exégetas, teólogos, y a la vez copistas o amanuenses, historiadores y generalmente abogados de profesión. Algunos de ellos llegaron a ser jueces y casi todos dominaban varios idiomas. Tenían la tarea de preservar, enseñar y transmitir oral y exactamente la ley tal como la recibían. Debido al conocimiento minucioso que alcanzaron a tener de la Escritura, llegaron a ser autoridades reconocidas, y los más notables entre ellos reunieron escuelas alrededor de sí. El primer escriba fue Esdras (Esdras 7:10). Puesto que la esencia del judaísmo era la observancia de la ley y se requería que ésta fuera conocida, entendida y aplicada, se hizo necesario el servicio de los escribas para el resto del pueblo. La colección de tradiciones y leyes que recibieron los escribas se denominó "la Tradición de los ancianos" (Mateo 15:2; Marcos 7:3-5,8) y era observada tan fielmente en la época del ministerio terrenal de Cristo como la ley mosaica.

Por otra parte, también estaban lo esenios, que no son mencionados en la Biblia, sin embargo, era una comunidad ascética que se caracterizaba por cuanto sus miembros castigaban sus propios cuerpos para purificarse por medio del sufrimiento, y vivían aislados de la sociedad, al sur del Mar Muerto, cerca al desierto. Se entregaron a una vida rígida y severa con falta de comodidades, se sostenían de trabajos manuales y fueron destruidos en el año 70 d. C.

Los fariseos creían en la resurrección, mientras los saduceos la negaban. Aquéllos tenían ciertos dogmas doctrinales de angeología y demonología que éstos no aceptaban, argumentando que habían sido adoptados de los persas. Los saduceos rechazaban las tradiciones orales de los escribas. A pesar de la disensión que era manifiesta entre los grupos religiosos, estos se unieron en una sola causa común para atacar las enseñanzas del Señor Jesús y prenderle para llevarle a la muerte, aun cuando tuvieran que emplear acusaciones falsas. En una oportunidad los saduceos interrogaron a Cristo acerca de la resurrección con el vano intento de confundirlo (Mateo 22:23-32; Marcos 12:18-27; Lucas

20:27-40) pero en lugar de lograr su objetivo, recibieron por respuesta palabras llenas de sabiduría con las que afirmaba con autoridad que moriría en la cruz, pero que resucitaría al tercer día, lo que los desacreditaba públicamente, razón por la cual los saduceos deseaban que muriera.

En un principio, la palabra secta simplemente hacía una referencia a las divisiones internas dentro del judaísmo y hacía diferencia entre *"la secta de los fariseos"* (Hechos 15:5; 26:5) y *"la secta de los saduceos"* (Hechos 5:17).

LA UTILIZACIÓN DEL TÉRMINO PARA LA IGLESIA

En el primer siglo de la era cristiana algunos judíos erróneamente denominaban a la iglesia cristiana *"secta"* (Hechos 28:22) *"la secta de los nazarenos"* (Hechos 24:5) o *"herejía"* (Hechos 24:14) posiblemente considerándola una fracción más del judaísmo, apartada de la ortodoxia y que seguía las enseñanzas del Señor Jesús, a quien consideraban un blasfemo, por cuanto en Su filiación como Hijo de Dios, que equivalía a hacerse a Sí mismo igual a Dios, los judíos no podían concebir que un simple ciudadano de Palestina e hijo de un carpintero, fuera el eterno Mesías esperado con tanta ansiedad por el pueblo hebreo.

Después del milagro de la resurrección de Lázaro, los principales sacerdotes y los fariseos reunieron el concilio y planearon atrapar al Señor Jesús, aun cuando tuvieran que emplear el engaño. El veredicto de Caifás, quien era sumo sacerdote aquel año, fue que Cristo debería morir por el bien de toda la nación judía (Juan 11:49-50) para que los romanos no destruyeran los lugares santos, debido a la fama que se estaba extendiendo de Aquel a quien los judíos que le seguían proclamarían como su Rey. La designación de un monarca que saliera del pueblo, era sencillamente un acto de sublevación, rebeldía y sedición en contra de la autoridad del poderoso imperio romano, entonces la hostilidad de los dirigentes religiosos se manifestó y comenzaron a hacer planes para asesinar al Señor Jesús. En su libro LA SANTIDAD DE DIOS (Editorial Unilit; pp. 71) el autor Robert C. Sproul hizo el siguiente comentario al respecto: "El resentimiento de los fariseos y los saduceos hacia Jesús comenzó con un pequeño enojo, que se transformó en una ira ardiente, y finalmente explotó en vehementes demandas por su muerte... Ellos crearon categorías para Jesús: era un blasfemo y un demonio. Tenía que irse". Luego de la resurrección de Cristo y de Su ascensión a la diestra del Padre, Sus seguidores fueron víctimas de persecución y muerte en algunos casos.

EL TÉRMINO UTILIZADO POR LA IGLESIA

A diferencia de los grupos en que el judaísmo estaba dividido, en la iglesia cristiana el término "secta" fue empleado para designar las comunidades que se separaban de las enseñanzas apostólicas, para seguir una doctrina diferente a las que estableciera Cristo. A estos nuevos grupos, por la influencia que causaban en la vida personal de sus adeptos, se les consideró como "sectas destructivas", que escondidas en una apariencia de bondad, son peligrosas por los efectos nocivos que producen en sus miembros, y estas surgieron dentro de las propias iglesias cristianas locales.

La secta es un grupo, congregación o asociación que se puede llamar iglesia, y pareciera serlo, sin embargo, no lo es en esencia, puesto que con sus abusos doctrinales, algunos derivados del paganismo, pero opuestos a la sana enseñanza que proclamaban los apóstoles, profesan diversas perspectivas, especialmente cristológicas, que están en desacuerdo con los principios de la doctrina establecida, manteniendo con obstinación su oposición al dogma considerado ortodoxo. Los herejes son como lobos dispersando a las ovejas con sus invenciones y artificios. El sistema que emplean las sectas aparenta enseñar la verdad con supuestas cosas profundas que la iglesia cristiana no ha revelado, no obstante, sus nuevas teorías son desequilibradas y antibíblicas.

Pareciera extraño que, algunas personas, con los mismos elementos de juicio revelados en la Sagrada Escritura, deduzcan ideas diferentes con las que desvían sus doctrinas de la pureza de la fe, sin embargo, sus resultados, a corto o largo plazo, dejan ver sus fines egoístas y particulares. Parece ser que la característica de los errores satánicos, en aquellos que los han abrazado, es que no están dispuestos a reconsiderarlos honestamente. Con acierto profético el apóstol Pedro registró que *"algunos indoctos e inconstantes tuercen"* las Escrituras (2 Pedro 3:16) y este ha sido el proceder de multitud de grupos sectarios en el pasado, en el presente, y lo será en el futuro. Algo común en las agrupaciones heréticas es que los adeptos siguen a un líder carismático, de gran influencia, que por lo general se ha autoproclamado como un "mesías", o alguien que ha sido escogido por Dios para guiar a otros a la salvación, teniendo él la verdadera revelación divina.

LO QUE HACEN LAS SECTAS

1. Aceptan algunas enseñanzas bíblicas.
2. Rechazan otras doctrinas de la Escritura.
3. Añaden nuevas doctrinas.

Una secta, por lo general, acepta algunas enseñanzas bíblicas, sin embargo, rechaza otras doctrinas básicas de la Sagrada Escritura y a cambio, añade nuevos dogmas o normas impuestas por el capricho de unos pocos dirigentes del grupo, o del líder que la fundó. Por otra parte, inventa preceptos que Dios nunca ha prohibido, o motiva a tener acciones que el Señor jamás ha ordenado como principios de conducta. Con respecto a la negación de algunas enseñanzas bíblicas, o a que se han añadido nuevas doctrinas, en los primeros siglos de la era cristiana algunas personas se atrevieron a declarar que el Hijo de Dios no había sido visto en carne, y otras, como los falsos profetas, pretendieron afirmar que de alguna manera les había sido revelado cuándo ocurriría la segunda venida del Señor Jesús a la tierra, adelantándose a este acontecimiento trascendental para la humanidad, y algunos se aventuraron a declarar que este evento ya había acontecido e incluso, otros se atrevieron a afirmar que había sucedido en un lugar concreto, situándolo en una parte específica de la tierra, en cambio algunos niegan el inminente retorno del Hijo del Hombre.

Un pasaje de la Biblia es tergiversado cuando se interpreta fuera de su contexto y como lógica consecuencia, se enseñe algo que nunca tuvo la intención de ser revelado. Básicamente, así es como surgieron todas las herejías en el transcurso de la historia de la iglesia. Las sectas se originan comúnmente con la exagerada interpretación de un sólo aspecto de la verdad, o con la negación de ésta. Añadirle o disminuirle algo a la infalible Palabra de Dios acarrea trágicas consecuencias (Deuteronomio 4:2; Apocalipsis 22:18-19). El Señor solamente había dicho que del árbol de la ciencia del bien y del mal no podían comer (Génesis 2:17) esperando obediencia de la primera pareja a ese mandato específico, sin embargo, Eva le añadió sus propias palabras al decirle a la serpiente: *"ni le tocaréis"* (Génesis 3:3) algo que Dios nunca había dicho, y ese fue el primer paso en la caída de Adán con sus consecuencias para la humanidad, al desafiar la voluntad del Padre.

A pesar de las fallas de los líderes de las sectas en cuanto a los asuntos proféticos, así como en temas doctrinales, morales y de diferentes conceptos, la mayoría de los adeptos continúan en las filas de estos grupos nocivos que atentan contra la estabilidad familiar, laboral y financiera, e incluso, arriesgándose a perder sus almas por la eternidad en el infierno por rechazar al verdadero Salvador. Las sectas, por lo general, dogmáticamente afirman que la posesión de la verdad está en su grupo, arrogándose un poder inexistente con el que convencen a sus miembros para que continúen con fidelidad al falso maestro que les enseña el camino de perdición. Todo esto resulta irrazonable para aquel que con base en la lectura de la Sagrada Escritura y guiado por el Espíritu Santo, está capacitado para discernir entre el bien y el mal, entre lo verdadero y lo falso, no obstante, las sectas con su espíritu de superioridad y cierta prepotencia, anulan la capacidad de raciocinio del individuo. Explicado espiritualmente, el enemigo emplea *"vendas mágicas"* para *"cazar las almas"*

(Ezequiel 13:18) y el sectario que en algún momento participó en una iglesia evangélica, termina repudiando el cristianismo ortodoxo, por lo general se vuelve autosuficiente y difícilmente van a reconocer que está en un error.

Al respecto, el escritor José Luis Martínez, en su libro 503 ILUSTRACIONES (Casa Bautista de Publicaciones; pp. 66) afirmó lo siguiente: "En el tiempo antes de emplearse los equipos de navegación electrónica, los faros ubicados en los lugares estratégicos de la costa eran de vital importancia. Hubo piratas que usando luces en la costa provocaron la encalladura y el naufragio de muchos barcos. Eran luces falsas en costas peligrosas. Un barco que se dirigía a un puerto era desorientado por estas luces, cambiaban el rumbo y terminaban encallando a merced de los piratas, quienes sin compasión dejaban que se ahogara la tripulación y se apoderaban del cargamento". De una manera análoga las sectas extravían a las personas sacándolas del verdadero camino que es Cristo para llevarlas a la destrucción, mientras se enriquecen con lo que roban a sus víctimas, sin importarles que perezcan.

ORIGEN Y DESARROLLO DE LAS SECTAS

Desde el primer siglo de existencia de la iglesia cristiana hubo, dentro de ella misma, engañadores de los que el apóstol Juan declaró que *"salieron de nosotros, pero no eran de nosotros"* (1 Juan 2:19) a los que él mismo llamó *"anticristos"* (1 Juan 2:18) o *"falsos profetas"* (1 Juan 4:1) y a los que el apóstol Pedro también denominó *"falsos profetas entre el pueblo"* y añadió que eran además *"falsos maestros"* (2 Pedro 2:1) los cuales eran *"hombres impíos"* que de manera encubierta convertían en *"libertinaje la gracia de nuestro Dios"* (Judas 4) y eran *"burladores"* que andaban *"según sus malvados deseos"* (Judas 18) causando en la iglesia *"divisiones"* (Judas 19) negando que Cristo vino a la tierra en carne (1 Juan 4:2) en forma de hombre, y no perseveraban en la *"doctrina de Cristo"* (2 Juan 9). Asimismo, en la Sagrada Escritura se observan referencias en cuanto a la apostasía (2 Tesalonicenses 2:1-12) y esta se ha incrementado con el correr de los siglos, sin embargo, la Biblia también advierte en cuanto a que el Evangelio no sólo debe ser predicado, sino defendido (Judas 3).

La historia ha demostrado que lo que advirtieron los apóstoles resultó acertado. Sólo basta que alguien tenga un error doctrinal, no reconozca su desatino si ha sido advertido, y por el contrario, lo promulgue, que unas pocas personas le crean, compartan con él su equivocación y le sigan. Por lo general, un hereje, antes de apartarse de la iglesia a la que pertenecía, se dedica a hacer daño con su engaño, algunas personas más se le unen y posteriormente el grupo conformado por engañador y engañados, crecerá hasta formar una congregación más numerosa que creerá en el mismo error inicial y en los que le seguirán. Así como un sólo desatino doctrinal puede generar muchas más herejías, hasta formar una cadena de yerros dogmáticos, únicamente basta que alguien exponga sus herejías, y que éstas sean escuchadas y creídas por los indoctos. Al respecto, el autor J. K. van Baalen en su libro EL CAOS DE LAS SECTAS (Editorial T. E. L. L.; pp. 265) escribió lo siguiente: "No hay error, por inimaginable que sea, que no encuentre quien lo apoye". Cualquier locura religiosa o sectaria encuentra oídos dispuestos a escuchar y personas fieles decididas a obedecer. Igualmente, cualquier idea distorsionada acerca de Cristo, pero de alta estima para una mente incauta, encuentra aceptación.

Himeneo y Alejandro blasfemaron (1 Timoteo 1:20) y posteriormente Alejandro le causó *"muchos males"* al apóstol Pablo oponiéndose a sus palabras (2 Timoteo 4:14-15). Parece ser que el mismo Himeneo, juntamente con Fileto, con vanas palabrerías que carcomían *"como gangrena"*, se desviaron de la verdad diciendo que la resurrección ya se había efectuado (2 Timoteo 2:17-18). Janes y Jambres, a quienes se les calificó como *"hombres corruptos de entendimiento"* y *"reprobados en cuanto a la fe"*, resistieron la verdad que el apóstol Pablo exponía a los creyentes (2 Timoteo 3:8). Con respecto a Janes y Jambres, el historiador y escritor Eusebio de Cesarea, citando algunos escritos antiguos de Numenio, filósofo neoplatónico de origen greco-sirio, declaró que se cree que "Jannes y

Jambres eran escribas sagrados de una clase inferior de sacerdotes paganos en Egipto, los más diestros en encantamientos, que usaban su cultura e influencia para persuadir a los incautos que los escuchaban. Estos eran evidentemente los instrumentos astutos del endurecido monarca de Egipto en su campaña contra el plan de Dios para la liberación del pueblo israelita de la esclavitud. Como era tan evidente y no se podía negar el milagro de Jehová realizado por medio de lo que Moisés y Aarón hicieron, el diablo, padre de la mentira (Juan 8:44) inspiró a los hechiceros para que también hicieran lo mismo, de modo que, aparentemente, no había gran diferencia entre las hazañas del poder de Dios y las los siervos de Faraón. Si Moisés obraba milagros para sacar a Israel de Egipto, ellos los hacían para hacerlos quedar en el país". También con respecto a estos dos personajes, el autor Samuel Vila en su ENCICLOPEDIA EXPLICATIVA DE DIFICULTADES BÍIBLICAS (Libros Clie; pp. 208) explicó que se trataba de "dos de los encantadores que mediante maravillas imitadas fortalecían a Faraón en su resistencia contra Moisés y resultaron así símbolo de todos los que se oponen a la verdad divina... Y eran tipos proféticos, por cuanto, en el transcurso de los tiempos, habían de levantarse personas semejantes, en la lucha contra el plan divino de la salvación de la esclavitud del pecado".

Además de los apóstoles Juan y Pablo, Pedro también advirtió acerca de los herejes que habría en la iglesia del primer siglo, en los siguientes, y que, en concordancia con la escatología, esta apostasía se incrementaría en los postreros tiempos, como en efecto ha sucedido. En 2 Pedro 2:1-3 hay una clara advertencia en cuanto al surgimiento de falsos profetas y maestros dentro de las iglesias cristianas y asimismo las características que identificarían claramente los rasgos distintivos de quienes son utilizados por Satanás para engañar, aún, a los escogidos del pueblo redimido de Dios, a saber, que:

1. Introducirán encubiertamente herejías destructoras.
2. Negarán al Señor que los rescató.
3. Muchos seguirán sus disoluciones.
4. Harán mercadería del pueblo con palabras fingidas.

En cuanto a las sectas con sus herejías destructivas, estas a su vez se caracterizan, en la mayoría de los casos, porque se trata de organizaciones autoritarias y piramidales, dirigidas por un líder o varios, cuya decisión es la única valedera, con la que controlan, en lo posible, los movimientos de los adeptos que han reclutado, como en algunas ocasiones su dinero, y los miembros se aíslan del mundo y de sus familiares, para depositar su confianza ilimitada en el grupo, o en el líder, a quien idolatran y le siguen sin discernir su ideología.

Por lo general, las sectas han surgido del mismo seno de la iglesia cristiana (1 Juan 2:19) y como se explicó anteriormente, han aceptado algunas enseñanzas bíblicas, sin embargo, han rechazado otras doctrinas de la Escritura para añadir nuevos dogmas que, en ocasiones están mezclados con creencias paganas o populares. El adventismo, el russellismo, la ciencia cristiana y otras sectas, tuvieron su origen con la idea de algún heresiarca que antes había militado en la iglesia evangélica. William Miller, uno de los creadores de la secta del adventismo del séptimo día, fue un estudiante de la Sagrada Escritura antes de formar este movimiento; Charles Taze Russell, fundador de los testigos de Jehová, pertenecía de joven a una iglesia presbiteriana escocesa, su sucesor, Joseph Franklin Rutherford, pertenecía a una iglesia bautista, y al morir éste, le sucedió Nathan Homer Knorr, quien se unió al russellismo después de abandonar la iglesia reformada a la que asistía. Mary Baker Eddy, fundadora de la ciencia cristiana, nació en un hogar congregacionalista; Annie Besant, seguidora y sucesora de Helena Petrovna, la fundadora de la teosofía, era hija de un pastor, y se casó con un pastor, anglicanos ambos. Sun Myung Moon, fundador del movimiento llamado "Iglesia de la Unificación", nació en una familia presbiteriana en Corea del Sur. José Luis de Jesús Miranda, el fundador de la secta Creciendo en Gracia, después de militar en el catolicismo, los testigos de Jehová y los adventistas del Séptimo Día, asistió a una iglesia de las Asambleas de Dios y luego a una congregación de la Iglesia Bautista de Sur.

David Martins de Miranda, fundador de la secta denominada Iglesia Pentecostal "Dios es Amor", asistía a una iglesia pentecostal trinitaria en Río de Janeiro (Brasil). Su discípulo Edir Macedo, fundador de la Iglesia Universal del Reino de Dios (IURD) fue expulsado de la Alianza Evangélica Portuguesa en Brasil. Luis Eduardo Moreno, fundador de la Iglesia de Dios Ministerial de Jesucristo Internacional, era miembro de la Iglesia Pentecostal Unida de Colombia. David Brandt Berg, quien organizara pequeñas colonias de jóvenes hippies y luego llamara a su grupo "la Familia de Dios, desde joven fue pastor en una iglesia de la Alianza Cristiana y Misionera.

También resulta muy común que los fundadores de una secta sean escritores. James White, fundador del adventismo del séptimo día, escribió su propia interpretación de Apocalipsis 14:6-11, en la que sostenía que los *"tres ángeles"* son las tres partes del movimiento adventista, y su esposa, Ellen G. White, fue la autora del libro "El Gran Conflicto". Charles T. Russell escribió panfletos y revistas, antes de su obra cumbre de seis volúmenes de Estudios Sobre las Escrituras, con más de mil páginas cada uno, que son la base del russellismo. Su sucesor, Joseph Franklin Rutherford, le superó en capacidad literaria y escribió las revistas Watchtower (La Atalaya) y The Golden Age, conocida posteriormente como Awake (Despertad). Joseph Smith, fundador del mormonismo, escribió un libro sobre mandamientos que fue reeditado con el nombre "Doctrina y Convenios", que sirvió como base para la doctrina mormona. Mary Paker Eddy escribió el libro "Ciencia y Salud con Clave para las Escrituras", y posteriormente "Science and Helth". A Annie Besant en la teosofía le sucedió George S. Arundale, y éste fue a su vez sucedido por el masón Curuppumullage Jinarajadasa, quien escribió el libro "The Golden Book of the Theosophical Society, publicado en el cincuentenario de la formación de la sociedad. Samuel Aun Weor, fundador del gnosticismo moderno, escribió varios libros, siendo la más reconocida de sus obras "El Matrimonio Perfecto". Christian Rosenkreuz, el fundador del rosacrucismo, organizó los escritos de esta doctrina y por medio de sus conferencias los exponía. María Luisa Piraquive viuda de Moreno, esposa de Luis Eduardo Moreno, escribió un libro llamado "Vivencias", en el que narra las supuestas visiones que le dio el Señor y cuenta cómo inicio el movimiento fundado por su esposo. David Brandt Berg escribió "las Cartas de Mo", en las que anunciaba el evangelio del Señor Jesucristo de una manera revolucionaria.

A lo largo de la historia, a la par con la sana predicación del verdadero Evangelio han aparecido las sectas, como las rémoras en el mar junto a los tiburones, para atrapar cautivos para sus filas, así, por ejemplo, en los primeros siglos de la era cristiana, en Grecia y en Asia Menor, en donde Pablo había predicado y se habían formado nuevas iglesias, surgió el gnosticismo, en los siglos posteriores aparecieron el monarquianismo, el sabelianismo y el arrianismo que negaban la divinidad de Cristo, así como el apolinarismo que rechazaba la naturaleza humana del Señor Jesús. En la Edad Media, en Europa, después de la Reforma Protestante, resurgió el unitarismo y apareció el movimiento de los anabaptistas. En la Edad Moderna, en Estados Unidos, luego de su independencia y del avivamiento evangélico de los puritanos ingleses, surgieron algunas sectas, siendo las más populares los testigos de Jehová, los mormones y los adventistas, entre otros movimientos. En la América latina y en Brasil, después del avivamiento que se experimentó en estos países, aparecieron movimientos sectarios como Creciendo en Gracia, Oración Fuerte al Espíritu Santo (Centro de Ayuda Espiritual) o la Iglesia de Dios Ministerial de Jesucristo Internacional, entre otros.

DIFERENCIA ENTRE SECTA Y RELIGIÓN

Básicamente, la religión se podría definir como el conjunto de creencias y prácticas que sostiene un grupo de personas al considerar a una deidad como sagrada y a ésta le rinde tributo colectivamente. La secta, en cambio, es un grupo, también de personas, que profesan la misma doctrina, pero divergente de la enseñanza clásica de la religión y que se aparta de ésta. La secta, entonces, se constituye en un conjunto de opiniones heréticas que profesan aquellos que se han apartado de una doctrina original. Es decir, la religión trata de agrupar a las personas, en cambio la secta las separa del grupo con la excusa de tener la verdad, causando una división dentro de la religión.

El judaísmo estuvo dividido antes de la venida de Cristo entre fariseos, saduceos y esenios, y un sector nacionalista llevaba el nombre de zelotes. El islamismo, la religión del mundo musulmán, fundada por Mahoma, al morir éste y sin haber nombrado un sucesor, se dividió en varias sectas: el califato, los carajíes, los chiitas (o chiítas), las cuatro escuelas suníes y los mutazilíes. Con respecto al islamismo, el autor Marcos Antonio Ramos, en su NUEVO DICCIONARIO DE RELIGIONES, DENOMINACIONES Y SECTAS (Editorial Betania; pp. 159) afirmó lo siguiente: "Entre las sectas musulmanas están los kharijitas (ortodoxos fanáticos) los mutazalitas (más liberales) y sobre todo las grandes divisiones entre chiitas y sunnitas. Los mahometanos están divididos desde el siglo VII en estas dos sectas principales: los sunnitas que niegan los derechos al califato de Alí, cuarto sucesor de Mahoma, y los chiitas que lo apoyan y consideran que sólo Mahoma es superior a él".

El Opus Dei, expresión latina que se traduce al castellano como "Obra de Dios", fundada por el sacerdote español José María Escriva de Balaguera el 2 de octubre de 1.928 y considerado una prelatura personal que pretende fomentar entre los bautizados la conciencia de la llamada universal a la santidad, es considerada por algunos teólogos católicos como una secta de esta religión, por haber sido una fuente de controversia, sin embargo, ha encontrado apoyo en los papas. También a principios del siglo veinte, el obispo James I. Wedgwood, ex-sacerdote de la iglesia anglicana y ordenado sacerdote de la iglesia romana el 22 de julio de 1.908, fundó la Iglesia Católica Liberal, una forma de sincretismo entre la teosofía y el cristianismo que posee su propia administración, no tiene ninguna conexión con el papado, y pretendía ser la única iglesia que respondiera a las necesidades de un culto comunitario, no obstante, fue considerada como una secta en el catolicismo, aun cuando no tuvo un crecimiento numérico significante. Sin embargo, para la iglesia romana, a cualquier grupo constituido e independiente de ésta, se le ha denominado secta.

CAPÍTULO 2

LAS SECTAS DE LOS PRIMEROS SIGLOS Y LOS APOLOGISTAS

Desde los primeros siglos de la historia de la iglesia cristiana se levantaron diferentes herejías, falsas doctrinas y diversos errores en las enseñanzas, en las obras escritas y en las predicaciones en cuanto a la Persona del Señor Jesucristo (2 Pedro 2:1; 1 Juan 2:18-19,23; 4:1-3; 2 Juan 9; Judas 3-4; 17-19). Por cuanto algunos no podía concebir en su razonamiento filosófico que en Cristo hubiera dos naturalezas, entonces los esfuerzos por relacionar la humanidad y la Deidad del Hijo de Dios dieron lugar a que aparecieran varias herejías, como el arrianismo, el apolinarismo o el eutiquianismo, entre otras, puesto que algunas sectas negaban la divinidad de Cristo y otras la humanidad de Jesús. Por otra parte, el gnosticismo, que en relación con la soteriología significa la salvación por medio del "gnosis" o la sabiduría secreta, y que afirmaba que el Señor Jesús tenía meramente la apariencia de un hombre, estaba influenciando con su falsa doctrina en algunas iglesias cristianas del primer siglo, especialmente en la de Colosas.

El gnosticismo primitivo fortaleció la creencia de los humanistas en cuanto a que el Señor Jesús fue simplemente un hombre que enseñó y practicó una moral pura, sin embargo, al procurar destruir un sistema que consideraba falso, halló la muerte como un mártir por haber dado testimonio de lo que Él creía, era la verdad, y que ésta debería ser proclamada entre los hombres. Cerinto, por ejemplo, fue un hereje contemporáneo y opositor del apóstol Juan, que a comienzos del segundo siglo perteneció a la secta pagano-cristiana de los gnósticos y afirmaba que el Señor Jesús era sólo un hombre ordinario, mientras que Cristo era el nombre de un espíritu o una fuerza poderosa que descendió sobre Jesús en el momento del bautismo en el río Jordán, un hombre sabio y justo, hijo de José y María, pero que Cristo se retiró de Él antes de la crucifixión. Esta herejía, tal vez, originó lo que dieciocho siglos más tarde propusiera la teosofía, en cuanto a que Cristo y Jesús son distintos y que Éste le "prestara" su cuerpo a Aquél, el Maestro del mundo, cuando fuera bautizado en el río Jordán.

Además de la herejía de Cerinto, aparecieron otras doctrinas falsas con el correr del tiempo que a la postre originaron muchas más desviaciones de la verdad, especialmente durante los primeros siglos de la era cristiana, hasta antes del concilio de Calcedonia, siendo las principales de ellas el ebionismo, el docetismo, el monarquianismo, el sabelianismo, el arrianismo, el apolinarismo, el nestorianismo, el eutiquianismo y el monofisismo. Después del concilio de Calcedonia surgieron el monotelismo, el adopcionismo, el subordinacionismo y el socinianismo. Estas falsas doctrinas se mencionarán posteriormente, así como la época en que aparecieron, su proponente o fundador, la procedencia de éstas o la corriente que le dio origen y la forma en que se han presentado en los últimos siglos.

Con respecto a una de las razones por las cuales las sectas que aparecieron en los primeros siglos conseguían adeptos, el autor español José Grau, en su libro titulado LAS PROFECÍAS DE DANIEL (Editorial Peregrino; pp. 97) escribió lo siguiente: "El arrianismo, el subordinacionismo, el monofisismo, el nestorianismo y las demás herejías cristológicas de los primeros siglos, se convierten en el refugio vano de quienes no quieren aceptar la absoluta soberanía de Dios".

Además de la persecución física que sufrió la iglesia cristiana durante sus primeros siglos de existencia por los dirigentes del imperio romano y sus súbditos, se presentó un peligro interno que la amenazaba, el cual consistía en las diferentes tergiversaciones del verdadero Evangelio, en primer lugar, por algunos grupos dentro del propio judaísmo, y en segundo instancia, por las falsas doctrinas de los gentiles que se oponían al mensaje cristológico heredado de los apóstoles.

LAS TERGIVERSACIONES JUDÍAS

Dentro de las muchas tergiversaciones y falsas enseñanzas que se levantaron con respecto al verdadero y puro Evangelio del Señor Jesucristo y que surgieron dentro de las filas del judaísmo, hubo cuatro principales que se destacaron por su influencia y fueron las siguientes:

1. Los nazarenos.
2. Los ebionitas.
3. Los seguidores de Cerinto.
4. Los elkesaítas.

1. Los nazarenos

Este era un grupo de cristianos de raza judía que adoptaron los principios de las enseñanzas apostólicas, sin embargo, utilizaban solamente el evangelio de Mateo que estaba en el idioma hebreo, pero a la vez reconocían a Pablo como un verdadero apóstol. Creían en el nacimiento virginal y en la divinidad de Cristo, pero en la práctica observaban estrictamente la ley mosaica, no obstante, no demandaban lo mismo de los gentiles convertidos al cristianismo.

2. Los ebionitas

A diferencia de los nazarenos, este grupo disgregado del judaísmo, que siguió con la práctica de la circuncisión y que guardaban el *"shabat"*, no aceptaban las cartas del apóstol Pablo, a quien consideraban como apóstata de la ley (de este grupo hablaremos en detalle más adelante).

3. Cerinto

Este hombre a quien el apóstol Juan llamó "el enemigo de la verdad", vivió hacia finales del primer siglo y principios del segundo d. C., fue un apóstata que llegó afirmar que el Señor Jesús era sólo un hombre ordinario, hijo de José y María, pero que era diferente a "Cristo", a quien consideró como un espíritu o una fuerza poderosa, llamándole "un Cristo cósmico" y que descendió sobre Jesús en el momento del bautismo en el río Jordán, pero que le abandonó antes de morir en la cruz y que luego lo ascendió al cosmos o universo. A la enseñanza falsa de Cerinto se le llamó la "herejía cerintiana", cuyo fundamento era que el reino de Cristo sería terrenal, sin embargo, unido al paganismo, de acuerdo a como lo describió Eusebio de Cesarea, en su HISTORIA ECLESIÁSTICA (Libros Clie, Tomo I; pp. 182) "con alimentos, con bebidas, con uniones carnales, placeres, fiestas, sacrificios e inmolaciones sagradas".

4. Los elkesaítas

Este grupo representaba una especie de cristianismo judío del primer siglo marcado por algunas especulaciones teosóficas y por un estricto ascetismo, cuyas ideas fueron lideradas por un personaje de origen judío, llamado Elkesaí (o Elcesai) contemporáneo del emperador romano Trajano, quien reinó entre los años 98-117 d. C. Rechazaban el nacimiento virginal de Cristo y afirmaban que había nacido como todos los demás hombres, pero también aseguraban que era de un espíritu elevado o un ángel, aun cuando un sector de esta secta aceptaba, a diferencia de los ebionitas y otros judaizantes, que Jesús fue creado por Dios y por lo tanto que era inferior a Él, aunque creían que era un ser espiritual. Otros consideraban que era la "encarnación del Adán ideal" y le llamaban "el Arcángel altísimo". Le atribuían a la circuncisión y al shabat un honor especial, celebraban rituales de lavamientos a los que les concedían poderes mágicos y algunos de ellos practicaban la astrología. Los elkesaítas aceptaban los evangelios y algunas de las cartas apostólicas.

LAS TERGIVERSACIONES GENTILES

Asimismo hubo otras tergiversaciones del Evangelio y de la enseñanza doctrinal de los apóstoles que surgieron dentro de los gentiles, muchas más que las que aparecieron en el judaísmo, pero por su influencia dentro de las iglesias cristianas se destacaron cuatro y fueron las siguientes:

1. El Gnosticismo.
2. Marción.
3. Montano (y los montanistas).
4. Mani (y los maniqueos).

1. El Gnosticismo

Este es el conjunto de corrientes filosófico-religiosas que enseña que la salvación es mediante el *gnosis* o conocimiento introspectivo de lo divino, el cual es superior a la fe, y que el ser humano es absolutamente autónomo para salvarse a sí mismo, sin embargo, es difícil definir con precisión lo que es el gnosticismo por su variedad de doctrinas, las diferentes localidades en que se practicaba durante los primeros siglos de la era cristiana y los diversos períodos en que se desarrolló hasta su forma actual. Este movimiento que reclamaba haber alcanzado un conocimiento especial de las cosas divinas para explicar todos los misterios y que fue denominado por un sector como la "helenización del cristianismo", tuvo una incipiente aparición en los días de los apóstoles, durante el primer siglo, pero fue desarrollándose en el segundo con mayor influencia y alcance por todo el imperio romano. Algunos autores han identificado a Simón el mago (Hechos 8:9,18) como uno de los primeros gnósticos. A partir de la primera parte del segundo siglo d. C. asumió una forma más elaborada y una amplió circulación, tanto que algunas iglesias cristianas adoptaron esta filosofía que en teoría espiritualizaba la resurrección del Señor Jesús.

Las siete (7) principales doctrinas de la extraña colección de ideas del gnosticismo fueron las siguientes:

1. La existencia de dos dioses. El primero se trata de la eterna deidad desconocida, y el segundo, uno menor, derivado de éste, quien hizo el mundo de manera distinta a como el primero había planeado. A la respuesta de por qué en esta mundo hay tanta maldad e imperfección, el gnóstico responde que la razón es por cuanto fue hecho por un dios menor, que no podía haberlo hecho mejor.

2. El mundo es material, y de acuerdo al planteamiento platónico, la materia es mala, esencialmente opuesta a la bondad de Dios.

3. Dios y el universo se conectan a través de numerosos mediadores o "eones", siendo éstos engendrados por la deidad desconocida, quien se revela a sí misma en la naturaleza y en el hombre, aunque muy indirectamente.

4. Entre estos mediadores, dos son especialmente notables, Demiurgo, quien construyó el posible mundo malo e hizo nuestra vida ingrata, y el Aeon (Eon) Jesús o Cristo, Quien apareció como un hombre para corregir el mundo de Demiurgo. Como la misma materia es

mala en sí misma, Jesús no pudo tener un cuerpo, lo que se constituye en una cristología docética. En la filosofía gnóstica y con base en la ideología de Platón, se definió a Demiurgo como la entidad impulsora del universo, un semi-dios creador del mundo, cuyo nombre significa "maestro", "supremo artesano" o "hacedor".

5. Demiurgo fue el Dios del Antiguo Testamento y el Aeon Jesús del Nuevo, así como también el restaurador del mundo.

6. La doctrina de la redención tiene tres partes primordiales: (a) el conocimiento de la suprema deidad desconocida; (b) una revelación divina; y (c) la redención del mundo y su maldad. La creación del Antiguo Testamento pertenece a Demiurgo. El cristianismo fue una nueva revelación de la ciencia del universo y del hombre a través de Cristo. La grandeza del pleno conocimiento inalterable es la salvación.

7. La participación en la redención o la victoria sobre el mundo material se obtiene a través del secreto de los ritos de la logia gnóstica.

El gnosticismo griego afirmaba, en palabras del autor Samuel Vila, como escribiera en su libro EL CRISTIANISMO EVANGÉLICO A TRAVÉS DE LOS SIGLOS (Libros Clie; pp. 109) "que el Ser Supremo es puramente espiritual, y que entre Él y el mundo se hallaban escalonados una serie de entidades (eones) entre los que se contaban los arcontes o poderes demoníacos que habitaban los planetas", mezclando el cristianismo con la astrología persa y negando que el Señor Jesús es el Unigénito Hijo de Dios, para declarar que es uno de los últimos eones de la divinidad absoluta, y que vino a salvar al mundo, no mediante Su sacrificio expiatorio, sino por medio del conocimiento o *gnosis* que trajo de parte de Dios.

Los gnósticos eran partidarios de una diversidad de movimientos religiosos que ponían énfasis en la salvación a través del conocimiento, especialmente respecto al origen del hombre, pero colocando a éste lejos del Dios verdadero al sustituirlo por dos dioses, uno bueno y el otro malo. Por otra parte, se consideraba que el hombre estaba separado de Dios, pero que podía llegar a Él solamente por los eones, seres superiores a la humanidad y clasificados entre ellos mismos por su conocimiento adquirido. El gnosticismo originalmente tenía dos bases doctrinales: (a) el espíritu inmortal del hombre no se contamina con las obras de la carne; y (b) los seres humanos se dividen en tres (3) clases: Los que no tienen ningún conocimiento y están destinados a la perdición, los que son inducidos a adquirir conocimiento, y los que poseen un conocimiento superior y llegan a ser iluminados.

LA "CONTROVERSIA GNÓSTICA"

El gnosticismo se constituyó entonces en una doctrina aliada para los misterios y los secretos escondidos, totalmente inconsistentes con el Evangelio revelado por el Señor Jesucristo, el único, eterno y verdadero Hijo de Dios, y con Su enseñanza adulterada por años dividió a la iglesia cristiana, especialmente en Asia Menor, Alejandría y Roma. No obstante, el más grande efecto inmediato de la doctrina gnóstica sobre el cristianismo condujo al desafío de un clamor de la iglesia para realizar una apología de la obra redentora de Cristo y de Su Evangelio durante los dos primeros siglos, a lo que se le denominó "la controversia gnóstica".

2. Marción

Nacido en Ponto, Grecia (85-106 d. C.) este apóstata fue un escritor y teólogo que llegó a separar la ley del Evangelio al proponer que éste se corrompió al entremezclarse con aquélla. Aceptó el Antiguo Testamento como la genuina revelación de Jehová para los judíos, sin embargo, declaró que el Dios de la antigua dispensación no era el mismo que el del Nuevo Testamento y por lo tanto, de éste sólo aceptaba el evangelio de Lucas y las cartas del apóstol Pablo. Su doctrina básicamente se resumía en la existencia de dos espíritus supremos, uno bueno y otro malo, considerando que el Dios del Antiguo Testamento era malo e inferior al del Nuevo, y declarando que Cristo es el Dios bueno, diferente a Aquél, pero que no se le debe considerar como el Mesías anunciado en el Antiguo Testamento por no responder a los lineamientos del Redentor. Con Marción apareció el ascetismo que se desarrolló en los siglos posteriores, y al rastrear la historia de las iglesias marcionitas, se cree que éstas existieron hasta el siglo sexto, en el remoto Oriente.

3. Montano (y los montanistas)

Nacido probablemente en Ardabau, provincia de Frigia (¿-175) hacia el año 150 Montano comenzó a anunciar el comienzo de una nueva era para la iglesia cristiana a la que llamó "la era del Espíritu", refiriéndose con ella a la época del Espíritu Santo y que él era su enviado a la tierra, quien predicó que la misión del Parakleto por medio de la iglesia fue lo primero que hizo el cristianismo, sin embargo, su doctrina se basaba más en los pensamientos que Montano y sus seguidores tenían en una estática devoción y el entusiasmo de las emociones que producía las revelaciones que afirmaban tener. Él y sus colaboradores se consideraron profetas que traían unas "nuevas revelaciones" de la Escritura, especialmente dos mujeres, Prisca y Maximilia, y aun cuando el montanismo se pudo considerar como una reacción contra el gnosticismo y sus especulaciones, demostró un fanatismo al pretender tener nuevas visiones y supuestas revelaciones superiores a las del Nuevo Testamento, como su fuerte énfasis en la cercanía del fin del mundo, y en razón de ello, insistían constantemente en estrictos requerimientos morales, como el celibato, que apareció con este movimiento.

4. Mani (y los maniqueos)

La secta de los maniqueos era de origen persa y fue llamada así por su fundador, Mani, un aristócrata educado en Babilonia y a quien mató el gobierno de su nación en el año 276. Él enseñaba que el universo se compone de dos reinos, uno de luz y el otro de tinieblas, y que cada uno lucha por el dominio de la naturaleza y del hombre. Esta especie de zoroastrismo, en el que el dios bueno era llamado Ormuz y el dios malo Ahrimán, adoptó más tarde del gnosticismo la idea en cuanto a que el Dios del Antiguo Testamento es bueno y el del Nuevo es malo, propagándose el maniqueísmo en el siglo IV. Por otra parte, rechazaban al Señor Jesús, pero creían en un "Cristo celestial", aun cuando negaban la responsabilidad del hombre por su maldad, debido a que ésta es causada por el dominio del dios malo.

LOS APOLOGISTAS

Debido a la aparición de las diferentes doctrinas heréticas que afectaban a la iglesia cristiana además de la persecución de los romanos, se hizo necesaria la defensa de la exposición del único y verdadero Evangelio, lo que causó varias controversias doctrinales, pero a la postre, estas fueron decididas a favor de la sana ortodoxia bíblica, por lo menos hasta la aparición de los tres credos principales de los primeros siglos de esta era. Al respecto, el autor Louis Berkhof, en su obra HISTORIA DE LAS DOCTRINAS CRISTIANAS (Estandarte de la Verdad; pp. 72) escribió lo siguiente: "La presión externa e interna de la iglesia exigía la defensa y la exposición clara de la verdad, dando así origen a la teología. Por esta razón, a quienes asumieron la defensa de la verdad se les llamó apologistas". La labor de la apología tenía un triple carácter: (a) defensivo; (b) ofensivo; y (c) constructivo, es decir, que demostraba los errores del paganismo por medio de la verdad del Evangelio para confirmar la fe de los creyentes. En la era apostólica y en la etapa histórica posterior a esta hubo muchos escritos de teología, especialmente anti-gnóstica, por cuanto los apologistas cristianos llegaron a ser los filósofos de la verdad, considerados así por sus escritos, debido a que los filósofos griegos y paganos habían llegado a ser falsos profetas para los creyentes. Los tres apologistas más importantes del primer siglo fueron Ignacio, Policarpo y Clemente de Roma; y en el segundo siglo se destacaron Justino "mártir", Taciano, Atenágoras, Ireneo, Tertuliano y Clemente de Alejandría.

Ignacio de Antioquía (c. 25-110) combatió el ebionismo y la especulación gnóstica con la doctrina de la divinidad de Cristo, tema central de las cartas que escribió para algunas iglesias antes de ser arrojado a las bestias en el anfiteatro romano; Clemente de Roma (?-97) obispo de su ciudad natal, fue martirizado por su fe en el Señor Jesucristo; Policarpo de Esmirna (70-155) es reconocido por su frase célebre antes de morir: "Ochenta y seis años le he servido y todo lo que me ha hecho es bien, ¿cómo podría yo maldecirle?", cuando fue presentado delante del gobernador romano e instado a que maldijera el nombre del Señor Jesucristo; Justino "mártir" (100-165) quien trazó el error del gnosticismo samaritano, fue tal vez el primer escritor anti-gnóstico, un apologista destacado que se aventuró a llamar al cristianismo "la más alta filosofía" y que sufrió el martirio por sus escritos en contra tanto de judíos como de gentiles, para defender ardientemente la fe en Cristo y la doctrina de los apóstoles, los cuales ofrecen una valiosa información acerca de la historia de la iglesia primitiva y su doctrina; Taciano de Siria (120-180) fue otro apologista que escribió advirtiendo acerca de los errores del gnosticismo; de Atenágoras de Atenas (133-190) muy poco se conoce; Ireneo de Lyon (130-202) fue obispo de su ciudad natal; Tertuliano (160-220) fue el primero que empleó el término "Trinidad" y sus escritos se divulgaron desde el Norte de África para combatir el gnosticismo, lo mismo que los de Clemente de Alejandría (150-215).

Ningún mártir moriría por causa de Cristo, si no creyeran que Él es Dios. El ejemplo de humildad que el Señor Jesús le dio a Su pueblo fue más tarde seguido fielmente por Esteban, el primer mártir de la iglesia cristiana, quien antes de morir apedreado, oró al Padre intercediendo por aquellos que le asesinaban, con palabras semejantes a las que pronunciara anteriormente su Maestro en la cruz, al decir: *"... Señor, no les tomes en cuenta este pecado..."* (Hechos 7:60). A la muerte de Esteban siguió la de los apóstoles Jacobo, Pedro y Pablo, para luego destacar, en los albores de la historia de la iglesia cristiana hasta finales del siglo tercero, una cadena interminable de mártires debido a las persecuciones imperiales a la par con las asechanzas por la controversia doctrinal, entre las que se destacan las muertes crueles de Clemente de Roma, Ignacio de Antioquía, Policarpo de Esmirna y Justino "mártir", entre muchos otros héroes de la fe.

LAS TRECE PRINCIPALES SECTAS ANTIGUAS EN EL CRISTIANISMO

Las trece principales sectas antiguas que se apartaron del cristianismo ortodoxo, o por lo menos hasta el siglo doceavo cuando surgió el socinianismo, han sido colocadas, no por la influencia e importancia que hayan tenido, sino de acuerdo al orden histórico en que aparecieron, teniendo en cuenta que algunas se derivaron de otras anteriores, formando una cadena de errores doctrinales. Estas sectas son las siguientes:

1. Ebionismo.
2. Docetismo.
3. Monarquianismo.
4. Sabelianismo.
5. Arrianismo.
6. Apolinarismo.
7. Nestorianismo.
8. Eutiquianismo.
9. Monofisismo.
10. Monotelismo.

11. Adopcionismo.
12. Subordinacionismo.
13. Socinianismo.

EL EBIONISMO

Este nombre se deriva de la palabra hebrea *"ebion"*, que significa "pobre", en el sentido de indigencia, aun cuando algunos lingüistas consideran que puede proceder del vocablo *"bywn"*, que significaba renunciar a los bienes, como en el caso de los esenios en Qumrám. Era una secta de origen judío que se unió a la iglesia cristiana después del año 70 d. C., después de la caída de Jerusalén, sin embargo, al estar desligada de las demás iglesias fundadas por los apóstoles, insertó al dogma cristiano especulaciones filosóficas de origen gnóstico, y siguieron observando el *shabat*, la circuncisión y la ley, arguyendo que las costumbres judaicas debían ser observadas. Por su deseo de mantener el monoteísmo del Antiguo Testamento negaron la divinidad del Señor Jesús, así como Su nacimiento virginal y milagroso, considerándolo simplemente como un hombre, el hijo mayor de José y María, pero elegido como "Hijo de Dios" por haber observado correctamente la ley de Moisés y que, al ser bautizado por Juan el Bautista en el río Jordán, se le unió el Cristo eterno y cósmico, luego descendió sobre Él el Espíritu Santo, fue capacitado para que realizara la labor de profeta y maestro, sin embargo, el Consolador lo desamparó en el Calvario y volvió a ser un hombre común y corriente que murió en la cruz. Argumentaron que mientras estuvo unido al Cristo cósmico, Jesús era más elevado que los arcángeles, pero que no era un ser divino. Para sostener su negativa del nacimiento virginal, se oponían a que en Isaías 7:14 se leyera que la "virgen" concebiría un hijo, y más bien proponían que se debería traducir en la forma una "joven".

Los ebionitas también rechazaron las cartas paulinas, puesto que en realidad, esta secta la constituían los seguidores de aquellos judaizantes que se oponían al apóstol Pablo, a quien le llamaban "el apóstata de la ley". Con respecto a la opinión que tenía el ebionismo del Espíritu Santo, el autor Hugh M. Scott, en su obra ORIGIN and DEVELOPMENT of the NICENE THEOLOGY (Chicago Theological Seminary Press; pp. 277, afirmó que esta secta, "tal vez perturbada por el gnosticismo, representó al Espíritu Santo como un aeon, algunas veces lo identificó con Cristo y en otras ocasiones con un poder femenino", por su influencia en el nacimiento del Señor Jesús.

Hubo otro grupo de ebionitas en la misma época, de quienes el historiador Eusebio de Cesarea, en su HISTORIA ECLESIÁSTICA (Libros Clie, Tomo I; pp. 178) declaró que "estaban libres de las cosas absurdas anteriores" refiriéndose a que no rechazaban que el Señor Jesús hubiera nacido de una virgen por la obra del Espíritu Santo, sin embargo, "no confesaban que ya preexistía" como el eterno Hijo de Dios, y, "volvían a la impiedad de los primeros, aferrándose en honrar el culto a la ley escrita".

EL SURGIMIENTO DEL EBIONISMO

Dos catástrofes, la del año 70 y la del año 135 d. C., terminaron definitivamente con la historia del estado judío en la antigüedad, cuya consecuencia inmediata fue la separación definitiva del judaísmo y el cristianismo después de un relativo tiempo muy corto de transición y desarrollo. La idea en cuanto a que los gentiles y los judíos podían adherirse al cristianismo para formar una especie de macro-religión no sobrevivió a los acontecimientos de los años 66-70, que destruyeron definitivamente la antigua iglesia judeocristiana de Jerusalén y es muy probable que la mayoría de sus miembros hubiera perecido, mientras los supervivientes se dispersaron en Judea, Samaria y otras regiones cercanas dentro del imperio romano, entonces los judíos dejaron de ser la corriente principal del cristianismo, sobreviviendo la secta inferior de los ebionitas, que más tarde fueron declarados heréticos. En el vacío creado de este modo, el cristianismo griego floreció y ocupó todo el espacio disponible.

A la pregunta en cuanto que si el Señor Jesús era Dios u hombre, los cristianos respondían que tenía las dos naturalezas. Después del año 70 d. C., la respuesta que se ofrecía era unánime y cada vez más enérgica, de modo que la ruptura con el judaísmo fue inevitable, por cuanto los judíos podían aceptar la descentralización del templo de Jerusalén o aceptar una visión diferente de la ley mosaica, sin embargo, no admitían la anulación de la distinción absoluta que siempre habían establecido entre Dios y el hombre, que se constituía en la esencia de la teología judía y cuya creencia los separaba de los paganos más que ninguna otra, por lo que no podían concebir entonces que Cristo fuera Dios y hombre a la vez, lo que hizo que el antagonismo entre las dos formas de monoteísmo fuera inevitable e irreconciliable, al ver en peligro el postulado básico de su creencia. Por otra parte, los cristianos no podían admitir que el Señor Jesús fuera algo menos que Dios, lo que rechazaba la esencia básica de su doctrina. Si Cristo no es Dios, el cristianismo es falso, pero si Él en verdad es Dios, entonces el judaísmo es falso. En este punto de diferencia fundamental no podía existir ningún compromiso de una parte con la otra, por cuanto cada fe representaba una amenaza para la otra. La caída de la iglesia judeocristiana después del año 70 d. C. y el triunfo del cristianismo griego, fue una de las causas por la que los judíos reprobaron a los cristianos.

Los ebionitas eran vegetarianos, se circuncidaban y exaltaban la ley de Moisés, pero se abstenían de ofrecer los sacrificios levíticos en sus cultos que realizaban sábados y domingos. Este grupo fue perdiendo la fuerza que tenía al principio y desapareció durante las invasiones islámicas.

EL DOCETISMO

El docetismo fue una rama del gnosticismo que siguió la línea ideológica de Cerinto, deriva su nombre del término griego *"dokein"*, que quiere decir "parecer" o "aparentar" y este grupo religioso que surgió hacia finales del primer siglo de la era cristiana, negó la realidad terrenal del cuerpo humano del Señor Jesús, interpretando la encarnación del Verbo sólo como una apariencia. Según ellos, y basándose en la opinión gnóstica en cuanto a que el espíritu es considerado bueno y puro, contrario a la materia que es mala e impura, concluyeron que el Hijo de Dios no se podía haber humillado haciéndose realmente "carne", es decir, que hubiese asumido la naturaleza humana, de manera que el cuerpo del Señor Jesús no era real sino que parecía serlo, es decir, que era algo etéreo. Esta enseñanza pugnaba por salvaguardar la plena divinidad de Cristo negando la realidad de su humanidad. El docetismo hacía de la persona y la obra de Cristo una apariencia y no una realidad histórica, una revelación subjetiva y alegórica, no objetiva ni actual. Esta falsa enseñanza niega a la vez que el cuerpo de Cristo haya resucitado, que en su forma actual esté presente en el cielo y por lo tanto, podría afirmar que Su regreso sea una aparición más, por lo que tiene esa potestad para aparecerse en forma visible delante de los hombres para realizar Sus propósitos.

EL MONARQUIANISMO

Esta herejía, que estaba en parte alienada con la secta ebionita y cuyo representante más temprano fue Teodosio Bizantino, fue la más importante del siglo tercero, y aunque ya se había disminuido gradualmente, fue nuevamente revivida por Pablo de Samosata, obispo de Antioquía, a quien se le describía como un hombre de mente mundana. Su argumento se basaba en que el Logos era consubstancial con el Padre, pero que no era una Persona distinta en la deidad, sino que existía en Dios así como la razón humana se encuentra en el hombre. Este concepto originó la falsa idea en cuanto a que el Logos era un poder impersonal en todos los hombres, particularmente en Jesús, haciendo de Cristo un ser humano, común, pero con un poder divino especial. La opinión que tenían de Él, era que se trataba de un hombre ordinario sobre Quien vino la impersonal razón de Dios, a saber, el Logos, que a la vez, el poder de Dios, llamado *"Pneuma"*, le capacitó en el bautismo para llevar a cabo la obra, y aun cuando fue una persona digna de honores, no era divino en el sentido estricto de la palabra. A esta herejía se le denominó monarquianismo dinámico o dinamista, sin embargo, existió otro tipo de doctrina semejante y más influyente, que concebía a las tres Personas de la deidad como diferentes modos en los que Dios se manifestaba, reemplazando la idea de un Cristo divinizado, pero solamente mientras se encarnó y no desde la eternidad, postura teológica a la que se le llamó monarquianismo modalista. Tertuliano de Cartago (160-220) fue quien acuñó el término "monarquiano".

EL SABELIANISMO

El nombre de esta secta se originó por su representante más importante, Sabelius, un teólogo de Roma que a principios del tercer siglo de la era cristiana propuso que los nombres "Padre", "Hijo" y "Espíritu Santo" son simplemente designaciones de tres fases diferentes en las cuales la esencia divina única se manifiesta. Esta secta negó la doctrina de la Trinidad, afirmando que hay un sólo Dios que se manifestó a Sí mismo, primero como el Padre, luego como el Hijo y después como el Espíritu Santo, evolucionando en diferentes maneras, es decir, que el concepto trinitario de Sabelius es de forma, manifestación o expansión, pero no de una eterna naturaleza divina, constituyendo al Padre en una sola persona divina con cambios de fases y nombres de acuerdo a la actividad propia de Su deidad, en tres aspectos sucesivos.

Los que participan de esta opinión suponen que como Creador, Dios es llamado "Padre"; que como Redentor, se le ha asignado el nombre de "Hijo"; y que como Santificador, se le denomina "Espíritu Santo", lo que se puede comparar exactamente con el hombre, que siendo uno mismo, puede ser conocido por diferentes nombres, en épocas diversas y bajo distintas circunstancias. Como un empleado eclesiástico, por ejemplo, a quien puede llamársele diácono y al mismo, en su profesión puede ser juez, sin que los dos nombres, diácono y juez, indiquen que se trate de dos personas diferentes. La forma moderna de este falso argumento es el unitarismo. Un sector que ha seguido a Sabelius sostiene que el Redentor debe ser considerado sólo como un hombre, pero que ha sido llamado "Dios" por estar en una relación íntima con el Padre. El unitarismo enfatiza la humanidad perfecta del Señor Jesús para preservar Su unidad con la deidad, sin embargo, le degrada como persona divina en todos sus aspectos.

EL ARRIANISMO

La gran pugna teológica de los siglos con respecto a la Trinidad ha sido denominada "la controversia arriana", por cuanto fue ocasionada por Arrio (256-336 d. C.) quien fue presbítero de Alejandría, su ciudad natal, hacia finales del siglo tercero y principios del cuarto de la era cristiana. En el año 318, Arrió comenzó a enseñar una doctrina que negaba la divinidad del Verbo, cuya idea dominante era el principio monoteísta de los monarquianos, en cuanto sostenía que hay un sólo Dios y una sola Persona, el Padre, el Único Ser divino, eterno, sin principio ni fin. Con respecto a Cristo, aseguraba que el Logos se encarnó, pero que tenía un comienzo, a saber, cuando fue engendrado por el Padre antes que el mundo fuese creado, de manera que por esa misma razón no era eterno, ni tenía la esencia divina, pero era "la más perfecta de las criaturas" según Arrio y sus partidarios. El arrianismo afirmaba que Aquel Verbo que se unió a la carne humana no era igual al Padre, sino el primero y el más noble de todos los seres creados, siendo una criatura intermedia entre Dios y el hombre, es decir, que la herejía arriana procuró darle al Señor Jesús un lugar por sobre toda la creación, sin embargo, separado de la deidad, por cuanto, mal informados algunos arrianos de la teología, sostenían que adorar a Cristo era renovar el politeísmo. Una forma moderna de la creencia de esta secta es la agrupación de los "testigos" de Jehová o rusellistas.

En un principio los arrianos apelaron a numerosos pasajes de la Escritura que enseñan la preexistencia de Jesús, tales como los de Juan 3:13: *"... el que descendió del cielo"*; Juan 6:62: *"¿Pues qué, si viereis al Hijo del Hombre subir adonde estaba primero?"*; Juan 17:5:

"Ahora pues, Padre, glorifícame tú al lado tuyo, con aquella gloria que tuve contigo antes que el mundo fuese", sin embargo, tergiversaron la Biblia colocando al Señor Jesús en un lugar muy superior al de la simple humanidad, porque enseñan que Cristo existió mucho antes que se hiciese carne, y que en Su estado preexistente ejercía autoridad, asumía poder y recibía homenaje, lo cual prueba que estaba investido de una dignidad de la que no participa ninguna criatura, o que lo coloca enteramente fuera de la esfera de todos los seres creados, pero no le consideraron divino ni eterno. Asimismo los arrianos afirman que Cristo es llamado Dios, porque está cerca en rango a Dios y fue dotado por Él con un poder divino para crear, sin embargo y en cuanto al Logos, enseñan que tomó el lugar del espíritu racional en el Señor Jesús.

LA CONTROVERSIA TRINITARIA (o ARRIANA)

De todas las discusiones doctrinales importantes que hubo en los primeros siglos de esta era y que fueron decididas a favor de la sana ortodoxia bíblica, la primera de ellas fue la denominada "controversia arriana" (año 325 d. C.) cuyos puntos primordiales fueron la divinidad de Cristo y del Espíritu Santo. Esta escena dramática tuvo lugar en el concilio de Nicea. En el año 321, otro obispo llamado Alejandro, también de Alejandría, convocó un Sínodo de cien obispos que condenaban la enseñanza de Arrio, pero éste se ganó la simpatía de Eusebio de Nicomedia y de otros obispos notables, y siguió con su herejía hasta que el emperador Constantino tuvo que intervenir y convocar una reunión en Nicea de Bitinia. Arrio defendía su doctrina afirmando que *"el Verbo"* (Juan 1:1) no era Dios, sino un ser creado que, por tanto, tuvo un principio. Durante varios años la controversia se mantuvo sobre dos palabras griegas con referencia a Cristo, las cuales eran *"heteroousios"*, que indicaba que el Verbo era de "sustancia similar" con el Padre, y *"homoousian"*, que significa que es de la "misma sustancia". A fin de suprimir el disturbio y llegar a la unidad, el emperador romano Constantino, que apenas acababa de vincular su supremacía a la religión imperial, descubrió que la cristiandad estaba dividida, especialmente en cuanto a la divinidad de Cristo, y con la consolidación de la iglesia que hasta hacía poco estaba fraccionada en Occidente y Oriente al respecto, la cristología se convertiría en una cuestión primordial. Convocó a trescientos obispos a dicho concilio con el fin de enmarcar, en un documento, los principales puntos doctrinales que regirían al pueblo que gobernaba, lo que a la postre fue útil para las siguientes generaciones de la cristiandad. La iglesia entera, tanto de Oeste como de Este, tomó parte en la discusión, puesto que aparecieron obispos de Egipto, Asia Menor, Palestina, Norte de África, Italia y España, en la que aparecieron defensores de la fe antigua que protestaban contra el paganismo, pero sobre todo, contra el sabelianismo y el arrianismo, apelando incesantemente a las Sagradas Escrituras y a la guía del Espíritu Santo.

Aun cuando Tertuliano (160-220 d. C.) fue el primero en acertar la tri-personalidad de Dios y usar el término "Trinidad" al afirmar la existencia de una unidad substancial de las tres Personas divinas, pero que incluso, él mismo no llegó a una clara exposición de la doctrina de la Trinidad, cerca de un siglo más tarde todavía había dudas en cuanto a esto en un sector del cristianismo, puesto que algunos consideraban a Cristo como "la razón impersonal" que llegó a ser "personal" en el momento de la creación, y otros afirmaban que el Espíritu Santo estaba subordinado al Padre por cuanto procedía sólo del Padre, pero no del Hijo, sin embargo, el punto de partida en la historia con respecto a la doctrina de la Trinidad, fue el famoso pasaje de Mateo 28:19 con su fórmula bautismal. Específicamente en cuanto a la deidad de Cristo, la lucha se incrementó cuando a la postura de Arrio se le opusiera su propio subordinado Atanasio (296-373 d. C.) quien también fuera obispo de Alejandría y que arguyera tan fuertemente como lo hiciera el reformador Martin Lutero en el siglo XVI, en cuanto a que "la divinidad de Cristo y la salvación a través de Él, son inseparables".

La principal controversia cristiana del siglo cuarto estaba conectada directa o indirectamente con la Persona de Cristo, más que con la procedencia del Espíritu Santo, y la divinidad del Hijo de Dios fue entonces la gran doctrina que se discutió en el concilio de

Nicea. En los días de los apóstoles, la teología propia o la doctrina de Dios, fue muy poco discutida, más bien, un punto de vista que apareciera por parte de una persona con respecto al Señor, se aceptaba o se rechazaba por los oyentes, pero con el tiempo, las discusiones concernientes a las nuevas enseñanzas fueron la causa del desarrollo teológico y sus divisiones como la cristología, la cosmología o la soteriología. Finalmente el concilio de Nicea condenó el arrianismo y afirmó que "el Hijo es engendrado de la esencia del Padre, Dios de Dios, Luz de Luz, verdadero Dios de Dios verdadero, engendrado, no creado, consustancial con el Padre". Con ocasión de la controversia acerca del Espíritu Santo, el concilio de Nicea declaró enfáticamente lo siguiente: "Creemos en el Espíritu Santo", ya que Él no puede ser menos que Dios.

Con el apoyo de Constancio II, heredero de Constantino, el arrianismo sobrevivió a la muerte de éste, hasta que el emperador Teodosio I, lo condenara de nuevo en el año 381 y decretara que el Señor Jesús es igual y consustancial con el Padre y el Espíritu Santo, con lo que fortaleció la ortodoxia nicena, sin embargo, después de su muerte, las dos partes del imperio se volvieron a separar promovidas con el enfrentamiento de las dos emperatrices, Pulqueria, respaldada por los difisitas en Constantinopla, y Eudocia, que era monofisita, recibía el apoyo doctrinal de los occidentales. Esta nueva pugna duró hasta el año 451, cuando se llevó a cabo el Concilio de Calcedonia.

EL APOLINARISMO

Esta secta contemporánea del arrianismo y que surgió como una reacción contra ésta, deriva su nombre de Apolinar de Laodicea, su principal representante. Si el arrianismo negaba la divinidad de Cristo, el apolinarismo rechazaba la naturaleza humana de Jesús, afirmando que en Él no coexistía una naturaleza divina y una humana, que no tenía un espíritu humano y que lo único que tenía era un cuerpo, sin mente ni voluntad, pero que al estar ligado al Logos, éste lo divinizó, lo que con el tiempo algunos apolinaristas después llegaron a comparar con algo así como el hierro que puede llegar a estar tan caliente como lo esté el horno en que es colocado, y que la exaltación del Señor Jesús se debió a la unión que tuvo con el Logos divino, pero sólo como una recompensa a sus virtudes, es decir, que el apolinarismo puso el Logos en lugar de la mente humana de Jesús. De esta falsa enseñanza se derivó la doctrina de la transubstanciación.

EL NESTORIANISMO

Esta secta apareció en el siglo quinto d. C. y deriva su nombre de Nestorio, patriarca de Constantinopla, quien llegó a considerar a Cristo separado en dos naturalezas, una divina y una humana, teniendo cada una de ellas su propia subsistencia, es decir, que Cristo estaba dividido en dos personas distintas, cuyo espíritu estaba sólo "asociado" al Logos divino. Otro sector del nestorianismo o difisismo opinaba que el Señor Jesús tuvo un proceso de crecimiento, fue tentado y padeció dolor, por lo tanto no puede ser divino.

El resurgimiento de las controversias cristológicas volvió a causar disturbios en el imperio. En el año 428, Nestorio insistió en el aspecto humano de Jesús, separado en las dos naturalezas, afirmando además que la virgen María no debía ser considerada *"theotokos"* (madre de Dios) sino *"christotokos"* (madre de Cristo). Sus enemigos, los monofisitas, insistían que las dos naturalezas de Cristo estaban unidas en la humana. El nestorianismo se popularizó en la iglesia oriental asiria que rechazó el compromiso del Concilio de Calcedonia.

EL EUTIQUIANISMO

Como una respuesta al nestorianismo, surgió el eutiquianismo, secta que adoptó este nombre por Eutiques (378-454 d. C.) abad de un monasterio en Constantinopla, quien sostuvo que había dos naturalezas en Cristo hasta antes de la encarnación, sin embargo, después de ésta, la naturaleza humana del Señor Jesús fue convertida entonces en divina por absorción y que luego de la unión de estas dos, había una sola naturaleza en él. Con respecto a esta herejía, el reformador Juan Calvino en su obra INSTITUCIÓN DE LA RELIGIÓN CRISTIANA, Tomo II (Editorial Felire; pp. 1.101) escribió lo siguiente: "Como si de tal unión se siguiera que de las dos naturalezas ha surgido una tercera, que ni es Dios ni hombre".

EL MONOFISISMO

La unión de las dos palabras griegas *"mono"*, que quiere decir "uno solo", y *"phisis"*, que significa "naturaleza", conforman el nombre de esta secta que surgió en el siglo quinto d. C., cuya enseñanza sostiene que las dos naturalezas del Señor Jesús se unieron en una sola naturaleza humana, es decir, que esta doctrina interpreta que en Cristo sólo existe una naturaleza, por cuanto los monofisistas entendían que atribuirle dos naturalezas negaba la posibilidad para el hombre de llegar a ser uno con Dios. El monofisismo y el eutiquianismo son identificados por algunos estudiosos como una misma herejía, no obstante, el nombre "monofisismo" surgió cuando algunos monofisistas condenaron a Eutiques.

EL MONOTELISMO

A principios del siglo séptimo d. C. surgió el monotelismo, una secta que deriva su nombre de la unión de dos vocablos griegos *"mono"* y *"thélesis"*, cuyos significados son "uno sólo" y "voluntad", respectivamente. Esta herejía surgió de la enseñanza de Sergio, patriarca de Constantinopla, quien afirmaba, siguiendo las instrucciones del emperador bizantino Heraclio, que el Señor Jesús tenía dos naturalezas, una divina y una humana, pero una sola voluntad, y que todo lo hizo mediante la acción de una sola energía divino-humana, sin embargo, después se eliminó el concepto de "energía" y se afirmó la existencia de una sola voluntad. Existe otra corriente, la de los dioletistas, quienes sostienen que el Señor Jesús tenía dos voluntades.

EL ADOPCIONISMO

Durante los siglos segundo y tercero de la era cristiana, apoyándose en textos como Marcos 10:18; 13:32 y Juan 14:28, se elaboró un lenguaje y un discurso teológico en el que se proclamaba una cierta inferioridad de Cristo con relación al Padre, lo que originó el adopcionismo medieval de finales del siglo octavo en España, con Félix, obispo de Urgel, y Epilando, arzobispo de Toledo, quienes afirmaban que el Señor Jesús fue un hombre ordinario cuya humanidad, por ser intachable, fue adoptada por la divinidad en un proceso gradual, en el que, recibió en el bautismo poderes sobrenaturales por medio del Espíritu Santo, Quien descendió sobre Él, en aquel momento fue formalmente investido como el Mesías, declarado Hijo de Dios y que se deificó en la resurrección, no obstante, en cuanto hombre, no es el hijo propio y natural de Dios, sino solamente un heredero o hijo adoptivo.

EL SUBORDINACIONISMO

Del adopcionismo surgió el subordinacionismo, un conjunto de opiniones teológicas que surgieron con el fin de contrarrestar aquella herejía y defender la doctrina trinitaria, que aunque no fue una doctrina oficial, pero estaba influenciada por la filosofía estoica, los subordinacionistas cometieron el error de destacar exageradamente la distinción existente entre el Padre y el Hijo, al punto de llegar a subordinar a Cristo, en mayor o menor medida. El término subordinacionismo surgió de esta postura cristológica que tiende a hacer una realidad inferior y subordinada del Señor Jesús a Dios Padre y en la que se establece que, aun cuando el Hijo es divino, no es igual al Padre, y deriva Su existencia del supremo Ser divino, lo que en cierta forma niega la Trinidad.

EL SOCINIANISMO

Esta secta de teología unitaria que apareció en el siglo dieciséis, después de la Reforma Protestante, que tuvo gran influencia en Polonia y en otros países, deriva su nombre de los italianos Laelius Socinus y Faustus Socinus (sobrino de Laelius) antitrinitarios que sostuvieron que Cristo fue sólo un hombre ordinario, no obstante, como un modelo de vida humana, pero que nació milagrosamente, a Quien Dios le dio revelaciones extraordinarias y lo exaltó al cielo después de Su muerte. Además, argumentaban que el Hijo de Dios tuvo un proceso por medio del cual, de ser un hombre común llegó a ser Dios. Por otra parte, el socinianismo proclamaba que el Ángel de Jehová es un "ángel creado" que personificó a Jehová actuando con Su poder. Bajo el nombre de socinianismo se pueden clasificar todas las creencias que enseñan que la obra salvadora de Cristo consiste sólo en el efecto producido en nuestra conducta personal, ignorando o negando el hecho que Su muerte es el fundamento del perdón.

BREVE CONCLUSIÓN

Es evidente que todas las anteriores teorías y postulaciones en cualquiera de sus formas, influenciadas por el pensamiento griego, se constituyeron en un ataque directo a las más preciosas doctrinas del cristianismo y están lejos de satisfacer las demandas de la Sagrada Escritura, especialmente aquellas que afirman creer en la suprema divinidad de Cristo, aun cuando es difícil concebir cómo se puede asegurar que el Mesías es Dios y al mismo tiempo formarse una idea tan pequeña de Su obra expiatoria, puesto que si el fundamento de la salvación es destruido por medio de herejías que niegan la humanidad o la deidad de Cristo, esto invade entonces la incertidumbre de los creyentes. Si el Señor Jesucristo no es Dios, entonces el cristianismo sería solamente una sociedad ética de enseñanza de la cultura y la moralidad, pero carente de valor para la salvación eterna, por cuanto el cristianismo se identifica con Cristo, Su ministerio no puede estar separado de Su doctrina y la obra de la redención demandaba la completa divinidad y humanidad del Redentor.

Obviamente durante la historia de la iglesia cristiana y en especial durante los primeros siglos de su existencia, hubo muchas teorías diferentes a las expuestas con anterioridad, así como objeciones a la salvación eterna sin más exigencia que la creencia en el Mesías, la mayoría procedentes del racionamiento humano, influenciado por el pensamiento griego, que pretendían oponerse al testimonio del Espíritu Santo en el corazón de los creyentes que encontraron en la doctrina de los apóstoles el poder de Dios para su salvación, como la enseñanza fundamental de Cristo, por lo que la explicación racional era un obstáculo para la fe y para el origen del cristianismo.

CUADRO DEL ORIGEN, FUNDADOR Y PROCEDENCIA DE LAS SECTAS HISTÓRICAS

Secta	Origen	Fundador	Procedencia	Forma moderna
Ebionismo	Siglo 1	Aparece luego de la caída de Jerusalén	Judaísmo	
Docetismo	Siglo 1	Cerinto	Gnosticismo	
Monarquianismo	Siglo 3	Pablo de Samosata	Cerinto /Ebionismo	
Sabelianismo	Siglo 3	Sabelius	Monarquianismo	Unitarismo
Arrianismo	Siglo 4	Arrio	Ebionismo y monarquianismo	Testigos de Jehová
Apolinarismo	Siglo 4	Apolinar	Es una forma de docetismo	Transubstanciación
Nestorianismo	Siglo 4	Nestorio		
Eutuquianismo	Siglo 5	Eutiques (o Eutico)	Docetismo	
Monofisismo	Siglo 5		Docetismo	
Monotelismo	Siglo 7	Sergio de Constantinopla	Eutiquianismo	
Adopcionismo	Siglo 8	Félix de Urgel y Epilando de Toledo	Monarquianismo	
Subordinacionismo	Siglo 8		Adopcionismo	
Socinianismo	Siglo 12	Laelius Socinus (tío) y Faustus Socinus (sobrino)	Adopcionismo	

Fundadores:
1) Pablo de Samosata era obispo de Antioquía
2) Arrio era presbítero de Alejandría
3) Apolinar era obispo de Laodicea
4) Nestorio era obispo de Constantinopla
5) Eutico era abad en Constantinopla

Muchas sectas se originaron de una secuencia de errores anteriores de interpretación, desde las herejías predecesoras de los tres primeros siglos de la era cristiana hasta la crítica literaria de la Escritura que surgió en Alemania hacia finales del siglo diecinueve con la teología liberal, debido a que una doctrina falsa conduce a otras. El arrianismo, tal vez la más influyente y que causó mayor polémica, por ejemplo, enseñaba, negando la Trinidad, que el Señor Jesús era una criatura intermedia entre Dios y los hombres, pero que lógicamente es superior a éstos, una doctrina que se pudo haber derivado del ebionismo y en parte del sabelianismo, con su falsa idea que aseguraba que Dios se manifestó a Sí mismo primero como Padre, luego como Hijo y después como Espíritu Santo. El sabelianismo, por su parte, pudo originarse como resultado lógico del dogma que proponía el monarquianismo, en cuanto a que el Señor Jesús fue un hombre ordinario sobre Quien vino la impersonal razón y el poder de Dios, lo que le capacitó para que llevara a cabo la obra.

Además de las sectas más antiguas que originaron algún nuevo postulado que negaba la deidad o la humanidad del Señor Jesucristo, lo que ocasionó un problema bastante complicado por tal discusión, los apologistas cristianos encontraron una gran oposición en el gnosticismo y en otras herejías que, en cambio de conducir a la unidad en la enseñanza acerca de la salvación, promovió una clase de dualismo en la población. Por otra parte el pensamiento griego que había invadido todo el imperio romano oscurecía el concepto real del pecado y de la responsabilidad del hombre frente a Dios.

RESUMEN DE LAS CREENCIAS DE LAS SECTAS HISTÓRICAS

SECTA	CREENCIA
Ebionismo	El Señor Jesús era simplemente un hombre, el hijo mayor de José y María, pero elegido como "Hijo de Dios" por observar correctamente la ley de Moisés, y al ser bautizado por Juan el Bautista en el río Jordán, se le unió el Cristo eterno y cósmico, y descendió sobre Él el Espíritu Santo.
Docetismo	La encarnación del Verbo era sólo una apariencia, por cuanto el espíritu es bueno y puro, contrario a la materia que es mala e impura, por lo tanto, el Hijo de Dios no se podía haber humillado asumiendo la naturaleza humana.
Monarquianismo	Jesús fue un hombre ordinario sobre Quien vino la impersonal razón de Dios, y el poder del Altísimo le capacitó para que llevara a cabo la obra. Jesús fue una persona digna de honores, pero no era divino.
Sabelianismo	Hay un sólo Dios que se manifestó a Sí mismo primero como Padre, luego como Hijo y después como Espíritu Santo, es decir, que evolucionó en tres formas diferentes.
Aarrianismo	El Verbo que se unió a la carne humana no era igual al Padre, sino el primero y el más noble de los seres creados, siendo una criatura intermedia entre Dios y el hombre.
Apolinarismo	En Cristo no coexistía una naturaleza divina y una humana, no tenía un espíritu, sino un cuerpo, sin mente ni voluntad, que al estar ligado al Logos, éste lo divinizó.
Nestorianismo	Cada una de las dos naturalezas de Cristo tenía su propia subsistencia (Cristo estaba dividido en dos personas distintas).
Eutiquianismo	La naturaleza humana de Jesús se convirtió en divina por absorción y después de la unión de las dos naturalezas, había una sola.
Monofisismo	Las dos naturalezas de Jesús se unieron en una sola naturaleza humana.
Monotelismo	Jesús tenía dos naturalezas, una divina y una humana, pero una sola voluntad.
Adopcionismo	Jesús fue un hombre ordinario cuya humanidad, por ser intachable, fue adoptada por la divinidad en un proceso gradual, el Espíritu Santo descendió sobre Él en el bautismo y se deificó en la resurrección.
Subordinacionismo	El Señor Jesús, por estar subordinado a Dios el Padre, es inferior a Él y aun cuando es divino, no es igual al Padre.
Socinianismo	Jesús fue un hombre ordinario que nació milagrosamente y a quien Dios le dio revelaciones extraordinarias, lo exaltó a los cielos luego de Su muerte y tuvo un proceso por medio del cual, de ser hombre llegó a ser Dios.

LOS PRIMEROS CREDOS CRISTIANOS

Debido a que a la par con el desarrollo de la iglesia surgieron dentro de ésta varias sectas y herejías por la diversidad de opiniones y teorías de algunos proponentes de mucha influencia dentro de las comunidades, se hizo entonces necesaria la creación de los credos, los cuales podían ser como una especie de antídoto contra los errores, ya que tenían como base la Sagrada Escritura para su estructura doctrinal, lo que en cierta forma obligaba a los interesados en conocer la verdad a escudriñar la Biblia en lugar de aceptar cualquier enseñanza que apareciera en los labios de hombres que tuvieran influencia entre el pueblo por el cargo jerárquico que ocupaban en la iglesia local. Los credos, entonces, aclaraban mejor las creencias reveladas, a medida que se éstas eran mal interpretadas por los grupos sectarios.

La gran preponderancia del pensamiento cristiano en las primeras dos generaciones fue esencialmente de un carácter invaluable al tener su raíz en el Redentor divino y los gentiles cristianos recibieron como doctrina unánime que "Jesús es el Señor", la cristología de la iglesia apostólica abundantemente confirmó e ilustró su conciencia de Quién es Cristo y qué tan trascendental fue para la humanidad Su obra en la cruz, sin embargo, la oposición irreconciliable del pensamiento griego de un Logos helenizado y su razonamiento en contra de la fe apostólica de la iglesia que conduce a la salvación, originó varias herejías que, unidas al gnosticismo, ridiculizaban la fiel enseñanza de los cristianos, la cual era conforme a la revelación de la Sagrada Escritura, en cuanto a que se aseguraba que Cristo es uno con Dios, por lo que se hizo necesario el desarrollo y la formulación de un documento que contuviera los artículos de fe de la iglesia para que la confirmara y fuera transmitido ese conocimiento a todos los creyentes en los lugares del imperio hasta donde había llegado el mensaje del Evangelio.

Se debe tener en cuenta que la Biblia es la única guía perfecta, permanente, completa y la autoridad final en todo asunto de doctrina, así como es también la única e infalible regla de fe y conducta para todos los hombres, sin embargo, un credo o una confesión de fe (llamada también dogma de fe) es muy útil por cuanto enseña en pocas y breves palabras, con precisión y claridad, los principales puntos concernientes a lo que cree la iglesia cristiana. Un credo es un corto mensaje que resume lo que la Sagrada Escritura enseña y es una declaración de las doctrinas que orientan al pueblo con el fin de ayudar a preservar la fe en contra de los ataques y errores que se presentan, no obstante, toda confesión de fe debe estar sujeta a la Biblia. Los credos niceno, atanasiano y apostólico, fueron, cada uno, el resultado de evaluaciones específicas humanas, no obstante, de una ayuda invaluable para la formación doctrinal de la iglesia.

EL CREDO DE PEDRO

De la confesión del apóstol Pedro, en cuanto a que el Señor Jesús es *"el Cristo, el Hijo del Dios viviente"* (Mateo 16:16) surgió la expresión "Jesucristo es el Señor" que se constituyó en la forma más primitiva y rudimentaria de un credo, siendo el testimonio de la iglesia cristiana de los primeros siglos (Hechos 2:36; 1 Corintios 12:3; Filipenses 2:11). En la declaración del discípulo en cuanto a que el Señor Jesús es el Hijo viviente de Dios, gravitaba la teología nicena y aquel primer credo cristológico fue la base sobre la que obtuvo su fundamento la doctrina cristiana pura. La confesión del apóstol Pedro es el sólido fundamento sobre el que reposa la construcción de la iglesia de Cristo y expresa el mismo centro de la fe cristiana; más aún, es el eje de la fe y la salvación (Juan 20:31; Romanos 10:10). Cristo llamó *"bienaventurado"* a Pedro (Mateo 16:17) por haber visto en el humilde Hijo del Hombre al eterno Hijo de Dios y es importante apreciar que el Señor Jesús había declarado que Él mismo y el Padre no serían conocidos entre los hombres, a menos que se dieran a conocer a aquellos que desean revelarse (Mateo 11:27).

El apóstol Pedro llamó concretamente a la fiel enseñanza de las buenas nuevas de salvación por medio de Cristo, *"el evangelio de Dios"* (1 Pedro 4:17) y Pablo le ordenó a la iglesia, en el nombre del Señor Jesucristo, seguir la tradición que habían recibido de los apóstoles (2 Tesalonicenses 3:6) autoridad que fue delegada directamente por Cristo (Lucas 11:49) a Sus doce discípulos. Con las cartas del apóstol Pablo fue predicado y enseñado el Evangelio acerca de una verdad central, que el Padre redimió al hombre por medio de Cristo, Su Hijo, y que ganó para la humanidad una vida eterna, por medio de la muerte y resurrección del Señor Jesucristo. Después de la muerte de Pablo, el apóstol Juan desarrolló una doctrina, a través de sus escritos, basada en su Evangelio de amor, luz, verdad y vida en Cristo, suplantando en ocasiones la enseñanza de Pablo.

La iglesia cristiana reconoció a los apóstoles como los reales embajadores de Cristo, los verdaderos transmisores de las enseñanzas del Maestro, sin cuestionar, ni su doctrina, ni sus vidas personales, puesto que observó en ellos que tenían los signos naturales y espirituales, así como la calificación de seguidores inmediatos del Hijo de Dios y Su revelación. Los apóstoles declararon haber visto al Señor Jesús, antes de morir en la cruz, así como también le vieron resucitado, siendo la muerte y la resurrección de Cristo la esencia de Su obra redentora. Posteriormente, la enseñanza de todo el Nuevo Testamento procedió del divino Hijo de Dios resucitado, y aquellos mismos hombres que fueron testigos de la resurrección de Cristo, que también lo fueron de la venida del Espíritu Santo en el día de Pentecostés y por lo menos dos de ellos, Pedro y Juan, fueron autores secundarios de algunas de las cartas universales del Nuevo Testamento, basados en las palabras de Cristo y siendo inspirados por el Espíritu Santo. Los padres apostólicos, llamados así por ser los directos herederos de los discípulos del Señor Jesucristo y quienes vivieron en un tiempo hasta antes de la muerte del último de los apóstoles, fueron ellos quienes continuaron con la obra de éstos por medio de sus enseñanzas, predicaciones y escritos en las iglesias cristianas que surgían, sin embargo, hay solamente una autoridad absoluta para la iglesia, la del Señor Jesús.

Aun cuando la simple interpretación de uno o varios textos no aclara la doctrina de la Trinidad, sin embargo, hay numerosos versículos o pasajes bíblicos, como Génesis 1:26; 3:22; 11:7 o Isaías 6:8, que hablan en forma plural de *"nosotros"* o aquellos más claros en el Nuevo Testamento como Mateo 3:16-17; 28:18-20; Juan 14:12; 2 Corintios 13:14, entre otros, que debidamente demostrados, conducen al concepto trinitario que fue expresado en los tres credos cristianos primarios: niceno, atanasiano y apostólico, los cuales aclararon la enseñanza acerca de la naturaleza de Cristo. El primero surgió en el concilio de Nicea y lleva su nombre, el segundo, paralelo con el niceno, fue escrito por Atanasio para contrarrestar la falsa doctrina de los arrianos, y el apostólico, nació dentro de la iglesia, basado en el niceno y en la doctrina de los apóstoles. Sin embargo, debe tenerse en cuenta que los credos no agregaban nada más de lo que dice la Escritura y a lo que en ella se enseña con respecto a Dios.

EL CREDO NICENO

La enseñanza y la autoridad apostólica para la iglesia fue una cadena que nació en Cristo, Quien la recibió del Padre y se la otorgó a Sus discípulos, testigos visuales de Su obra en la tierra, y éstos la transmitieron a los padres apostólicos, lo que les favoreció en las controversias que se presentaron con los gnósticos, los montanistas y demás grupos o sectas en los primeros siglos. Clemente de Roma, por ejemplo, fue contemporáneo de los apóstoles Pablo y Juan, recibiendo sus enseñanzas. Por otra parte, Policarpo también fue enseñado por Juan, a su vez aquél le transmitió el conocimiento a Ireneo y así sucesivamente se unieron la época apostólica con el segundo siglo, de una generación de creyentes a otra, en el período transicional hasta la conformación de los credos. Esta autoridad incuestionable y continua fue una poderosa arma para que el cristianismo evitara la disolución que le amenazaba desde la época de los doce apóstoles, únicos embajadores directos de Cristo. La sólida verdad del Nuevo Testamento era más antigua que los errores de las herejías, la autoridad a que apelaron los padres anti-gnósticos Ireneo y Tertuliano fue la enseñanza de Cristo, tal como ésta fue dada por los apóstoles, conformándose con el tiempo la "Regla de Verdad" como la llamara Ireneo o la "Regla de Fe" como la denominara Tertuliano, bajo la influencia de Roma y que el pensamiento jurista lo volviera un requerimiento contra las herejías. A la par con ésta se estaba formando el canon de la Sagrada Escritura, ambos usados en defensa de la fe.

Los padres apostólicos fueron desarrollando los puntos que más tarde serían los elementos que conformarían el cuerpo del credo niceno. Bernabé, por ejemplo, habló acerca de la preexistencia de Cristo, de Su actividad en la creación, de Su encarnación y de Su regreso a la tierra como Juez. Ignacio repetía que Cristo es el Único Hijo de Dios. Años más tarde Policarpo enseñó acerca de la deidad de Cristo. En el siglo segundo, Ireneo tomó la cristología de Ignacio para oponerse a un punto teológico del gnosticismo y apelando a referencias bíblicas como Salmo 33:6 y Juan 1:3, afirmó lo siguiente: "Sostenemos que existe un sólo Dios, Quien creó todas las cosas por Su Palabra, llamando las cosas inexistentes a la existencia". La doctrina de la Trinidad fue propuesta por Tertuliano y aclarada por Clemente de Alejandría. Los escritos de los primeros teólogos del cristianismo y la tradición oral basada en sus predicaciones, tomaron cuerpo para la elaboración formal de los credos niceno y atanasiano, en cuanto a puntos básicos referentes a Cristo, como Su labor de Creador y Mediador entre Dios y los hombres, Su nacimiento virginal, Su bautismo, Su crucifixión en el tiempo en que gobernaba Poncio Pilato, Su posterior resurrección y Su futuro retorno glorioso a la tierra.

El credo niceno (año 325 d. C.) que condenó el arrianismo, con respecto a Cristo, afirmó lo siguiente: *"... Creo en un solo Señor Jesucristo, Unigénito Hijo de Dios, engendrado del Padre antes de todos los siglos, Dios de Dios, luz de luz; Dios verdadero de Dios verdadero, engendrado y no hecho, consubstancial al Padre, y por Quien todas las cosas fueron hechas, el cual, por amor de nosotros y por nuestra salvación, descendió del cielo y, encarnado en la virgen María por el Espíritu Santo, fue hecho hombre..."*.

Los artículos de fe consignados en el credo niceno no fueron compuestos por el placer humano, sino como una colección o compendio de las Sagradas Escrituras para establecer una doctrina de fe en la iglesia, una normativa para el desarrollo doctrinal por lo que demandaba la situación. Los términos que se emplearon como textos básicos de ortodoxia fueron tomados de la Palabra de Dios y cada frase o artículo contenido en el credo tenía el respaldo de versículos bíblicos, por ejemplo, la consigna *"fue crucificado por nosotros bajo el poder de Poncio Pilato"* estaba apoyada por el texto de 1 Timoteo 6:13. Para tal efecto se hizo necesario un trabajo apologético y teológico en el que, aparte de la guía eficaz del Espíritu Santo, de una manera providencial Dios empleó la recomendación del emperador Constantino, lo que hizo que el credo tuviera autoridad civil.

Los credos llegaron a ser contemplados como una predicación expositiva para la instrucción de los candidatos al bautismo por cuanto el sustento bíblico los respaldaba, no obstante, los creyentes apelaban más a la Escritura que al mismo credo en cualquier asunto de fe. Con respecto a la declaración cristológica del credo niceno, en éste se destacaron los eventos primordiales de Cristo para la salvación de los redimidos, como Su encarnación, crucifixión, resurrección, ascensión y futuro regreso a la tierra. Aun cuando es bien conocido que no hubo un debate dentro de la iglesia cristiana sobre el oficio y la obra del Espíritu Santo hasta la época de la controversia arriana por la frívola especulación del concepto del arrianismo, la teología nicena pasó de la cristología a la pneumatología, con el concepto bíblico en cuanto a que *"... nadie que hable por el Espíritu de Dios llama anatema a Jesús; y nadie puede llamar a Jesús Señor, sino por el Espíritu Santo"* (1 Corintios 12:3) como lo enseñó el apóstol Pablo, debido a que ningún hombre puede creer que el Hijo de Dios tiene la misma sustancia, poder, autoridad, majestad y dominio eterno como el Padre, si no acepta que el Señor Jesús es Dios, lo que es motivado en el corazón del creyente por parte del Espíritu Santo. Esta fue una de las conclusiones de la teología nicena, no obstante, desde el primer siglo la iglesia cristiana creía en la divinidad de Jesucristo.

EL CREDO ATANASIANO

En un período extenso hasta antes del concilio de Nicea, la principal discusión que condujo a las controversias gnóstica, monarquianista y arriana, era la atención dada a la relación entre Cristo y el Padre, pero el conflicto post-niceno tomó la relación mutua de la naturaleza divina y humana de Cristo, además de la relación del Espíritu Santo dentro de la Trinidad. Algunos historiadores afirman que el creo apostólico se levantó antes que la controversia gnóstica, por cuanto se trataba de una tradición oral desde el primer siglo de la era cristiana y que comenzó a ser transmitida por los doce apóstoles del Señor Jesús, por eso lleva ese nombre, sin embargo, fue hasta después del concilio de Nicea que, basándose en el cuerpo de enseñanza apostólica que se transmitió oralmente bajo la supervisión de los apóstoles mismos, lo cual aseguraba su integridad y pureza (Lucas 1:1-4; Hechos 2:42) que el credo apostólico fue consignado en un documento.

Tal vez el credo atanasiano fue el más completo en lo que se refiere a la doctrina de la Trinidad, pero con respecto a Cristo, dice lo siguiente: *"Y la verdadera fe cristiana es esta, que veneremos a un solo Dios en la Trinidad, no confundiendo las Personas, ni dividiendo la sustancia. Una es la Persona del Padre, otra la del Hijo, otra la del Espíritu Santo. Pero una sola es la divinidad del Padre, del Hijo y del Espíritu Santo. Cual el Padre, tal el Hijo, tal el Espíritu Santo. El Padre es inmenso, el Hijo es inmenso… El Padre es eterno, el Hijo es eterno… El Padre es todopoderoso, el Hijo es todopoderoso… El Padre es Dios, el Hijo es Dios, el Espíritu Santo es Dios…"*.

Tanto Atanasio como otros teólogos de la iglesia, siempre apelaron a la conciencia de los creyentes, de manera que cuando profesaron el credo no enseñaron nada nuevo, pero éste siempre ha sido de gran ayuda y ha sido sostenido por el cristianismo histórico para enfrentar las herejías y falsas doctrinas que se han levantado en diferentes épocas.

EL CREDO APOSTÓLICO

El credo apostólico, con respecto a Cristo, dice lo siguiente: *"Creo en Dios Padre Todopoderoso, Creador del cielo y de la tierra. Y en Jesucristo, su único Hijo, nuestro Señor, que fue concebido por obra del Espíritu Santo, nació de la virgen María, padeció bajo el poder de Poncio Pilato, al tercer día resucitó entre los muertos, subió al cielo y está sentado a la diestra de Dios Padre Todopoderoso, y desde allí ha de venir a juzgar a los vivos y a los muertos…"*.

EL CONCILIO GENERAL DE CALCEDONIA

Un poco más de un siglo después de la controversia arriana, en el concilio de Calcedonia (ciudad de Bitinia, en Asia Menor) celebrado entre el 8 de octubre y el 1 de noviembre del año 451 d. C. se estableció un credo más, en el que se describió la plena divinidad y humanidad de Cristo con las siguientes palabras: *"… Que uno y el mismo Cristo, Hijo, Señor, Unigénito, ha de ser reconocido en dos naturalezas, sin confusión, sin cambio, sin división, sin separación, sin que en manera alguna sea suprimida la diferencia de las naturalezas a causa de la unión, sino quedando más bien a salvo la propiedad de cada naturaleza, y concurriendo ambas en una sola persona y subsistencia... como desde el principio han declarado los profetas acerca de Él, y el mismo Señor Jesucristo nos ha enseñado, y el Credo de los Padres nos lo ha transmitido"*.

Después de la caída del imperio romano, la iglesia católica, apostólica y romana heredó el absolutismo de Constantino, ejerciendo legalmente la autoridad civil como el único poder constituido que quedaba, adquiriendo cada vez más vigor y respeto, e introduciendo algún orden en el desconcierto universal, no obstante, en la sujeción que exigía se vio afectada también la sana doctrina y ésta fue cambiada por los dogmas de fe emitidos por el papa de turno. La obediencia y sumisión del pueblo al papado evitó, en parte, la formación de nuevas sectas, tal vez con excepción del monotelismo del siglo séptimo, el adopcionismo y el subordinacionismo del siglo octavo, el socinianismo del siglo doceavo y algunas más que no fueron tan conocidas, por cuanto la población, sin consultar la Sagrada Escritura, enceguecida creía todo lo que el pontífice declaraba, sin embargo, el pueblo permaneció engañado por mil años, hasta la época de la Reforma Protestante, cuando se proclamó que la lectura de la Biblia era para todas las personas, pero con el tiempo, surgieron nuevas sectas, algunas basándose en antiguas herejías.

CAPÍTULO 3

LAS SECTAS DE LOS ÚLTIMOS SIGLOS

Después de la Reforma Protestante surgieron algunas sectas que podrían clasificarse en cuatro grupos, a saber: (1) las que utilizan la Biblia; (2) las que emplean la Sagrada Escritura, pero a la vez usan otro libro que consideran inspirado; (3) las que tienen influencia oriental; y (4) las sectas modernas.

A. LAS SECTAS QUE UTILIZAN LA BIBLIA
1. Unitarios
2. Adventistas

B. LAS SECTAS QUE UTILIZAN LA BIBLIA Y OTRO (s) LIBROS (s)
1. Testigos de Jehová
2. Mormones
3. Ciencia Cristiana

C. LAS SECTAS CON UNA INFLUENCIA ORIENTAL
1. Teosofía
2. Rosacrucismo
3. Gnosticismo moderno (Gnosis) o Iglesia Cristiana Gnóstica
4. Nueva Era

D. LAS SECTAS MODERNAS
1. Creciendo en gracia
2. Iglesia Pentecostal Dios es Amor
3. Iglesia Universal del Reino de Dios
4. Iglesia de Dios Ministerial de Jesucristo Internacional
5. Neo-Mesianismo
6. La Familia de Dios

SECTAS QUE UTILIZAN LA BIBLIA

Hay dos grupos, los unitarios y los adventistas, que sostienen la mayoría de las doctrinas con que se ha identificado la iglesia cristiana durante sus veinte siglos de existencia, e incluso utilizan la misma Biblia que se lee y emplea en la enseñanza de los cultos evangélicos, por lo general, la versión Reina-Valera, sin embargo, algunas de sus instrucciones no armonizan con la doctrina clásica del cristianismo. Aun cuando el unitarismo y el adventismo, como sistemas, pretenden estar basados en la Sagrada Escritura y la reconocen como la auténtica Palabra de Dios, no obstante, al analizar algunas de sus doctrinas, se puede apreciar que se han apartado en algunos puntos de la sana interpretación bíblica y han confundido a sus adeptos en cuanto a la seguridad de la salvación en Cristo.

SECTAS QUE UTILIZAN LA BIBLIA Y OTROS (s) LIBROS (s)

Simon Sebag Montefiore, en su libro JERUSALÉN, LA BIOGRAFÍA (Editorial Crítica; pp. 422) escribió lo siguiente: "La libertad religiosa en Estados Unidos dio pie a la aparición de numerosas sectas y de profecías milenarias". En el siglo diecinueve y a principios del siguiente, surgieron algunas sectas de factura totalmente norteamericana como los unitarios, los adventistas del séptimo día, los mormones, los testigos de Jehová, la ciencia cristiana y otras más. A diferencia de los unitarios y de los adventistas que utilizan la Biblia, los mormones y la ciencia cristiana también la consultan, sin embargo, ésta le otorga mayor crédito a las obras de Mary Baker Eddy, especialmente a su libro "Ciencia y Salud con Clave para las Escrituras" y aquéllos al "Libro del Mormón". Los testigos de Jehová, por otra parte, emplean una versión diferente de la Biblia, denominada "Traducción del Nuevo Mundo de las Santas Escrituras" (TNM) que fue manipulada para que coincidiera con sus conceptos y que apoyara las propias creencias de la sociedad Watch Tower.

Los russellistas, los mormones y los seguidores de la ciencia cristiana creen que los libros que consultan han sido inspirados respectivamente por Charles T. Russell, Joseph Smith y Mary Baker Eddy, sin embargo, cuando se le atribuye carácter de inspiración e infalibilidad a documentos puramente humanos, el resultado invariable es que éstos reemplazan y sustituyen en la mente, en el corazón y en las actitudes del adepto, la sumisión y obediencia que se le debe a la única autoridad, la Sagrada Escritura. Algunas de estas sectas han manipulado, falseado o recortado textos de la Biblia.

SECTAS CON INFLUENCIA ORIENTAL

La teosofía y el rosacrucismo son abiertamente panteístas y están influenciadas por las religiones orientales, dirigiéndose a la autorrealización y a un contacto con el "ser" supremo, que en muchos casos, para ellos, es el universo, debido, tal vez, a que la gran mayoría de las religiones orientales no implican la fe en un Dios personal. En Helena Petrovna, fundadora de la teosofía, y en su sucesora, Annie Besant, las prácticas y doctrinas orientales ejercieron persuasión y ellas, a la vez, con sus nuevas enseñanzas, en sus seguidores de occidente, especialmente en norteamérica. A partir de la teosofía, los sistemas filosóficos del hinduismo, del budismo, del brahmanismo, del taoísmo, del zoroastrismo y de otras religiones orientales, han adquirido una trascendencia que va en aumento. El autor y apologista reformado J. I. van Baaren (1.914-1.998) escribió en la década de 1.970 al respecto lo siguiente en su libro titulado MEDITACIÓN TRASCENDENTAL (Editorial Felire; pp. 7, 9): "Desde hace algunas décadas, todo lo oriental está de moda en Occidente… Fueron sobre todos los Beatles, al principio de los años sesenta, que llamaron la atención del mundo hacia las religiones y meditación orientales, quienes consiguieron mayor publicidad cuando al sentarse «a los pies» del yogi Guru Maharishi Mahesh (el fundador de la MT). Desde ahí ha aumentado constantemente la popularidad de las formas orientales de creer y meditar". La fama de este reconocido grupo musical ejerció mucha influencia en el comportamiento de los jóvenes de Occidente y desde entonces existe una tendencia hacia lo místico, y vivir las experiencias de una filosofía oriental es especialmente atractivo para muchas personas.

El autor Mario Cely Quintero, en su libro titulado LA REENCARNACIÓN, EL OCULTISMO Y LA GRACIA DE DIOS (A.P.L.I.C.G.A.; pp. 59) escribió lo siguiente al respecto: "El ocultismo que se practica en América del Norte y en América Latina tiene una inmensa deuda con el sincretismo religioso del lejano Oriente. Particularmente con el brahmanismo o hinduismo de la India, así como el budismo de la legendaria China. Gnósticos, rosacrucistas, espiritistas, teósofos, etc. Deben por completo toda su creencia esotérica a los sistemas religiosos del misterioso continente asiático". El gnosticismo moderno o la Iglesia Cristiana Gnóstica, aun cuando prácticamente está basado en la enseñanza de la filosofía del gnosticismo griego de los primeros dos siglos de la era cristiana, también está influenciado por las doctrinas de las religiones orientales.

Aun cuando la Nueva Era no tiene una definición exacta, se le ha descrito como un movimiento internacional que pretende "redimir" a la humanidad de todos sus males mediante las antiguas disciplinas esotéricas orientales del hinduismo, sumado éste al espiritismo ocultista del Occidente. También se le describe como una red de individuos y organizaciones que se dedican a interpretar la realidad místicamente y a promover las prácticas del ocultismo para mejorar la espiritualidad.

Sun Myung Moon (1.920-2.012) nació en una familia presbiteriana en Corea del Sur, y declaró que la actitud de los dirigentes de la época del Señor Jesús impidió que Él fuera reconocido como el Mesías, lo que causó que el plan de Dios no tuviera éxito, sin embargo, Su valor aceptando la cruz y Su posterior resurrección, logró la subsiguiente venida a la tierra del Espíritu Santo y como consecuencia, la formación de la iglesia cristiana. Según Sun Myung Moon, fundador del movimiento llamado "Iglesia de la Unificación", organización que mezcla credos cristianos con enseñanzas espirituales taoístas y cuyos adeptos son llamados "moonies", el Señor Jesucristo se le apareció en el año 1.936, en la mañana de Pascua, cuando tenía 16 años, y en medio de la opresión japonesa a Corea, para pedirle que continuara con la obra que el Hijo de Dios había iniciado hacía 2.000 años y que por medio de él, se establecería el reino de Dios en la tierra. Sun Myung Moon se comenzó a presentar como el "nuevo" Mesías o el "tercer Adán", y el movimiento se extendió en Estados Unidos, convenciendo a los que se unieran a éste que serían "hombres puros y sin pecado".

SECTAS MODERNAS

Si en Estados Unidos surgieron los adventistas del séptimo día, los mormones y los testigos de Jehová, entre otras sectas, las herejías más recientes han aparecido en Sur América. Movimientos como "oración fuerte al Espíritu Santo" (posteriormente fue llamado "centro de ayuda espiritual") y "Dios es amor", el cual no debe ser confundido con algunas iglesias locales o denominaciones de sana doctrina que llevan este mismo nombre, tuvieron su origen en Brasil, mientras que la secta denominada "creciendo en gracia" fue fundada por un puertorriqueño y la "iglesia de Dios Ministerial de Jesucristo Internacional" tuvo su origen en Bogotá, Colombia.

El neo-mesianismo (o Congregación Mesiánico Renovada) es una comunidad cuyo propósito principal es difundir "la tercera Reforma" en todo el mundo y en todos los idiomas, de acuerdo al mover del Espíritu Santo. A través de los últimos años hemos visto surgir una serie de nuevos movimientos como este y de organizaciones que aún no se han descrito, que empiezan a penetrar en las creencias de los incautos. En el caso de algunas nuevas sectas sólo se dispone de información dispersa e incompleta.

EL UNITARISMO

OTROS NOMBRES DEL MOVIMIENTO

1. Unitarios.
2. Jesús sólo.
3. Sólo Jesús.
4. Pentecostales unitarios.

Esta secta recibe cualquiera de estos nombres: "unitarios", "Jesús sólo" o "sólo Jesús", debido precisamente a su error en cuanto su falsa creencia en la Trinidad, al interpretar que no son tres Personas distintas y un sólo Dios verdadero, sino una sola Persona y un Dios verdadero. Otra forma en que se denominan es "pentecostales unitarios", por la razón ya expuesta, además de su creencia en cuanto a que es necesario para la salvación hablar en lenguas como señal de salvación, y con este apelativo se diferencian de los pentecostales trinitarios. El escritor Marcos Antonio Ramos, en su NUEVO DICCIONARIO DE RELIGIONES, DENOMINACIONES Y SECTAS (Editorial Betania; pp. 245) narra que "en el año 1.945 se produjo la unión de las Asambleas Pentecostales de Jesucristo y la Iglesia Pentecostal Incorporada. La teología de ambos grupos, separados de las Asambleas de Dios desde 1.916, se vincula al movimiento Solo Jesús". Esta secta también se conoce como "Iglesia Pentecostal Unida Internacional" o "Iglesia Pentecostal Unida", y en Colombia es conocida con el nombre de "Iglesia Pentecostal Unida de Colombia".

Del pentecostalismo original surgieron numerosas denominaciones tradicionales como las Asambleas de Dios, la Iglesia Cuadrangular y otros más que conservan la sana doctrina trinitaria, sin embargo, el movimiento conocido como Solo Jesús es de teología unitaria, y aun cuando defienden la divinidad del Señor Jesucristo, no aceptan la doctrina tradicional de la Trinidad, sino que afirman que "Jesucristo" es uno de los nombres del Dios que se ha manifestado como Padre, otras veces como Hijo, otras como el Espíritu Santo, y en algunas ocasiones lo hace simultáneamente. En la mayoría de sus prácticas se parecen mucho a las iglesias evangélicas y su forma de gobierno puede ser congregacional o episcopal. Existen varias iglesias de este tipo con diferentes nombres. Una de ellas, la Iglesia Apostólica de Fe en Cristo Jesús, surgió en México y se ha extendido por varios países de América y Europa. Otra, la Iglesia Pentecostal Unida, está establecida en todo el continente.

SU ORIGEN

El unitarismo se deriva muy probablemente del sabelianismo, nombre que se le dio a esta secta por su representante más importante, Sabelius, un teólogo de Roma que a principios del tercer siglo de la era cristiana propuso que los nombres "Padre", "Hijo" y "Espíritu Santo", son simplemente designaciones de tres fases diferentes en las cuales la esencia divina única se manifiesta. Esta secta negó la doctrina de la Trinidad, afirmando que hay un sólo Dios que se manifestó a Sí mismo, primero como el Padre, luego como Hijo y después como Espíritu Santo, evolucionando en diferentes maneras, es decir, que el concepto trinitario de Sabelius es de forma, manifestación o expansión, pero no de una eterna naturaleza divina, constituyendo al Padre en una sola Persona divina con cambios de fases y nombres de acuerdo a la actividad propia de Su deidad.

Los que participan de esta opinión suponen que como Creador, Dios es llamado "Padre"; que como Redentor, se le ha asignado el nombre de "Hijo"; y que como Santificador se le denomina "Espíritu Santo", lo que se puede comparar exactamente con el hombre, que siendo uno mismo, puede ser conocido por diferentes nombres, en épocas diversas y bajo distintas circunstancias. Como un empleado eclesiástico, por ejemplo, a quien puede llamársele diácono, él mismo ejerce la profesión de juez y es el padre de dos hijos, sin que los tres nombres, diácono, juez y padre, indiquen que se trate de tres personas diferentes. La forma moderna de este falso argumento es el unitarismo. Un sector que ha seguido a Sabelius sostiene que el Redentor debe ser considerado sólo como un hombre, pero que ha sido llamado "Dios" por estar en una relación íntima con el Padre. El unitarismo enfatiza la humanidad perfecta del Señor Jesús para preservar Su unidad con la deidad, sin embargo, le degrada como persona divina en todos sus aspectos. Algunos estudiosos han sugerido que por su interpretación de la Trinidad, el unitarismo es también de tendencia arriana, cuya idea dominante era el principio monoteísta de los monarquianos, en cuanto sostenía que hay un sólo Dios y una sola Persona, el Padre, el Único Ser divino, eterno, sin principio ni fin. Al respecto, el autor Hugh M. Scott en su libro ORIGIN AND DEVELOPMENT OF THE NICENE THEOLOGY (Chicago Theological Seminary Press; pp. 12) citando a otro teólogo, escribió lo siguiente: "Como Coleridge dijo: «Un unitario puede ser un cristiano, pero el unitarismo no es cristianismo»".

EL RESURGIMIENTO

No menos nociva que la antigua herejía sabeliana, Miguel de Servet (1.511-1.553) médico y teólogo español que sostenía ideas unitarias, en su libro *"De Trinitais Erroribus"* (Sobre los Errores de la Trinidad) manifestó su oposición al concepto cristiano de la Trinidad y fue uno de los jefes principales de los anabaptistas, un movimiento que se desarrolló en Zurich (Suiza) en la época de Ulrico Zwinglio y que sostenía que solamente deberían ser bautizados los adultos que por su edad podían entender este rito. Con respecto al concepto de Servet en cuanto a la Trinidad, el reformador Juan Calvino en su obra clásica INSTITUCIÓN DE LA RELIGIÓN CRISTIANA, Tomo I (Editorial Felire; pp. 86) escribió lo siguiente: "Para Servet ha resultado tan aborrecible y detestable el nombre de Trinidad, que ha afirmado que son ateos todos los que él llama «trinitarios»".

Por otra parte, el italiano Faustus Socinus (1.539-1.604) desarrolló una obra teológica en la que postulaba que Cristo fue sólo un hombre ordinario, no obstante, su modelo de vida fue un ejemplo para toda la humanidad, pero que nació milagrosamente, Dios le dio revelaciones extraordinarias y lo exaltó al cielo después de Su muerte. Además, argumentaba que el Hijo de Dios tuvo un proceso por medio del cual, de ser un hombre común llegó a ser Dios, lo que se denominó la herejía sociniana o socinianismo. Perseguido por sus creencias, Socinus se refugió en Polonia, allí se unió a otros teólogos liberales y antitrinitarios de ese país, y a otros humanistas italianos, como Bernardo Ochino y Giorgio Blandrata, quien predicó el unitarismo en Hungría. El falso concepto de Sabelio que negaba la distinción entre las tres personas de la Trinidad, se introdujo en este movimiento que luego se extendió a Inglaterra en el siglo XVIII y posteriormente a Estados Unidos a principios del siglo XIX por parte de emigrantes que buscaban una libertad religiosa, conformando una secta a la que se le llamó "unitarismo estadounidense". En el año 1.961, la Asociación Unitaria Americana se fusionó con la Iglesia Universalista de América, constituyendo la Asociación Unitaria Universalista (UUA).

Tal vez por su rechazo al concepto trinitario, el unitarismo ha tratado de demostrar que una comunidad se puede crear sin un credo o confesión de fe, como lo han tenido las denominaciones cristianas tradicionales, mientras que algún sector ha revelado una notoria aversión a las declaraciones doctrinales estructuradas e históricas con base en la Biblia, como la sentían los primitivos unitarios. Al respecto, el autor J. K. van Baalen en su libro EL CAOS DE LAS SECTAS (Editorial T. E. L. L.; pp. 306) escribió lo siguiente: "El dr. Charles Edward Park, último pastor de la Primer Iglesia Unitaria de Boston, respondiendo a la pregunta de por qué los unitarios no usan el Credo de los Apóstoles en su forma normal, dijo: «Sentimos gran respeto hacia él. Muchos cristianos pueden repetirlo con perfecta honradez y sinceridad; pero nosotros no somos de ésos; no nos vale para expresar nuestra fe»".

CUATRO PUNTOS BÁSICOS QUE DIFERENCIAN AL UNITARISMO DEL CRISTIANISMO

El unitarismo no solamente rechaza el concepto doctrinal de la Trinidad, y algún sector la deidad de Cristo, sino que practican el bautismo únicamente "en el nombre de Jesús", predican que este rito es indispensable para la salvación eterna y que "hablar en lenguas" es la absoluta señal en cuanto a que se ha recibido la promesa de la redención.

1. El rechazo al concepto de la Trinidad.
2. El bautismo se hace "en el nombre de Jesús", únicamente.
3. El bautismo en agua es necesario para la salvación.
4. Es indispensable tener el don de lenguas.

APOLOGÍA

EN CUANTO A LA TRINIDAD

El unitarismo, negando la doctrina básica de la Trinidad, afirma que el Padre, el Hijo y el Espíritu Santo, no son tres Personas distintas y un solo Dios verdadero, sino más bien, que aquéllos son tres nombres diferentes de la única Persona divina, a saber, el Padre. Aun cuando "la Trinidad" no es un término usado en la Sagrada Escritura, sin embargo, resulta adecuado para expresar el misterio de la unidad de las tres Personas divinas, el Padre, el Hijo y el Espíritu Santo. Tertuliano (160-220 d. C.) fue el primero en usar el término "Trinidad" para afirmar la existencia de la unidad de las tres Personas divinas.

PRUEBAS DE LA TRINIDAD EN EL ANTIGUO TESTAMENTO

En muchas partes del Antiguo Testamento se observa a Dios hablando en una forma plural, por ejemplo, *"... Hagamos al hombre a nuestra imagen, conforme a nuestra semejanza..."* (Génesis 1:26); *"... He aquí el hombre es como uno de nosotros..."* (Génesis 3:22); *"Ahora, pues, descendamos, y confundamos..."* (Génesis 11:7) o *"... ¿A quién enviaré, y quién irá por nosotros?..."* (Isaías 6:8). Aun cuando estas expresiones son antropomorfismos, hacen referencia a una previa deliberación, la que el reformador Juan Calvino declaró que se trataba de la reunión del "sublime concilio" de las tres Personas de la Deidad. No obstante, los unitarios afirman que Dios hablaba con los ángeles, como si éstos estuvieran al mismo nivel del Dios eterno, pudieran aparecer como creadores y que llamaran y enviaran juntamente a una persona, como al profeta Isaías, juntamente con Dios. Por el contrario la rebelión de un ángel al pretender colocarse al nivel de Dios, resultó en su expulsión (Isaías 14:12-14; Ezequiel 28:13-16) y más bien, los ángeles que guardaron su dignidad, son siervos, espíritus ministradores (Salmo 103:20-21; Lucas 1:26; Hebreos 1:13-14) enviados con una misión especial.

El término hebreo *"Elohim"* es el primer nombre que se le ha aplicado a Dios en la Biblia (Génesis 1:1) y connota una descripción genérica de Su ser, en cuanto Él es Creador, Ordenador, Sustentador y Gobernador absoluto de todos los seres (1 Crónicas 29:11-12) siendo utilizado especialmente en Su relación personal con Su pueblo. El término Elohim, como toda terminación *"im"* en el idioma hebreo, implica un plural masculino, refiriéndose a las tres Personas divinas en Un sólo Dios verdadero, teniendo en cuenta que el número uno (1) representa la idea de unidad (Deuteronomio 6:4) y la Trinidad es "Un Dios compuesto por tres Personas", como por ejemplo, la unidad compuesta por dos personas, esposo y esposa, para conformar *"una sola carne"* en el matrimonio (Génesis 2:24) o los miembros de la iglesia del Señor, que siendo muchos, conformamos un solo cuerpo (Juan 17:21; Efesios 4:4).

En Zacarías 3:2 dice: *"Y dijo Jehová a Satanás: Jehová te reprenda, oh Satanás; Jehová que ha escogido a Jerusalén te reprenda. ¿No es éste un tizón arrebatado del incendio?"* Aquí hay dos Personas distintas llamadas "Jehová", que tienen una misma naturaleza divina. La primera se refiere al Señor Jesucristo, mientras que la segunda y la tercera al Padre. Otro tanto ocurre en Génesis 19:24. En muchos pasajes del Antiguo Testamento, el nombre "Jehová" es utilizado de forma intercambiable tanto para referirse a Dios como al Ángel de Jehová, que es claramente Uno y el mismo Cristo antes de Su encarnación. Esta es una teofanía, término teológico referente a las apariciones visibles del Hijo de Dios antes de Su nacimiento. Algunos lugares del Antiguo Testamento hablan de ocasiones en que la segunda Persona de la Trinidad apareció y se le llamó Jehová o el Ángel de Jehová. También en Zacarías 2:11, que dice: *"Y se unirán muchas naciones a Jehová en aquel día, y me serán por pueblo, y moraré en medio de ti; y entonces conocerás que Jehová de los ejércitos me ha enviado a ti"*, el término hace referencia, primero, a la segunda Persona de la Trinidad (*Jehová*) y luego, a la primera, es decir, a Dios el Padre (*Jehová de los ejércitos*).

PRUEBAS DE LA TRINIDAD EN EL NUEVO TESTAMENTO

En el bautismo del Señor Jesús (Mateo 3:16-17) se puede observar de manera clara y definida a las tres Personas de la Trinidad, el Padre hablando desde el cielo, el Hijo siendo bautizado y el Espíritu Santo descendiendo sobre el Salvador. Si el Señor Jesús es el Padre, como sostiene el unitarismo, entonces, ¿cómo se oyó una voz del cielo dirigida a una Persona que está en la tierra? Por otra parte, si el Padre es el Señor Jesús, ¿por qué fue presentado como Hijo? Asimismo, cuando el Señor Jesús le enseñó a orar a Sus discípulos, ¿por qué dijo: *"Padre nuestro que estás en los cielos..."* (Mateo 6:9; Lucas 11:2) estando Él en la tierra? o ¿hacia Quién levantó los ojos para dirigirse la noche anterior a la crucifixión? (Juan 17:1) y antes de morir, ¿a Quién le dijo que nos perdonara (Lucas 23:34) y a Quién encomendó Su espíritu humano (Lucas 23:46)? Del mismo modo, y con respecto a la tercera Persona de la Trinidad, si aún el pecado de blasfemia contra el Hijo del Hombre es perdonado, pero no el que se comete en contra del Espíritu Santo (Mateo 12:31-32; Lucas 12:10) ¿cómo entonces se puede perdonar el pecado contra una Persona y contra la Otra no?

EN CUANTO AL BAUTISMO EN EL NOMBRE DE JESÚS

Probablemente la forma como realizan el bautismo los unitarios lo hacen para ser consecuentes con su negación de la Trinidad. El mismo Señor Jesús, antes de Su ascensión, le dijo a los once apóstoles que hicieran discípulos y los bautizaran (Mateo 28:18-19) y la formula bautismal hace una distinción de las tres Personas divinas de la Trinidad, lo que excluye la forma unitaria.

Las palabras usadas por los unitarios son las que Pedro y Pablo mencionaron en varias ocasiones en las que el bautismo realizado *"en el nombre de Jesucristo"* (Hechos 2:38) *"en el nombre de Jesús"* (Hechos 8:16) o *"en el nombre del Señor Jesús"* (Hechos 10:48; 19:5) era practicado haciendo énfasis en el glorioso nombre Cristo, por cuanto inicialmente los apóstoles predicaban a gente monoteísta, que creía en Dios, pero que tenían una idea vaga del Espíritu Santo y desconocían al Señor Jesús como el Mesías, incluso, el primer discurso del apóstol fue escuchado por judíos que, por el contrario, habían aborrecido, despreciado y crucificado a Cristo. El discípulo les declaró que el Señor Jesús es el Mesías anunciado por los profetas en el Antiguo Testamento y que toda relación con el verdadero Dios tiene como fundamento la creencia en Su Hijo y que debían arrepentirse para recibir el bautismo. Al respecto, el obispo y escritor romano Cipriano (200-258 d. C.) afirmó que el apóstol Pedro mencionaba el nombre de Jesucristo, "no para excluir el nombre del Padre, sino para que el del Hijo no fuera excluido", y en algunos discursos sucesivos, los discípulos trataban de hacer resaltar a la Persona de Jesucristo.

Por otra parte, existía el rito o bautismo judío en agua para arrepentimiento, pero sin mencionar los nombres de la Trinidad, que aún no había sido establecido por el Señor Jesús antes de Su ascensión, el cual era practicado por Juan el Bautista (Mateo 3:11; Juan 3:23). Asimismo, existía el bautismo pagano por los muertos que fue mencionado por el apóstol Pablo para argumentar a favor de la resurrección (1 Corintios 15:29) el cual era practicado por las sectas paganas que creían que si un catecúmeno moría antes del bautismo, alguien podía ser bautizado en su nombre, para que aquel que había muerto pudiera ser contado entre los cristianos y recibir el beneficio de tal ordenanza. El bautismo practicado por Pedro, en el nombre de Jesús, entonces, hacía diferencia entre los anteriores y el de Cristo, sin embargo, este último no constituían una formula bautismal, sino una declaración que tales personas eran bautizadas y reconocían a Jesús como Señor y Salvador. Por otra parte y con respecto al bautismo en "el nombre del Señor" el autor Hugh M. Scott en su libro ORIGIN AND DEVELOPMENT OF THE NICENE THEOLOGY (Chicago Theological Seminary Press; pp. 319) declaró que "es una declaración abreviada de la Trinidad", o que pudo ser una "forma apresurada e irregular", aun cuando "la Didiche, Justino y Orígenes afirmaron que desde un tiempo muy temprano se hacía en el nombre del Padre, del Hijo y del Espíritu Santo".

EN CUANTO AL BAUTISMO EN AGUA

El bautismo en agua expresa, en forma figurada o simbólica, la muerte del creyente al pecado y su resurrección a una vida nueva en santidad (Romanos 6:3-4) y es a la vez un testimonio que el creyente le pertenece a Cristo (Gálatas 3:27) sin embargo, no tiene el poder salvador que le atribuye el unitarismo. El cristiano se bautiza porque es salvo, pero no para salvarse. Si el bautismo en agua salvara, limpiara y quitara los pecados, y Cristo fue bautizado en el río Jordán (Mateo 3:13-17) ¿de qué pecados fue limpio o perdonado? Por otra parte, el ladrón en la cruz fue invitado por Cristo al cielo sin someterse a este acto (Lucas 23:43) y le bastó simplemente reconocer su condición como pecador, arrepentirse, y por gracia, tuvo fe para acudir a Jesucristo como su Señor y Salvador. Aquello fue suficiente para que escuchar la voz del Señor Jesús, diciéndole: *"Hoy estarás conmigo en el paraíso"*. Contrario a lo que ocurrió con aquel ladrón que estaba crucificado a un lado del Hijo de Dios. Por otra parte, se sabe que Simón el mago fue bautizado (Hechos 8:9-24) pero no cambió su corazón ambicioso.

El apóstol Pablo sólo bautizó a Crispo, a Gayo y a la familia de Estéfanas (1 Corintios 1:14-17) por cuanto no fue enviado a bautizar, sino a predicar a los gentiles, y asimismo en sus cartas, las cuales, juntamente con las universales, rigen y regulan la conducta de los cristianos para todos los tiempos, escribió acerca de la salvación por gracia, sin mencionar que el bautismo en agua fuera necesario para el perdón de los pecados, no obstante, el silencio al respecto, que de ser básico para la salvación resultar extraño en su estructura doctrinal, no implica que dejara de mencionar el bautismo del Espíritu Santo (1 Corintios 12:13) del que participa cada creyente y consiste en haber nacido de nuevo por medio de la intervención gloriosa y eficaz del Espíritu Santo (Juan 3:5).

EN CUANTO AL DON DE LAS LENGUAS

El don del Espíritu Santo (Hechos 2:38; 10:45) debe ser distinguido necesariamente de los dones espirituales que el Espíritu Santo reparte en la iglesia del Señor como Él quiere (1 Corintios 12:11; Hebreos 2:4). El primero es la concesión de la Persona del Espíritu Santo a los creyentes, ministrado por Cristo después de haber ascendido al cielo (Hechos 2:33) mientras el segundo describe las capacidades sobrenaturales impartidas por el Espíritu Santo para ministerios especiales con el propósito de edificar la iglesia y que sean de provecho para su crecimiento.

Cuando alguien nace de nuevo y seguidamente cree en Cristo, el Dios trino viene a habitar en esa persona (Juan 14:17,23) y Juan el Bautista habló de esa experiencia como el bautismo del Espíritu Santo (Mateo 3:11). Luego Cristo prometió el don del Espíritu Santo a quienes creyéramos en Él (Juan 7:37-39) antes de Su crucifixión le prometió a Sus discípulos que les enviaría al Consolador, pero les explicó que el mundo no es capaz de recibirle (Juan 14:17) y después de Su resurrección les ordenó que esperasen la promesa del Padre (Lucas 24:49).

La prueba de la llenura del Espíritu Santo en el creyente no se halla en los dones que Él distribuye conforme a Su voluntad, y en especial el don de lenguas específicamente, como afirman los unitarios, sino en el fruto del Espíritu (Gálatas 5:22-23) puesto que, los corintios, por ejemplo, en el primer siglo fueron los cristianos más privilegiados con aquellos dones carismáticos, sin embargo, Pablo tuvo que reprocharles por su actitud pecaminosa diciéndoles: *"porque aún sois carnales; pues habiendo entre vosotros celos, contiendas y disensiones, ¿no sois carnales, y andáis como hombres?"* (1 Corintios 3:3) y luego les interrogó con preguntas retóricas: *"¿son todos apóstoles? ... ¿hablan todos en lenguas?"* (1 Corintios 12:29-30) de las que se puede deducir que es imposible que todos tengan los mismos dones y que todos hablen en lenguas.

EL ADVENTISMO

OTROS NOMBRES DEL MOVIMIENTO

1. Adventistas del séptimo día.
2. Millerismo o movimiento millerista.
3. Iglesia del remanente.

Esta secta recibe el nombre completo de "adventismo del séptimo día" debido a la interpretación que da a la doctrina de la expiación y a la segunda venida o advenimiento del Señor Jesucristo. Por otra parte, la segunda mitad de su nombre, "séptimo día", se debe a la importancia que se le otorga a guardar el sábado como el séptimo día de la semana, según el decálogo, de tal modo que el nombre completo es "adventismo del séptimo día". Otros nombres que recibe esta secta son los de "movimiento millerista" o "millerismo", el cual se deriva de su fundador, William Miller, o también "iglesia del remanente", por cuanto, según ellos, la verdadera iglesia o el remanente de ésta, algún día, estará compuesta por los que obedecen los diez mandamientos, con énfasis literal en el cuarto, aun cuando este nombre es menos común que los otros dos. Los adeptos de este movimiento son denominados, entonces, adventistas o milleristas.

HISTORIA DEL MOVIMIENTO

William Miller (1.782-1.849) considerado el fundador del adventismo, después de convertirse del deísmo (concepción racional de la divinidad, teniendo como base la razón humana) se dedicó durante dos años al estudio de las Sagradas Escrituras y de la Concordancia Bíblica de Alexander Cruden, declarando que cualquiera que estudiara la Biblia con diligencia podía entenderla, aun cuando él mismo no tenía una formación teológica, para luego dar conferencias y publicar sus propios descubrimientos, especialmente acerca de la segunda venida de Cristo, cuando tenía 50 años de edad, hasta el final de sus días a los 68 años.

Basándose en que el retorno de los judíos exiliados de Babilonia ocurrió en el año 457 a. C. y en una interpretación de Daniel 8:14, que dice: *"... Hasta dos mil trescientas tardes y mañanas; luego el santuario será purificado"*, William Miller, afirmó que la expresión *"tardes y mañanas"* se refería, no a un día, sino a un año, y concluyó que el final de los tiempos sería en el año 1.843 (457 + 1.843 = 2.300 años). Advirtiendo que se había cometido un error en el cálculo, por cuanto del año 1 a. C. hasta el año 1 d. C. no hay un años sino dos, sus seguidores decían que Cristo vendría en el año 1.844, y uno de ellos, Samuel Snow, cambió la fecha declarando que ocurriría en otoño, el 22 de octubre de ese año. Se cree que ese día, los fanáticos milleristas se vistieron de "ropas de ascensión" para esperar al Señor en un monte cerca de Nueva York. Al día siguiente otro seguidor de este grupo, Hiram Edson, tuvo una "visión" en la que podía contemplar a Cristo al pie del altar, en el cielo, concluyendo que Miller había acertado en el tiempo que interpretó basándose en lo que había predicho el profeta Daniel, pero no en cuanto al lugar del regreso del Mesías, y que las palabras *"... el santuario será purificado"*, se trataban indudablemente de la purificación del templo. Hiram Edson continuó por muchos años como predicador laico del movimiento millerista, en colaboración de Joseph "padre" Bates, un capitán de la marina de Estados Unidos, quien posteriormente recibió una supuesta "revelación" sobre el "séptimo Día", con la que esta secta se organizó en el año 1.860.

En el año 1.868, apoyando todas las ideas anteriores, especialmente la de Joseph Bates, James White, otro millerista, escribió su propia interpretación de Apocalipsis 14:6-11, en la que sostenía que los *"tres ángeles"* son las tres partes del movimiento adventista "genuino". Su esposa, Ellen G. White, la "profetiza" del movimiento, afirmó que las interpretaciones de William Miller y las posteriores de sus compañeros era acertadas, excepto por el significado correcto del tercer ángel, el cual, según ella, es una exhortación a los hombres para que honren el verdadero "día de reposo", es decir, el séptimo día del decálogo, el sábado actual, mandamiento que requería mayor atención que los demás, puesto que se había descuidado, lo que se convertiría en la característica distintiva de este grupo y en su doctrina fundamental.

En su libro EL GRAN CONFLICTO (Reformation Herald Publishing Association; pp. 404) después de advertir que el paganismo le dio lugar al papado, su autora Ellen G. White registró lo siguiente: "Se había llegado al resultado que los 2.300 días empezaban desde el momento de haber entrado en vigor el decreto de Artajerjes, ordenando la restauración y edificación de Jerusalén en el otoño del año 457 a. C." y, "Sesenta y nueve semanas, o los 483 primeros años de los 2.300 años debían alcanzar hasta el Mesías, el Ungido; y el bautismo de Cristo y su unción por el Espíritu Santo, en el año 27 de nuestra era, cumplían exactamente la predicción".

Ellen G. White concluyó además que la observancia del domingo como el día de reposo, en lugar del sábado, era *"la marca de la bestia"* (Apocalipsis 13:16-18) que la primera bestia era el papado, identificándola con el *"cuerno pequeño"* de Daniel 7:25, y que la segunda era el gobierno de los Estados Unidos, el cual hablaba como *"dragón"* al dictar leyes relativas al domingo. Por otra parte, la profetisa del millerismo sostuvo que Cristo había regresado a la tierra, pero que esto debió haber ocurrido en otro lugar diferente al que su esposo había dicho, o que el santuario que debería ser purificado (Daniel 8:14) no estaba en la tierra, sino en el cielo, el cual, igual que el terrenal de Moisés, estaba conformado por el lugar santo y el lugar santísimo, en el primero Cristo había estado intercediendo durante dieciocho siglos por los pecadores arrepentidos, sin embargo, la expiación no había alcanzado su plenitud y perfección. Los pecados deberían ser quitados del santuario celestial y de la misma manera que en el gran día de la expiación, el sumo sacerdote entraba a la parte interior del tabernáculo, el lugar santísimo, Cristo entró en el año 1.844 para completar Su expiación por el pecado y de esa forma el santuario quedó limpio.

El autor Marcos Antonio Ramos, en su NUEVO DICCIONARIO DE RELIGIONES, DENOMINACIONES Y SECTAS (Editorial Betania; pp. 7) declaró lo siguiente: "Debido a las predicciones incumplidas de Miller, la organización se organizó oficial y definitivamente en 1.863 y su nombre revela el énfasis, tanto en la segunda venida como en la observancia del sábado o séptimo día".

CUATRO PUNTOS BÁSICOS QUE DIFERENCIAN AL ADVENTISMO DEL CRISTIANISMO

En el adventismo hay cuatro puntos básicos que le diferencian con el cristianismo, a saber, la creencia en el sueño del alma después de la muerte, la aniquilación de los impíos, la expiación a partir del año 1.844, según el concepto adventista, por cuanto el Señor Jesús entró al lugar santísimo en esa fecha, y la obligación de guardar el día sábado en lugar del domingo.

1. El sueño del alma después de la muerte.
2. La aniquilación de los impíos.
3. La expiación a partir del año 1.844, debido a la entrada de Cristo al lugar santísimo.
4. La obligación de guardar el día sábado.

APOLOGÍA

EN CUANTO AL SUEÑO DEL ALMA DESPUÉS DE LA MUERTE

A. LA POSTURA ADVENTISTA

El adventismo sostiene la doctrina del sueño del alma después de la muerte, que aun cuando pareciera semejante a la postura cristiana, da a entender que el alma queda en inconsciencia hasta la resurrección, no obstante, en un estado de silencio, quietud y absoluta inconsciencia, al que nos veríamos reducidos por la muerte, contrario a lo que se afirma en Lucas 16:22-30; Filipenses 1:23-24; 2 Corintios 5:1-8; Salmo 73:24; y Apocalipsis 6:9,10.

B. LA POSTURA DEL CRISTIANISMO CLÁSICO

Queriendo mostrarle el Señor Jesucristo a los saduceos uno de los lugares de la Sagrada Escritura en donde se puede comprender algo acerca de la resurrección de los muertos, debido a que éstos no creían en ella, los remitió a Éxodo 3:15, que dice así: *"Además dijo Dios a Moisés: Así dirás a los hijos de Israel: Jehová, el Dios de vuestros padres, el Dios de Abraham, Dios de Isaac y Dios de Jacob..."*, con lo que se asegura que Jehová es el Dios de los patriarcas. De estas tres personas, la Biblia asegura que por lo menos Abraham está vivo (Lucas 16:24) además, Cristo añadió en su conversación que *"Dios no es Dios de muertos, sino de vivos"* (Mateo 22:32). Por cuanto es una doctrina esencial que el que cree en el Hijo tiene la vida eterna (Juan 3:36) y todo ser humano va a morir (Hebreos 9:27) sin embargo, Dios considera a todos los redimidos que mueren físicamente como si estuviesen *"dormidos"* (1 Tesalonicenses 4:13-17) y no muertos, entonces Abraham, Isaac y Jacob son tenidos por *"resucitados con Cristo"* (Colosenses 3:1) al igual que los todos miembros de la iglesia del Señor, de no ser así, Jehová no se llamaría "Dios de vivos". De manera que se entiende que Dios no dice "yo soy el Dios a Quien adoró y sirvió Abraham", sino, "yo soy el Dios a quien adora y sirve Abraham por siempre", porque aunque su cuerpo está en la sepultura, en la cueva de Macpela (Génesis 25:9) su alma está viva y a su tiempo, el día de la resurrección, nuevamente se juntará con su cuerpo, el cual, después de la muerte vuelve al polvo (Génesis 3:19) pero el alma, que ni duerme ni muere, teniendo una subsistencia inmortal, inmediatamente vuelve a Dios que la dio (Eclesiastés 12:7). Por otra parte, en la Sagrada Escritura se emplean expresiones como *"durmió David con sus padres"* (1 Reyes 2:10) o *"David había dormido con sus padres"* (1 Reyes 11:21) que significan que murió y fue reunido con sus antepasados. En el Antiguo Testamento es frecuente que el Señor se refiera a la muerte de los patriarcas, en primer lugar, como una reunión con sus antecesores creyentes, y segundo, que no están muertos sino dormidos, puesto que todo aquel que cree en Cristo tiene vida eterna (Juan 3:36).

Existe un tiempo denominado "estado intermedio", el cual inicia con la muerte física y culminará el día de la resurrección. Durante ese período el alma humana continúa consciente, en un estado de gozo para los justos, pero de sufrimiento para los impíos, contrario a lo que el adventismo afirma con respecto a que el alma, después que la persona muere, queda en inconsciencia hasta el momento de la resurrección.

EN CUANTO A LA ANIQUILACIÓN DE LOS IMPÍOS

A. LA POSTURA ADVENTISTA

El adventismo sostiene lo que ha denominado la "aniquilación de los impíos". Esta doctrina afirma que tanto el pecado como el pecador serán borrados de la existencia y que volverá a haber un universo limpio y puro, negando así, el castigo eterno en el infierno que le corresponde a los impíos, y contradiciendo una afirmación escritural (Romanos 2:6-9; Apocalipsis 20:3-13).

B. LA POSTURA DEL CRISTIANISMO CLÁSICO

En el estado intermedio los impíos estarán conscientes, en un estado de sufrimiento, y después de la resurrección, seguirán sufriendo espiritual y físicamente. Al respecto, el autor William Hendriksen acertada y concretamente, en su libro LA BIBLIA, EL MÁS ALLÁ Y EL FIN DEL MUNDO (Libros Desafío; pp. 224) lo describió con las palabras siguientes: "Los impíos sufrirán destrucción eterna, lejos de la presencia del Señor y de la majestad de su poder (2 Ts. 1:9) e irán al castigo eterno (Mt. 25:46)".

EN CUANTO A LA EXPIACIÓN

A. LA POSTURA ADVENTISTA

Ellen G. White aseguró que por dieciocho siglos Cristo estuvo en el Lugar Santo, intercediendo por nosotros, y que en el año 1.844 entró por primera vez al Lugar Santísimo para la expiación de los pecados. Con respecto a lo anterior, el autor J. K. van Baalen, en su libro EL CAOS DE LAS SECTAS (Editorial T. E. L. L.; pp. 209-210) escribió lo siguiente: "El cielo, según la señora White, es el contratipo del santuario típico terrestre, con sus dos compartimientos: el lugar santo y el lugar santísimo. En la primera división o compartimiento del santuario celestial, Cristo ha estado intercediendo durante dieciocho siglos por los pecadores arrepentidos. «No obstante, los pecados permanecían imborrables en el libro del testimonio». La expiación de Cristo no había alcanzado su plenitud y perfección. Quedaba por quitar los pecados del santuario celestial… En 1.844 comenzó su «juicio investigador», en el que examinó a todo su pueblo y presentó al Padre a quienes por el arrepentimiento del pecado y la fe en Cristo, tienen derecho a los beneficios de la expiación". Esta teoría de la señora Ellen G. White, que es el principal punto doctrinal básico del adventismo, contradice que la expiación efectiva del Salvador haya sido realizada en la cruz del Calvario. Por otra parte en el libro EL GRAN CONFLICTO (Reformation Herald Publishing Association; pp. 403) escrito por ella y publicado originalmente con el nombre "El Conflicto de los Siglos", está consignado lo siguiente al respecto: "Los adventistas creían que la tierra, o alguna parte de ella, era el santuario... de ahí que concluyeran que Cristo volvería a la tierra en 1.844".

B. LA POSTURA CRISTIANA

¿Estuvo Cristo en el Lugar Santo, en el sitio que no debía, por casi dos milenios, como asegura el adventismo? Dios el Padre le encomendó a Su Hijo Jesucristo una obra para que fuera ejecutada en la tierra. En el estado de humillación del Hijo de Dios en el que, siendo semejante a los hombres (Filipenses 2:7) realizó una labor perfecta y eficaz (Juan 17:4) después de ésta pudo expresar con voz de triunfo: *"Consumado es"* (Juan 19:30) lo que significa que la obra ya está hecha y que la deuda ha sido cancelada en su totalidad, es decir, que todo lo que el Señor Jesús vino a hacer por los Suyos lo logró a la perfección. Aquella fue una voz de triunfo, ánimo y aliento para la iglesia, puesto que, si sabemos que Dios es justo y no cobrará una misma cuenta dos veces, tenemos la plena certeza de nuestra salvación eterna y del gozo por siempre en Su presencia. El eterno Hijo de Dios vino a la tierra para deshacer las obras del diablo (1 Juan 3:8) quebrantar el cetro del opresor (Isaías 9:4) y reconstruir la obra del Padre, la cual fue totalmente restaurada en la cruz del Calvario, liberando al hombre de la esclavitud satánica. *"Consumado es"* fue una expresión de victoria y satisfacción por la labor cumplida eficazmente, expresada en un momento específico de la historia, pero con eternas connotaciones. La completa y perfecta obra que se efectuó en la cruz a través del sacrificio de Cristo, el Siervo sufriente de Dios, se selló con las palabras *"Consumado es"*, las cuales salieron de los labios de Aquel que nada hacía para Sí mismo, sino para Quien le había enviado (Juan 5:19; 8:28) y aun cuando murió de la forma más vil y despreciable, consideró que valía la pena hacerlo. Por otra parte, en la

Sagrada Escritura no hay prueba alguna que apoye la creencia en cuanto a que alguna parte de la tierra sea el santuario.

EN CUANTO A LA OBLIGACIÓN DE GUARDAR EL SÁBADO

A. LA POSTURA ADVENTISTA

Para el adventismo es de carácter obligatorio guardar el séptimo día de la semana, específicamente el sábado. La señora Ellen G. White dijo haber tenido una "visión" en la que el Espíritu Santo la llevó al Lugar Santísimo, detalló toda el área, y que en su propia mano tuvo el maná, las tablas de la ley y la vara de Aarón que reverdeció. Al mirar el Arca vio que el cuarto mandamiento de las tablas que Dios le diera a Moisés en el Sinaí estaba rodeado de humo, mostrándole que era una ordenanza que no se podía cambiar. Desde entonces se ha condenado la observación del domingo, considerado por la iglesia primitiva como el primer día de la semana. Además, la señora Ellen G. White afirmó que la observancia del domingo era la marca de la bestia (Apocalipsis 13:16-18). Asimismo, el adventismo sostiene que no hay salvación sin el exacto cumplimiento de los diez mandamientos, en especial el cuarto, y que rechazar el día de reposo original, es decir el domingo, es el "pecado imperdonable".

B. LA POSTURA CRISTIANA

El día de reposo fue constituido para glorificar a Jehová y para el bienestar espiritual del hombre, puesto que sirve como un tiempo en el que se puede considerar en una forma especial la relación que se tiene con Dios, de manera que su propósito es tanto ceremonial como moral, sin embargo, si no fuera por el cuarto mandamiento, el pecado y la voluntad extraviada de la humanidad por la iniquidad impedirían que siquiera se tuviera un día para descansar, pensar en el Creador, adorarle, escuchar atentamente Su palabra, meditar en ella y buscar una vida que sea agradable para Dios.

Desde la caída del hombre hasta la resurrección del Señor Jesús, cada semana tenía que ilustrar que Cristo iba a obtener por Su sacrificio el descanso eterno para Su pueblo. Es incluso singular que el Hijo de Dios muriera el viernes, último día de trabajo en la semana de Israel, que descansara en la tumba el *"shabat"*, el día de reposo del Antiguo Testamento, y que se levantara de ella el domingo por la mañana, el primer día de la semana del Nuevo. La dispensación del Antiguo Testamento con sus sombras ha pasado y se ha implantado una nueva etapa en la que el *"primer día de la semana"* (Mateo 28:1; Juan 20:19,26) en conmemoración por la resurrección de Cristo, ha venido a ser el tiempo apartado para adorar a Dios desde la época de la iglesia primitiva (Hechos 20:7; 1 Corintios 16:2) y al que a finales del primer siglo se le denominó *"día del Señor"* (Apocalipsis 1:10).

Justino "mártir" (100-165 d. C.) escribió que los cristianos del primer siglo se reunían el domingo, argumentando la siguiente razón: "Jesús fue crucificado el día de Saturno y se levantó al tercer día romano del Sol. De allí que el domingo cristiano conmemore no sólo la época de la creación del mundo, sino que también es el día del nacimiento del cristianismo, que suplantó de esa manera al shabat judío. Nos congregamos el domingo, porque este es el día en el cual Jesucristo, nuestro Señor, se levantó de entre los muertos y apareció a sus discípulos". También al respecto, el joven predicador británico Robert M. McCheyne dijo lo siguiente: "Dios descansó el séptimo día al acabar Su obra declarándola bendita, de manera que es una reliquia del Edén. El Señor Jesucristo descansó de Su agonía y después de Su resurrección, se presentó a los discípulos el primer día de la semana (Lucas 24:23; Juan 20:19,26) y desde ese entonces, la iglesia primitiva se reúne el domingo. Es el día de bendición en el que Cristo se reúne con Su iglesia, como cuando se le presentó a Juan en la isla de Patmos, lejos de la congregación de los santos, como tipo o prefiguración del cese de la gran tribulación para que la iglesia se presente a las bodas del Cordero" (esta cita fue tomada del libro MENSAJES BÍBLICOS de la Editorial "Estandarte de la Verdad"; pp. 263-264, basado en predicaciones de R. M. McCheyene). El día del Señor, que fue instituido para la gloria de Dios y en beneficio del hombre, ha de consagrarse al descanso y al culto, recordándonos, no tanto la ley y sus exigencias, sino la libertad y vida de gozo que el Señor resucitado garantiza para Su pueblo. El verdadero significado del día de reposo, es un tiempo señalado y dedicado a la adoración a Dios.

El cambio del sábado (último día de la semana judía o levítica) al domingo (primer día de la semana judía o levítica) se originó con la gloriosa resurrección del Señor Jesucristo, cuando la muerte fue vencida. Cristo resucitó *"el primer día de la semana"* (Marcos 16:9); Sus discípulos comenzaron a reunirse *"el primer día de la semana"* (Juan 20:19); y la iglesia primitiva también comenzó a realizar sus cultos *"el primer día de la semana"* (Hechos 20:7; 1 Corintios 16:2).

DIEZ RAZONES PARA GUARDAR EL DOMINGO

1. El Señor Jesús resucitó el primer día de la semana (Juan 20:1).
2. El Señor Jesús se le apareció a diez de Sus discípulos un primer día de la semana (Juan 20:19).
3. El Señor Jesús esperó una semana y en el siguiente primer día de la semana se le apareció a los once discípulos (Juan 20:26).
4. La promesa de la venida del Espíritu Santo se cumplió en un día de Pentecostés que, por la ley, siempre era un primer día de la semana (Levítico 23:16).
5. Ese mismo día fue predicado por el apóstol Pedro su primer sermón sobre la muerte y la resurrección del Señor Jesús (Hechos 2:14).
6. Ese mismo día tres mil nuevos creyentes se unieron a la iglesia (Hechos 2:41).
7. Ese día fue administrado por primera vez el bautismo (Hechos 2:41).
8. En Troas, los cristianos se reunieron para el culto el primer día de la semana (Hechos 20:7).
9. El apóstol Pablo instruyó a los cristianos de Corinto para que hicieran contribuciones en el primer día de la semana (1 Corintios 16:2).
10. El primer día de la semana Cristo se le reveló al apóstol Juan en la isla de Patmos (Apocalipsis 1:10).

OTRAS CREENCIAS DEL ADVENTISMO

Los adventistas sostienen que en el milenio la tierra estará deshabitada y que Satanás será confinado por mil años a una tierra desolada. Al bautizarse, confiesan que la iglesia compuesta por el adventismo del séptimo día es el remanente de Dios en la tierra. Al igual que la iglesia cristiana, esta secta recomienda abstenerse del consumo del tabaco y los licores, sin embargo, y sin fundamento bíblico alguno, prohíben el café, el té, la carne de cerdo y la pimienta. Con respecto a la dieta adventista, que vale la pena anotar que es sana, el médico cristiano Don Colbert, en su libro LOS SIETE PILARES DE LA SALUD (Casa Creación; pp. 97) escribió lo siguiente: "Como grupo, ellos obedecen ciertas leyes dietéticas, y muchos son vegetarianos. También viven más tiempo que la mayoría de los estadounidenses y tienen menores incidencias de enfermedades cardíacas y cáncer".

LOS TESTIGOS DE JEHOVÁ

OTROS NOMBRES DEL MOVIMIENTO

1. Rusellismo o rusellistas.
2. Sociedad watchtower.

Además de los dos nombres mencionados, en Estados Unidos existe una asociación llamada "Testigos Cristianos de Jehová", legalmente reconocida, compuesta por un número reducido de ex miembros de la secta.

SU ORIGEN

La secta de los testigos de Jehová se deriva en parte del arrianismo. Arrio (256-336 d. C.) un presbítero de Alejandría, su ciudad natal, que con base en el monoteísmo de los monarquianos sostenía que hay un sólo Dios y una sola Persona, el Padre, el Único Ser divino, eterno, sin principio ni fin. Por otra parte, el origen de la teología de Charles T. Russell, Joseph F. Rutherford y Nathan H. Knorr, y especialmente su doctrina en cuanto a la vendida de Cristo a la tierra, está basada en el adventismo del séptimo día.

Con respecto al origen arrianista del russellismo y a la creencia de este grupo en cuanto a la inspiración de la Biblia, el autor J. K. van Baalen, en su libro EL CAOS DE LAS SECTAS (Editorial T. E. L. L.; pp. 278-279) escribió lo siguiente: "El rusellismo es el tipo de arrianismo que dice creer en la inspiración de la Escritura, pero que pervierte ésta en sus enseñanzas". Por otra parte, los elkesaítas (un grupo cristiano-judío con tendencia judaizante) rechazaban el nacimiento virginal de Cristo y afirmaban que había nacido como todos los otros hombres, pero que era un "espíritu elevado" o un ángel, aun cuando un sector de esta secta creía que el Señor Jesús es la encarnación del Adán ideal y le llamaban "el Arcángel altísimo". De esta falsa doctrina del siglo I d. C. probablemente los testigos de Jehová tomaron la idea que el Señor Jesús es el arcángel Miguel.

HISTORIA DE LA SECTA

CHARLES TAZE RUSSELL (1.852-1.916)

Nació en Pittsburgh (Pennsylvania) Estados Unidos. Desde muy joven se dedicó a la lectura de la Biblia y creció en una iglesia presbiteriana escocesa, en su ciudad natal, sin embargo, después de un tiempo rechazó la doctrina de la predestinación por cuanto le perturbaba, así como también la del castigo eterno en el infierno, las negó al no concebirlas racionalmente, formó sus propias ideas sobre las enseñanzas populares de su época y entonces se unió al adventismo por un tiempo, convencido que las enseñanzas que le había heredado William Miller al grupo en cuanto a la interpretación de la segunda venida de Cristo eran correctas, y se esforzó haciendo que la palabra de Dios probara sus propia ideas preconcebidas en cuanto a que el infierno no existe y que tampoco la predestinación eterna es real.

Con respecto a una de las posibles causas por las que Charles T. Russell se apartara de la iglesia cristiana a la que pertenecía, el autor reformado C. Van Dam, en su libro titulado LOS TESTIGOS DE JEHOVÁ DESENMASCARADOS (Editorial Felire; pp. 9) escribió lo siguiente: "Un joven trató de convencer a un incrédulo que debía aceptar la fe cristiana, sin embargo, el incrédulo pudo más que el cristiano. Esta experiencia hizo de Charles

Russell un escéptico y decidió que no podía seguir creyendo por más tiempo en los artículos de la fe cristiana".

Un predicador y director de otro grupo adventista, Nelson H. Barbour, afirmaba que el regreso de Cristo ocurriría en el año 1.874 en forma visible, pero un auxiliar suyo declaró que la parousia sería invisible, y que los tiempos de los gentiles finalizarían en 1.914 con la destrucción del mundo y el comienzo del milenio. Aun cuando Charles T. Russell adoptó esta teoría, se separó de los adventistas en el año 1.878 por diferencias en cuanto a la doctrina de éstos con respecto a la expiación, no obstante, la fecha del año 1.914 la empleó para declarar cuándo sería el fin de los tiempos. Continuó con sus estudios personales de la Sagrada Escritura, especialmente de la *"parousia"* y del milenio, para concluir que la terminación del tiempo de los gentiles y el fin del mundo ocurrirían en el año 1.914, afirmando que Dios le había revelado Su plan para el final de los tiempos sólo a él y su slogan era que "el Señor había vuelto en forma no visible a los ojos humanos" en el año 1.874, no obstante, para mantener vivo el interés en sus oyentes, agregó que el fin del mundo sería en 1.914, que entonces se llevaría a cabo la batalla de Armagedón y que el "pueblo santo", como se hacían llamar los russellistas, sería llevado al cielo, que todas las iglesias, con excepción de ellos, es decir, los estudiantes de la Biblia (como se denominaban inicialmente) encabezados por él, serían acabadas y que los gobiernos de la tierra serían disueltos. Ese año comenzó la Primera Guerra Mundial, lo que condujo a sus seguidores a la conclusión que se trataba de la guerra de Armagedón, no obstante, Charles T. Russell se atrevió a pronosticar que el fin del mundo sería en 1.915, fundando en el año 1.914 la Asociación Internacional de Estudiantes de la Biblia.

Después de publicar un panfleto llamado "Food for thinking christians" (Alimento para cristianos que piensan) con el que atrajo a muchos seguidores que tenían aversión a la enseñanza bíblica del infierno, empezó en Pittsburgh un grupo de estudio de la Sagrada Escritura. En el año 1.879 Charles T. Russell dio inicio a una revistas bimensual llamada "The Watch Tower" (la Atalaya o la Torre de Vigía) y posteriormente otra, denominada "Heraldo de la Presencia de Cristo". También escribió seis volúmenes de Estudios Sobre las Escrituras con más de mil páginas cada uno, en los que su autor consideró que en ellos la Biblia está "arreglada por temas en una forma ordenada", que las grandes verdades fundamentales del plan divino estaban aclaradas, y aseguró que era mejor y más provechoso leer este libro que la Sagrada Escritura.

El grupo russellista se organizó como una sociedad con el nombre Zion's Watch Tower Bible and Tract Society (Sociedad Bíblica y de Tratados, la Atalaya de Sión) y en el año 1.884 obtuvo una licencia del estado de Pennsylvania como Sociedad de Tratados la Atalaya de Sion, se le concedió personería jurídica y fue registrada como una entidad religiosa no comercial, de la que Charle T. Russell era el propietario, junto con su esposa, de un 95% de las acciones de dicha sociedad, de la cual fue el primer presidente, y el grupo se trasladó a New York (Brooklyn) desde donde se establecieron como grupos de estudio de la Sagrada Escritura por todo el estado, después en el país norteamericano y posteriormente en el continente. El propósito de la existencia de esta sociedad era "la diseminación de las verdades bíblicas por medio de la publicación de tratados, folletos, papeles y otros documentos religiosos", los cuales aparecieron con un pretexto aparentemente noble, pero se convirtieron en la comercialización de libros, revistas, folletos, Biblias y otros artículos relacionados, para atraer adeptos a sus reuniones, declarándoles que éstas eran "libres y sin colectas", además de escuchar a alguien que declaraba que, si Dios es amor, entonces no enviaría personas al infierno, lo que llamaba la atención de muchos a los que les parecía desagradable la idea de un castigo eterno. Después de cometer fraudes, tener altercados con la justicia, divorciarse de su esposa, acusar a los ministros evangélicos de recolectar dinero en las iglesias, pero convencer él mismo a los enfermos desahuciados que dejaran sus fortunas para la organización que estaba bajo su dirección, murió el 9 de noviembre de 1.916 viajando en un tren.

En los dos años posteriores a la muerte de Charles T. Russell, muchos seguidores dejaron la secta, desilusionados al ver que la profecía apocalíptica era falsa, no obstante, un numeroso grupo continuó a su sucesor, quien cambió la fecha. Al estar en el poder Joseph F. Rutherford, corrigió las "profecías" de Russell en forma muy sutil, afirmando que en ese entonces había llegado "más luz" para los estudiantes de la Biblia y que la revelación de Dios era algo progresivo, que el Señor tenía un tiempo determinado para revelar ciertos hechos bíblicos, lo que los russellistas llaman "revelación progresiva", y esto ocasionó que cada nuevo libro que publicara la sociedad fuera una sensación para los compradores.

JOSEPH FRANKLIN RUTHERFORD (1.869-1.942)

Después de militar en una iglesia bautista y ejercer su carrera profesional como juez en Missouri, se trasladó a New York y se unió a los russellistas, hizo la oración en el funeral de Charles T. Russell y fue elegido por unanimidad el 6 de enero de 1.917 para sucederle como el segundo presidente de la organización que, con base en el nombre de la primera revista, fue denominada Watch Tower Bible and Tract Society, cargo que ocupó hasta el día de su muerte, a los 72 años de edad, el 8 de enero de 1.942. Por su capacidad literaria y cultural superó a la de Russell, no obstante, continuó imitándolo con el anuncio del fin del mundo en su literatura. Continuó con la publicación de la revista Watchtower (La Atalaya) e inició otra llamada The Golden Age, que más tarde llegó a conocerse como Awake (Despertad) y desde el año 1.920 la Sociedad comenzó a publicar libros escritos por él. Como juez, luchó en el tribunal Supremo de Justicia de U.S.A., Canadá y otros países por la libertad religiosa y ganó más de doscientos casos en los tribunales. Se opuso al servicio militar, al saludo de la bandera, a los impuestos y a las transfusiones de sangre. Decía que Dios le revelaba la verdad y que ésta se conocía por medio de "revelaciones progresivas". "Arregló" la profecía de Russell concerniente al fin del mundo en 1.914, "espiritualizándola", con una semejanza al grupo adventista, señalando que Cristo comenzó un reinado milenial desde el cielo. El grupo russellista atacaba a todas las demás organizaciones religiosas y comenzó a llamarse a sí mismo "la Sociedad del Nuevo Mundo", título que originaría cuarenta años más tarde el nombre que le otorgaría a la Sagrada Escritura traducida por ellos.

Joseph F. Rutherford hacía mucho énfasis en las profecías del Antiguo Testamento, siendo el nombre de "Jehová" el centro de la atención, no el del Señor Jesucristo, lo que resultó definitivamente en la adopción del nuevo nombre del grupo, con el que se le conoce en la actualidad, a saber: "testigos de Jehová", y que ellos tenían que emprender un ataque en contra de todas las instituciones terrenales, como las iglesias tradicionales, las instituciones políticas y las organizaciones de comercio, por cuanto éstas, unidas, eran un instrumento de Satanás, pero ellos eran la excepción, lo que trajo un nuevo poder de atracción para los adeptos e incautos, entonces comenzaron a autodenominarse "la sociedad del nuevo mundo", y desde el año 1.931 se llamaron "testigos de Jehová", basándose en el texto de Isaías 43:10, que dice así: *"Vosotros sois mis testigos, dice Jehová..."*, afirmando que los primeros testigos habían sido Abel, Noé, Enoc, Moisés y otros hasta Juan el Bautista, que el mismo Señor Jesús es un "Testigo" fiel y verdadero" (Apocalipsis 3:14) y que Él había dejado a otros testigos (Hechos 1:8).

NATHAN HOMER KNORR (1.905-1.977)

A los 16 años de edad se asoció a la congregación de estudiantes de la Escritura en Allentown, después de abandonar la iglesia reformada a la que asistía. Ocupó el puesto de Joseph Rutherford cuando éste murió, siendo el tercer presidente en la historia de la sociedad. En ese entonces ya existían 115.000 adeptos en Estados Unidos y en el año 1.968 tenían un millón y medio en el país que se originó esta secta, y dos y medio millones en el resto del mundo. En el año 1.955, bajo su presidencia, se comenzó el trabajo de "traducir" la Biblia, según las normas de la organización russellista y salió a la luz pública en el año 1.960, con el nombre de "Traducción del Nuevo Mundo de las Santas Escrituras" (TNM) que, no sólo es un reflejo de sus puntos de vista, sino que ésta fue manipulada para que coincidiera con sus conceptos y que apoyara las creencias propias de la sociedad Watch Tower, las cuales se podrían refutar fácilmente con las versiones auténticas.

Charles T. Russell fue el fundador y el primer presidente de la Watch Tower Society. A su muerte le sucedió Joseph Rutherford como el segundo presidente, luego asumió este cargo Nathan H. Knorr y el cuarto presidente fue Frederick William Franz (1.893-1.992) quien fuera el vicepresidente en la administración de Knorr, murió a los 99 años de edad, después de ser respetado por los testigos de Jehová y considerado como el gran teólogo de los últimos años del siglo pasado de los russellistas. Su sobrino, Raymond Franz, dijo que todo lo que él publicaba, sin que se examinara por algún comité, se editaba por la editorial de la sociedad Watch Tower como si fuera "la verdad". En la actualidad los testigos de Jehová se rigen por lo que llaman el "Cuerpo Gobernante", un grupo de personas con sede central en Brooklyn que toma las decisiones en cuanto al conjunto de doctrinas y prohibiciones para sus seguidores, se jactan de haber sido escogido por Dios como los "portavoces" de Jehová, e incluso, proclaman que son de naturaleza divina. Al resto de sedes que tienen en otras partes del mundo les denominan "salones del reino", las cuales se sostienen con "contribuciones voluntarias" y de éstas distribuyen una parte para la sede en Brooklyn, aparte de lo que obtienen con la venta de revistas y folletos.

LA TRADUCCIÓN DEL NUEVO MUNDO DE LAS SANTAS ESCRITURAS

La TNM cambió muchos versículos para apoyar la doctrina de la Watch Tower. El mejor ejemplo de esto se encuentra en Juan 1:1, que tanto en la versión Reina-Valera como que en otras, claramente se anuncia la deidad de Cristo, pero en la Traducción del Nuevo Mundo de las Santas Escrituras se cambia la forma original para leerlo así: *"la Palabra era un dios"*. En el Antiguo Testamento estaba profetizado que el costado del Señor Jesús sería traspasado, en la cruz, por la lanza de uno de los soldados que le custodiaba, de la siguiente manera: *"... Mirarán a mí, a quien traspasaron"* (Zacarías 12:10) una clara referencia a la crucifixión de Cristo, sin embargo, la TNM lo cambió a la forma: *"... Mirarán a aquel que traspasaron"*, eliminando la expresión que indica que Jesucristo, como deidad, fue traspasado.

Otros ejemplos de algunos cambios que hicieron con la TNM para negar la divinidad del Señor Jesús, están en Colosenses 1:16-20; en Tito 2:13; y Hebreos 1:8. En la versión de la Biblia Reina Valera, en Colosenses 1:16,17 dice así: *"Porque en él fueron creadas todas las cosas... Y él es antes de todas las cosas..."*, mientras en la TNM dice así: *"por medio de él todas las (otras) cosas fueron creadas... También él es antes de todas las (otras) cosas..."*, atribuyéndole la creación parcial de *"(otras) cosas"*, pero no de todas, e incluso, reconociendo que Cristo existe antes de *todas las cosas*, sin embargo, desconociendo su preexistencia. En la versión Reina Valera de la Biblia, en Tito 2:13 dice así: *"... y la manifestación gloriosa de nuestro gran Dios y Salvador Jesucristo"*, mientras en la TNM dice así: *"y la glorioso manifestación del gran Dios y del Salvador nuestro, Jesucristo"*, en aquélla se reconoce a Cristo como gran Dios, pero en ésta, sino sólo al Padre. En la versión de la Biblia Reina Valera, en Hebreos 1:8 dice así: *"Mas del Hijo dice: Tu trono, oh Dios, por el siglo del siglo..."*, en cambio en la TNM, incluso mal redactado, está escrito así: *"Pero respecto al Hijo: "Dios es tu trono para siempre jamás..."*, reconociendo la eternidad del Padre, pero no la del Hijo.

Asimismo, en Mateo 25:46 cambiaron la enseñanza acerca de la realidad del castigo eterno, puesto que en la versión de la Biblia Reina Valera dice así: *"E irán estos al castigo eterno, y los justos a la vida eterna"*, mientras en la TNM dice así: *"Y estos partirán al cortamiento eterno, pero los justos a la vida eterna"*, cambiando el castigo en el infierno por un supuesto "cortamiento", para sustentar su falsa doctrina en cuanto a la aniquilación de los impíos. De manera semejante, en 2 Pedro 3:9 la versión Reina Valera de la Biblia declara lo siguiente: *"El Señor... no queriendo que ninguno perezca, sino que todos procedan al arrepentimiento"*, entendiendo por "perecer" que, aquellos que no se arrepientan sufren actualmente la muerte espiritual y como consecuencia, en el futuro, sufrirán la condenación eterna en el infierno, en cambio, en la TNM está escrito así: *"Jehová... no desea que ninguno sea destruido, más bien desea que todos alcancen el arrepentimiento"*, cambiando con unas cuantas palabras el sentido real del texto original. Por otra parte la versión Reina Valera de la Biblia declara en Mateo 28:20 *"... hasta el fin del mundo"*, lo que implica el cambio del mundo actual por cielos nuevos y una tierra nueva (Isaías 65:17; Apocalipsis 21:1) mientras que la TNM, para favorecer su herejía de la aniquilación, dice: *"la conclusión de las cosas"*.

COMPARACIÓN ENTRE LAS DOS BIBLIAS
(La cristiana y la de los Testigos de Jehová)

Cita Bíblica	Traducción del Nuevo Mundo de las Santas Escrituras	Versión Reina-Valera
Génesis 1:2	"... la fuerza activa de Dios se movía de un lado a otro".	"... el Espíritu de Dios se movía sobre la faz de las aguas".
Jueces 14:6	"Entonces el espíritu de Jehová...".	"Y el Espíritu de Jehová vino...".
Mateo 1:18	"... se halló que estaba en cinta por espíritu santo antes que ...".	"... se halló que había concebido del Espíritu Santo".
Mateo 1:20	"... lo que ha sido engendrado en ella es por espíritu santo".	"... lo que en ella es engendrado, del Espíritu Santo es".
Mateo 4:1	"Entonces Jesús fue conducido por el espíritu al desierto para ser tentado por el Diablo".	"Entonces Jesús fue llevado por el Espíritu al desierto, para ser tentado por el diablo".
Mateo 4:3	"También, el Tentador vino y le dijo: Si eres hijo de Dios...".	"Y vino a él el tentador, y le dijo: Si eres Hijo de Dios...".
Juan 1:1	"En el principio la Palabra era, y la Palabra estaba con Dios, y la Palabra era un dios".	"En el principio era el Verbo, y el Verbo era con Dios, y el Verbo era Dios".
Juan 1:14	"... a un hijo unigénito de parte de un padre...".	"... como del unigénito del Padre...".
Juan 16:7	"... Porque si no me voy, el ayudante...".	"... porque si no me fuese, el Consolador...".
Hechos 1:2	"... de haber dado mandamiento por espíritu santo...".	"... de haber dado mandamiento por el Espíritu Santo...".
Hechos 1:8	"... cuando el espíritu santo llegue sobre ustedes...".	"... cuando haya venido sobre vosotros el Espíritu Santo ...".
1 Juan 5:7	"Porque hay tres que dan testimonio".	"Porque tres son los que dan testimonio en el cielo: el Padre, el Verbo y el Espíritu Santo; y estos tres son uno".

Los anteriores son tan sólo unos pocos ejemplos de cómo los testigos de Jehová, con su "Traducción del Nuevo Mundo de las Santas Escrituras", han tergiversado algunos versículos bíblicos para sostener, de acuerdo con su doctrina falsa, que la Trinidad no existe, negando la deidad del Hijo de Dios y del Espíritu Santo, específicamente en 1 Juan 5:7.

En cuanto al Señor Jesucristo, en Juan 1:1 han escrito de la siguiente forma: *"... era un dios"*, y en Mateo 4:3, así: *"También, el Tentador vino y le dijo: Si eres hijo de Dios..."*, en ambos caso la letra inicial de Su nombre propio la escribieron en minúscula, la *"d"* de "dios" y la *"h"* de "hijo", sin embargo, contrario a esta norma de ortografía básica, en el segundo caso la letra *"T"* de "Tentador", fue escrita en letra mayúscula, destacando más al diablo que a Cristo.

En cuanto al Espíritu Santo, le llaman *"la fuerza activa de Dios"* (Génesis 1:2) o, las letras iniciales *"e"* y *"s"* de las palabras "espíritu" y "santo" respectivamente, han sido escritas con minúscula, por ejemplo: *"... gozo con espíritu santo"* (Romanos 14:17) o *"espíritu de Dios"* (Romanos 8:14) y asimismo, en Hechos 10:38 la TNM declara que *"Jesús que era de Nazaret, cómo Dios lo ungió con espíritu santo..."*, en lugar de la forma:

"... *con el Espíritu Santo*", como lo hace correctamente la versión Reina-Valera, como si el Espíritu Santo no fuera una Persona divina, sino un espíritu cualquiera, el que hiciera la obra.

Los siguientes nombres de la Sagrada Escritura corresponden a la tercera Persona de la Trinidad: Buen Espíritu, Consolador, Dedo de Dios, El Espíritu, Enviado del Hijo, Enviado del Padre, Espíritu, Espíritu de adopción, Espíritu de Cristo, Espíritu de Dios, Espíritu de gracia y oración, Espíritu de Jehová el Señor, Espíritu de Jesucristo, Espíritu de nuestro Dios, Espíritu de santidad, Espíritu de verdad, Espíritu de vida, Espíritu del Dios vivo, Espíritu del Señor, Espíritu eterno, Espíritu Santo, Espíritu Santo de Dios y Espíritu Santo de la promesa. Todos estos han sido descritos en la TNM de una manera diferente a la original, para negar la divinidad del Espíritu Santo.

La asignación "Buen Espíritu" (Nehemías 9:20) está registrada en la TNM así: *"Y les diste tu buen espíritu..."*, y como hemos explicado anteriormente, la letra inicial *"e"* de la palabra "Espíritu", está escrita con minúscula y asimismo ha ocurrido con las otras designaciones. El nombre "Consolador" ha sido cambiado por el apelativo "ayudante" (Juan 14:16,26; 15:26; 16:7). La expresión "Dedo de Dios", que corresponde en estos textos: Éxodo 8:19; 3:18; Deuteronomio 9:10; Lucas 11:20, a un nombre del Espíritu Santo, fue cambiada, así: *"por medio del dedo de Dios..."* (Lucas 11:20). El nombre "El Espíritu", antecedido por el artículo "el", fue escrito así: *"... nacido del espíritu..."* (Juan 3:6,8, entre otros). La expresión "Enviado del Hijo" fue cambiada por la forma *"... envió sobre ustedes lo que está prometido por mi Padre..."* (Lucas 24:49) y otra expresión semejante, a saber, "Enviado del Padre" fue escrita de la siguiente manera en Juan 14:26: *"Mas el ayudante, el espíritu santo que el Padre enviará en mi nombre..."* y en Gálatas 4:6 así: *"... Dios ha enviado el espíritu santo de Su Hijo..."*.

Cada vez que aparece el nombre "Espíritu" pare referirse a la tercera Persona de la Trinidad, la letra inicial *"e"* también está escrita en minúscula en la TNM (Génesis 6:3; Números 11:29; Job 26:13; 33:4; Salmo 51:11; 104:30; Isaías 32:15; 34:16; Isaías 42:1; Ezequiel 8:3; Mateo 4:2, etc.) y específicamente en la versión Reina-Valera, así como en las otras, en el texto de Ezequiel 8:3 se trata del Espíritu Santo, pero aquí la TNM lo hace ver como si fuera un espíritu humano, y también el nombre personal "Espíritu Santo" pareciera que se refiriera al espíritu de un hombre en Mateo 1:18 al estar en la forma: *"... se halló que estaba encinta por espíritu..."* e igualmente las letras iniciales *"e"* y *"s"* de las palabras "espíritu" y "santo" han sido escritas con minúscula, así como en otros textos de la TNM (Mateo 3:11; Marcos 1:8; 3:21; Lucas 1:15; 2:25; Juan 1:33; 7:39; Hechos 1:2,5,8; Hechos 2:4; Romanos 5:5; 9:1; 1 Corintios 6:19, etc.).

Cuando el nombre "Espíritu" se encuentra precedido por otra expresión y que unido a ésta hace referencia a un nombre del Espíritu Santo, también la letra inicial *"e"* de la palabra "Espíritu" está escrita con minúscula. La asignación "Espíritu de adopción" en la TNM aparece así: *"Porque ustedes no recibieron un espíritu de esclavitud... sino... un espíritu de adopción"* (Romanos 8:15); el apelativo "Espíritu de Cristo" está escrito así: *"... pero si alguno no tiene el espíritu de Cristo, este no le pertenece"* (Romanos 8:9); la designación "Espíritu de Dios" no sólo ha sido cambiada en Génesis 1:2 por la expresión *"fuerza activa de Dios"*, sino que en otras partes está escrita en la forma *"espíritu de Dios"* (Génesis 41:38; Éxodo 31:3; 35:31; Números 24:2; 1 Samuel 10:10; 11:6; 19:20,23; 2 Crónicas 15:1; 24:20; Job 33:4; Ezequiel 11:24; Mateo 3:16; 12:28; Romanos 8:9,14; 15:19; 1 Corintios 2:11,14; 3:16; 7:40; 12:3: 1 Pedro 4:14; 1 Juan 4:2, entre otros). El nombre compuesto "Espíritu de gracia y oración" aparece en la TNM así: *"... derramaré... espíritu de favor y súplicas..."* (Zacarías 12:10) como si se tratara de la aptitud de una persona en su oración personal, y no del Espíritu Santo produciendo una disposición de gracia y una inclinación al clamor en el creyente.

La expresión "Espíritu de Jehová el Señor" (Isaías 61:1) que hace claridad en cuanto a que son dos Personas, el Espíritu Santo y Dios el Padre, ha sido cambiada en la TNM por la forma: *"El espíritu del Señor está sobre mí..."*. Este mismo nombre expresado en una forma más simple, a saber: "Espíritu de Jehová, que es más frecuente en la Sagrada Escritura que el anterior, aparece en la TNM en la forma *"espíritu de Jehová"* (Jueces 3:10; 6:34; 11:29; 13:25; 14:6,19; 15:14; 1 Samuel 10:6; 16:13,14; 2 Samuel 23:2; 1 Reyes 18:12; 22:24; 2 Reyes 2:16; 2 Crónicas 18:23; 20:14; Isaías 11:2; 40:13; 59:19; 61:1; 63:14; Ezequiel 11:5; 37:1; Miqueas 2:7; 3:8).

El nombre "Espíritu de Jesucristo" aparece en la TNM así: *"... un suministro del espíritu de Jesucristo"* (Filipenses 1:19) como si se tratara del espíritu humano del Hijo de Dios y no del Espíritu Santo. El apelativo "Espíritu de nuestro Dios" aparece en la forma *"... y con el espíritu de nuestro Dios"* (1 Corintios 6:11). La expresión "Espíritu de santidad" aparece así: *"... fue declarado Hijo de Dios según el espíritu de la santidad..."* (Romanos 1:4). La designación "Espíritu de verdad" aparece en la forma *"el espíritu de la verdad..."* (1 Juan 14:17). El nombre "Espíritu de vida" está escrito así: *"... ese espíritu que da vida..."* (Romanos 8:2). El nombre "Espíritu del Dios vivo" aparece en la forma *"... sino con espíritu de un Dios vivo..."* (2 Corintios 3:3) con el que la expresión *"un Dios vivo"* pareciera dar a entender que hay varios Dioses.

La expresión "Espíritu del Señor" como una designación del Espíritu Santo, muestra que Él guarda la misma relación con el Hijo y con el Padre, y está claro que el nombre "Señor" hace referencia a Cristo, lo que se evidencia no sólo porque la palabra como regla general en el Nuevo Testamento se refiere al Señor Jesús, sino por el contexto del pasaje. El título "Espíritu de Jehová el Señor" de Isaías 61:1 fue cambiado por el de "Espíritu del Señor" en Lucas 4:18, sin embargo, en la TNM aparece así: *"El espíritu de Jehová está sobre mí..."*. La expresión "Espíritu eterno" está escrita así: *"... que por un espíritu eterno se ofreció..."* (Hebreos 9:14). El nombre compuesto "Espíritu Santo de Dios" aparece en la forma *"... el espíritu santo de Dios..."* (Efesios 4:30). El apelativo "Espíritu Santo de la promesa" está escrito así: *"... fueron sellados con el espíritu santo prometido"* (Efesios 1:13).

Por otra parte, no solamente el nombre del Espíritu Santo ha sido escrito en la TNM en la forma *"espíritu santo"*, así como otras designaciones Suyas, sino en las revistas, folletos y libros publicados por la sociedad Watch Tower, también ha sido consignado de esta manera. Los teólogos russellistas han traducido, en su propia forma, palabras de un idioma a otro, sin embargo, en sus obras se puede percibir la influencia de las falsas enseñanzas de Charles T. Russell, Joseph F Rutherford y Nathan H. Knorr. Los testigos de Jehová han declarado que su organización, encabezada por aquéllos y los que les han sucedido en la presidencia de la sociedad, como los miembros que conforman el cuerpo gobernante, son los "custodios de la Palabra de Dios". En la revista "La Atalaya" del 15 de mayo del año 1.986 (pp. 19) se autodenominan de tal manera por haber realizado la obra de la Traducción del Nuevo Mundo de las Sagradas Escrituras, y según ellos, en esta traducción "han transmitido los pensamientos y declaraciones de Dios con la mayor exactitud posible".

Otra diferencia notoria es que, mientras la versión Reina-Valera denomina *"copas de la ira de Dios"* (Apocalipsis 15:7; 16:1) a algunos de los juicios escatológicos, en la TNM se les llama *"tazones de la cólera de Dios"*, y al último libro de la Sagrada Escritura le llaman "Revelación" en lugar de "Apocalipsis". Con respecto al argumento russellistas en cuanto a la "presencia invisible" del Señor Jesucristo en la tierra, en lugar de la sana doctrina de Su segundo advenimiento, la TNM utiliza en 1 Tesalonicenses 4:15 la expresión *"la presencia del Señor"*, en lugar de *"la venida del Señor"*, como está registrado en la versión Reina-Valera.

DOCTRINA DE LOS TESTIGOS DE JEHOVÁ

En el organigrama de la Watch Tower existe un orden jerárquico dirigido por un "cuerpo de Gobernantes" o "cabeza visible" que se jacta de haber sido escogido por Jehová, e incluso de tener naturaleza divina, y son ellos los que toman las decisiones y aprueban las doctrinas. Con respecto a éstas, el autor C. Van Dam, en su libro titulado LOS TESTIGOS DE JEHOVÁ DESENMASCARADOS (Editorial Felire; pp. 19) escribió lo siguiente: "Sostienen que aceptan todo lo que está en la Escritura y que se sujetan a ella, aun cuando tienen sus propias ideas preconcebidas de lo que quieren encontrar en la Biblia. Deciden qué es lo que quieren creer y aceptar, para luego probarlo. Niegan el infierno y la divinidad de Cristo". Charles T. Russell afirmó en uno de sus escritos que si se tiene que elegir entre leer su "Scripture Studies" (Estudios sobre la Escritura) y la Biblia, se debe elegir lo primero. Esto se debe a que para este grupo el razonamiento humano está por encima de la Biblia, lo que es un error básico, y en él está el origen y la raíz de la negación de la Trinidad.

Las dos primeras doctrinas de los adventistas, es decir, el sueño del alma después de la muerte y la aniquilación de los impíos, también las sostienen los testigos de Jehová, tal vez por la influencia que aquéllos ejercieron en Charles T. Russell.

EN CUANTO A LA TRINIDAD

Para esta secta la Trinidad no existe, sino que opinan sus directivos, que se trata de un intento satánico por apartar a Dios de los "verdaderos temerosos de Jehová", y más bien la comparan con "un Dios de tres cabezas" o que "la Trinidad significa que hay tres dioses en uno". Esta sociedad enseña que el nombre de "Jehová" corresponde solamente a Dios el Padre, el único Dios verdadero. A los neófitos se les enseña que Jehová es el Padre y que la sociedad Watch Tower es la "madre", según lo que escribió José Martín Pérez, autor español que militara por veintidós años en las filas de los russellistas y quien en su libro titulado LOS TESTIGOS DE JEHOVÁ Y SUS ESPECULACIONES SOBRE EL FUTURO (Editorial Clie; pp. 19) afirmara lo siguiente: "Utilizan técnicas de adoctrinamiento que llevan un solo sentido: anular la capacidad crítica del estudiante sobre las propias doctrinas que están aprendiendo… enseñan que la organización es como una madre, y Jehová es el Padre. Dado que Jehová no trata directamente a los testigos, es la madre la que tienen todas las prerrogativas para dictaminar las normas de conducta".

En la mayoría de los escritos russellistas se interpreta mal y con engaño la doctrina de la Trinidad, como por ejemplo, en una revista de la Atalaya de 1.996 (Lección 11; pp. 22) escribieron al respecto lo siguiente: "Trinidad: ¿Es Jehová una Trinidad, es decir, tres personas en un solo Dios? No. Jehová, el Padre, es el único Dios verdadero (Juan 17:3; Marcos 12:29). Jesús es Su Hijo primogénito, y está subordinado a Dios (1 Corintios 1:3). El Padre es mayor que el Hijo (Juan 14:28). El espíritu santo no es una persona; es la fuerza activa de Dios (Génesis 1:2; Hechos 2:18)". Como se puede notar, en esta publicación, como en las demás de la sociedad, las palabras "espíritu" y "santo" fueron escritas con la letra inicial en minúscula.

APOLOGÍA ACERCA DE LA TRINIDAD

La Biblia enseña que hay sólo un Dios verdadero (Isaías 43:10-11; 44:6,8) y ha sido identificado como Padre, Hijo y Espíritu Santo, tres Personas distintas dentro de la deidad trina (Mateo 3:16-17; 2 Corintios 13:14). En el Nuevo Testamento tanto el Padre, como el Hijo y el Espíritu Santo, son identificados por separado como Dios, y cada uno tiene atributos divinos. Hay veces que la expresión "Jehová" se refiere a la Trinidad (Éxodo 3:14). (En la sección de los unitarios hay más referencias con respecto a la divinidad de Cristo y del Espíritu Santo).

EN CUANTO A JESUCRISTO

Niegan la preexistencia y la divinidad del Señor Jesucristo, como lo dejan ver en la TNM (Juan 1:1) al escribir de la siguiente manera: *"La palabra era un dios"*, declaran que el Logos vino a la existencia antes que existiera el diablo, que Cristo es la principal de las "criaturas" que es un espíritu o un arcángel (llamado Miguel) que se hizo hombre, vivió sin pecado, murió y resucitó en espíritu, ascendió también en espíritu, pero no con un cuerpo humano, que no está sentado a la diestra del Padre, pero es la persona más cercana a Dios. Al respecto, el autor C. Van Dam, en su libro LOS TESTIGOS DE JEHOVÁ DESENMASCARADOS (Editorial Felire; pp. 24) escribió lo siguiente: "Antes de su vida terrenal, era una criatura espiritual llamada Miguel, el primero de la creación de Dios… Como consecuencia de su nacimiento en la tierra, llegó a ser un humano perfecto, igual que Adán antes de la caída. En su bautismo llegó a ser el Mesías". Una de las falsas enseñanzas del arrianismo declaraba que el Señor Jesús fue un hombre que murió para rescatar a los descendientes de Adán de la muerte física, y que al resucitar fue exaltado por encima de los ángeles, lo que parece haber sido adoptado por los russellistas. Asimismo, y con respecto a la muerte, la resurrección y la exaltación de Cristo, los testigos de Jehová sostienen que cuando Cristo murió, Su naturaleza humana fue sacrificada y destruida, entonces, la criatura de Miguel volvió a la existencia otra vez, pero en un estado mucho más exaltado. Es decir, que Dios eliminó su cuerpo físico y fue levantado como una criatura espiritual, materializada para hacerse visible, pero que ahora, en el cielo, otra vez es conocido como el arcángel Miguel.

Por otra parte, la sociedad Watch Tower afirma, basándose en las palabras del Señor Jesús del texto de Juan 14:28: *"… porque el Padre es mayor que yo"*, que el Hijo de Dios efectivamente es menor que el Padre, sin tener en cuenta Juan 10:30, en que el Hijo de Dios declaró lo siguiente: *"Yo y el Padre uno somos"* y muchos más textos que confirman que el Señor Jesús, como la segunda Persona de la Trinidad, tiene la misma naturaleza, poder, majestad, gloria, sabiduría y esencia divina eterna que el Padre.

APOLOGÍA ACERCA DEL SEÑOR JESUCRISTO

La Biblia enseña que Jesucristo es Dios, el Creador de todas las cosas (Juan 1:1-3; Colosenses 1:16) y que fue hecho carne (Juan 1:14). Aunque nunca ha sido menos que Dios, en el tiempo indicado puso a un lado la gloria que compartía con el Padre (Juan 17:3-5; Filipenses 2:6-11; Colosenses 2:9). Después de morir, resucitó corporalmente al tercer día, apareció y fue reconocido en una oportunidad por más de quinientas personas (1 Corintios 15:6). Este hecho fue parte crucial de la predicación como de la fe de la iglesia primitiva (Lucas 24:39; Hechos 1:11; 1 Corintios 15:14).

EN CUANTO A LA SEGUNDA VENIDA DE CRISTO

Hacia finales del siglo XIX y principios del siguiente, los russellistas llamaban la atención de sus adeptos advirtiéndoles que el regreso del Mesías sería muy pronto, proclamando fechas erróneas como los años 1.874, 1.914 y otros.

AÑO 1.874

La propuesta de Nelson H. Barbour en cuanto a que el regreso de Cristo a la tierra ocurriría en el año 1.874, desencadenó la expectativa en los adeptos por fijar nuevas fechas, apoyadas éstas en teorías y enseñanzas diversas en cuanto a la supuesta "revelación progresiva". Charles T. Russell se separó de los adventistas, sin embargo, tanto él como sus asociados heredaron la predicación y la enseñanza especulativa en cuanto a que el final de los tiempos sería en el año 1.874, pero no sucedió como Nelson H. Barbour y Charles T. Russell habían anunciado, no obstante, para mantener vivo el interés Russell agregó que sería en 1.914. Joseph Rutherford, en su libro escrito en el año 1.921, titulado "Arpa de Dios" (pp. 157-158) apoyándose en Daniel 12:12, que dice así: *"Bienaventurado el que espere, y llegue a mil trescientos treinta y cinco días"*, afirmaba que todo era cuestión de "entender esa fecha, que sin duda, fijaría la segunda venida de Cristo". Aplicando la misma regla hermenéutica heredada del adventismo desde el origen aquel grupo, la cual interpretaba "un día por año", afirmó que los 1.335 días, al convertirlos en años, conducían a que en el año 1874 d. C., el que había propuesto el adventista Nelson H. Barbour, sería el final del dominio gentil sobre el pueblo de Dios, y que el fin del mundo estaba muy cercano.

Para llegar a esta fecha partía del año 539 a. C, cuando el imperio babilónico fue derrotado por las fuerzas persas bajo la orden de Ciro el Grande (539 + 1.335 = 1.874). Charles Russell había afirmado que Dios le había revelado que el fin de los tiempos había comenzado en el año 1.874, sin embargo, agregó que la presencia de Cristo comenzaría en 1.914, agregando incluso, que sucedería a principios del mes de octubre, y posteriormente sus seguidores afirmaron que la venida de Cristo ocurrió en forma "invisible" y que desde ese entonces está entronizado, reinando espiritualmente desde las nubes. El día 28 de julio de 1.914 comenzó la I Guerra Mundial y muchos russellistas aseguraron que se trataba de la batalla de Armagedón.

AÑO 1.914

Charles T. Russel, utilizando información que otras personas ya habían dicho con relación al año 1.914, declaró que había ocurrido lo siguiente:

1. El reino de Dios obtuvo control universal completo y fue establecido sobre la tierra.
2. Fueron derrocados los gobiernos gentiles y a cambio, se estableció un gobierno justo para tomar el dominio.
3. Antes de esa fecha, los miembros de la iglesia habían sido glorificados.
4. Desde ese tiempo en adelante, cesó el pisoteo de la Jerusalén literal.
5. Para ese facha, la "ceguera" de Israel había finalizado.
6. La culminación de la "gran tribulación" se manifestaría con una anarquía total por toda la tierra.
7. El reino de Dios, antes de esa fecha, estaría establecido sobre la tierra.

La revista Atalaya de mayo de 1.992, declaró al respecto lo siguiente: "Aunque fue invisible a los ojos humanos, en octubre de 1.914 sucedió en el cielo un acontecimiento de trascendencia mundial, Jesucristo… comenzó a gobernar". No obstante, es imposible comprobar si el hecho fue algo invisible para el ojo humano, pero los russellistas han llamado la atención constantemente a este acontecimiento en sus revistas y folletos, como lo publicaran en la Atalaya de enero de 1.962: "No fue por accidente…, que la I Guerra Mundial estallara en 1.914 y que el mundo nunca más haya vuelto a ser lo que era antes. Fue porque los tiempos señalados de las naciones terminaron en 1.914".

En el año 1.823, John Aquila Brown escribió en su libro "Even Tide" una explicación de la profecía de Daniel 4:16,32, concerniente al rey Nabucodonosor, la cual dice así: *"Su corazón de hombre sea cambiado, y le sea dado corazón de bestia, y pasen sobre él siete tiempos"*…*"y de entre los hombres te arrojarán, y con las bestias del campo será tu habitación, y como a los bueyes te apacentarán; y siete tiempos pasarán sobre ti, hasta que reconozcas que el Altísimo tiene el dominio en el reino de los hombres, y lo da a quien él quiere"*, conectando los *"siete tiempos"* que mencionó el profeta Daniel y que eran exclusivamente para el rey de Babilonia, con el tiempo del comienzo de los gobiernos monárquicos de los gentiles en Jerusalén después de ser derrocado el último rey de la línea davídica, cuando el ejército de Nabucodonosor destruyó la ciudad y tomara cautivo al rey Sedequías que había sido nombrado por Babilonia, pero al intentar librarse del yugo babilónico, en el año noveno de su reinado, su rebelión causó la invasión del ejército de Babilonia, la tierra quedó desolada, los gobiernos gentiles dominaron sobre toda la tierra, el gobierno de la dinastía davídica quedó interrumpido, Jerusalén fue demolida y comenzó la desolación, convirtiendo John Aquila Brown un período de 2.520 años, al multiplicar inexplicablemente por dos los *"mil doscientos sesenta"* días de Apocalipsis 12:6, que equivalen a *"un tiempo, y tiempos, y la mitad de un tiempo"* de Apocalipsis 12:14, es decir, tres años y medio, para un total de siete años (1.260 x 2 = 2.520) y contándolos desde el 604 a. C. hasta el 1.916 d. C. (604 + 1.916 = 1.520). Para llegar al 604 a. C. se apoyó en una fecha absoluta: el año 539 a. C. que los historiadores concuerdan en que Babilonia cayó ante Ciro el persa.

Otros han calculado el final de los tiempos en el año 1.914, pero en lugar de iniciar con el año 604 a. C., como calculara John Aquila Brown, lo hacen iniciando en el año 607 a. C., sin embargo, hacen un cálculo diferente y declaran que entre el año 1 a. C. y el año 1 d. C., conforme al calendario romano, no hay dos años, sino uno, y calculan de la siguiente manera:

Octubre del año 607 a. C. a octubre del año 1 a. C.	606 años
Octubre del año 1 d. C. a octubre del año 1.914 a. C.	1.914 años
	2.520 años (606 + 1.914)

Después que Nelson H. Barbour afirmara que el regreso de Cristo ocurriría en el año 1.874 y John Aquila Brown que en el año 1.914, Charles Russell retomó la segunda fecha cuando formó la Watch Tower, introdujo esta doctrina como propia y sostuvo que el "fin de los tiempos de los gentiles" sería en ese tiempo que significaba el derrocamiento de todos los gobiernos terrestres y su eliminación total, en contraste con la caída de Jerusalén y los reyes descendientes de David, para ser reemplazado el sistema del mundo por el gobierno del reino de Cristo, entonces, la finalización de aquél debería coincidir con la entronización del Mesías como Rey y el principio del reino de Dios en la tierra. Al declarar que los "tiempos de los gentiles" son "siete", esto tenía que concordar con los *"siete tiempos"* que el rey Nabucodonosor había perdido el juicio. No obstante, la profecía de Daniel era para una persona en particular, el rey de Babilonia, y no para el mundo (Daniel 4:25).

Si con el comienzo de los "siete tiempos" en el año 604 a. C. (o en el año 607 a. C., según otros cálculos) se cortó el reinado de la casa de Judá al ser llevada la población al exilio en Babilonia, entonces, a los dos mil quinientos veinte años debería suceder lo contrario, es decir, que fuera restaurado el gobierno a la tribu de Judá, específicamente a un descendiente de David.

Después de finalizar el tiempo de las naciones gentiles y del comienzo del reino de Dios sobre la tierra en 1.914, los directores de la Wach Tower afirmaban en sus publicaciones que la "presencia" de Cristo era invisible, que comenzó a reinar desde el cielo y que muy pronto llegaría a la tierra en forma visible, razonando que, el Hijo del Hombre volvería *"en las nubes"* (1 Tesalonicenses 4:17) lo que significa invisibilidad, y dividiendo en dos tiempos el advenimiento, así: el primero es la "presencia invisible", y el segundo es el retorno a la tierra, manteniendo así un interés en sus lectores que conservaban la creencia del fin del mundo muy pronto, el cual han estado esperando desde hace más de un siglo, además de ser un tema muy reiterativo en sus publicaciones y enseñanzas. Los adeptos de esta secta tienen que creer que Cristo está gobernando desde 1.914 como un dogma de fe y ese es uno de los ejes de la doctrina russellista. Por otra parte, los directivos de la Watch Tower afirman que las batallas que sucedieron desde el año 1.874 hasta la primera Guerra Mundial, eran las guerras profetizadas por el Señor Jesús en Mateo 24 y Charles T. Russell cambió la fecha del fin del mundo para el año 1.915.

AÑO 1.918

Después de la muerte de Charles Russell y de la frustración de algunos por cuanto Cristo no regresó en el año 1.914, los dirigentes de la Watch Tower que sucedieron al primer presidente de la sociedad trasladaron dicho acontecimiento a la primavera del año 1.918, afirmando que la resurrección de los que están en "unión con el Señor", o el "arrebatamiento", comenzó a suceder tres años y medio después de los primeros días de octubre de 1.914, cuando Cristo fue coronado como Rey, encerrando el cumplimiento en dos extremos, octubre de 1.914 y marzo de 1.918.

Utilizando los tres años y medio del ministerio del Señor Jesús, partieron de la supuesta premisa que en los primeros días de octubre Cristo fue entronizado como Rey y que los restantes tres años y medio, para completar siete tiempos, corresponden a los que siguieron a la entronización del Mesías, aun cuando no dan razón bíblica para dicha correspondencia. Afirmaban que en abril de 1.918 ocurrirían hechos muy significativos en sus filas, y siguiendo en parte la herencia de la doctrina adventista, espiritualizaron este acontecimiento y declararon que el Señor Jesús vino a un templo "espiritual" para comenzar a limpiarlo, no obstante, el 7 de mayo de ese año, el gobierno federal de Estados Unidos emitió una orden de arresto contra Joseph Rutherford y otros dirigentes de la Sociedad Watch Tower, quienes fueron retenidos en prisión por nueve meses.

AÑO 1.925

Aun cuando este año no ha sido tan promocionado como fuera inicialmente 1.874 y posteriormente 1.914, utilizando el sistema de "jubileo judío", en el que cada cincuenta años se proclamaba la libertad de la tierra (Levítico 25:10) Joseph Rutherford concluyó en su libro "Millions Now Living Will Never Die (Millones que Ahora Viven No Morirán Jamás) publicado en el año 1.920, sin una razón lógica, que entre el año 1.575 a. C. hasta 1.925 d. C., se concluían 70 jubileos (50 x 70 = 350) por lo tanto, ese año marcaría el comienzo de todas las cosas, pero antes el sistema del mundo debería ser derrotado. Algunos más osados declararon que en ese año resucitarían los patriarcas del pasado y se encontrarían en el cielo con el Señor.

AÑO 1.975

Con la presidencia de Nathan H. Knorr la organización dio fin a la costumbre de fijar fechas para el fin del mundo, sin embargo, Frederick W. Franz, el cuarto presidente de la Watch Tower, continuó con esta práctica y publicó en 1.966 que los 6.000 años de la existencia y la historia del hombre en la tierra finalizarían en 1.975. Algunos russellistas vendieron sus casas y sus terrenos en el año 1.974, con la aprobación de sus líderes al hacerlo, para luego ver frustrados sus planes y muchos dejaron la organización por eso, no obstante, los directivos declaraban que "podían ajustar el punto de vista". Después de los fracasos en los pronósticos en cuanto a que el retorno de Cristo sería en el año 1.874, luego en 1.914, posteriormente en 1.925 y más tarde que en 1.975, se puede apreciar que el desplazamiento y el traslado de las fechas ha sido uno de los mayores engaños a los adeptos.

EN CUANTO AL ESPÍRITU SANTO

Los russellistas niegan la personalidad del Espíritu Santo, así como Su divinidad y le llaman la "fuerza activa" de Dios (Génesis 1:2; Hechos 1:8 de la TNM) similar a la electricidad y como se mencionó antes, en la doctrina de la Trinidad, en una revista de la Atalaya de 1.996 (Lección 11; pp. 22) escribieron al respecto lo siguiente: "El espíritu santo no es una persona; es la fuerza activa de Dios (Génesis 1:2; Hechos 2:18)".

Aun cuando a simple vista parezca algo insignificante y mucho más con el poco cuidado que actualmente se tiene de la correcta ortografía, los testigos de Jehová escriben la palabra "Espíritu", cuando le es aplicada al Espíritu Santo, con la letra "e" inicial en minúscula, no solamente en la TNM, en la que por ejemplo, en Romanos 8:14, dice así: *"Porque todos los que son conducidos por el espíritu de Dios, estos son los hijos de Dios"*, sino también en sus revistas, tratados y folletos. En la Atalaya del 1 de julio de 1.965, por ejemplo, no solamente se atribuyen algo que corresponde al Espíritu Santo, como es iluminar la mente del creyente, sino que escriben las letras iniciales de Su nombre con minúscula, así: "El no imparte su santo espíritu y un entendimiento y apreciación de su Palabra, aparte de su organización visible". En la Atalaya de junio 1 de 1.982 escribieron lo siguiente: "Jehová Dios ha provisto su organización visible, compuesta de personas ungidas por espíritu santo, para ayudar a los cristianos de todas las naciones a entender y aplicar correctamente la

Biblia en su vida". Como se puede apreciar, además, escriben "ungido por espíritu santo", en lugar de "ungido por el Espíritu Santo", como si no fuera una Persona divina, sino un espíritu cualquiera, el que hace la obra.

Con respecto a lo anterior, en la palabra "Espíritu" aplicada al Espíritu Santo, se encuentra escrita la letra "E" inicial con mayúscula, para diferenciarlo del espíritu humano de una persona, de los ángeles, e incluso de las huestes de maldad, pero en nueve oportunidades fue escrita en la Biblia con minúscula, así: *"espíritu"* (Génesis 6:3; 41:38; Números 11:29; Job 26:13; 33:4; Salmo 143:10; Isaías 11:15; 30:1; 63:10-11) no obstante, este hecho posiblemente puede indicar que se trata del "espíritu" personal del Padre como Ser espiritual, en lugar de un título de la tercera Persona de la Trinidad, puesto que Dios tiene alma (Levítico 26:30; 1 Samuel 2:35; Job 23:13; Salmo 11:5; Proverbios 6:16; Isaías 1:14; 42:1; Jeremías 5:9,29; 6:8; 9:9; 14:19; 32:41; Ezequiel 23:18; Zacarías 11:8; Mateo 12:18) igual que el Señor Jesús cuando se encarnó, Quien además de poseer alma (Mateo 26:38) también tiene espíritu (Mateo 27:50) a diferencia de los ídolos, puesto que en ellos *"no hay espíritu"* (Jeremías 10:14; 51:17). Es probable que la expresión bíblica "el espíritu de Dios", se refiera, como lo escribiera el autor Robert Jamieson en un comentario acerca de los dones de Dios, que es "Su mismo espíritu, así como nuestro espíritu es el espíritu que está en nosotros los hombres".

Al negar la personalidad y deidad del Espíritu Santo, implícitamente desestiman Su obra en el creyente y se oponen a la enseñanza bíblica en cuanto a que la unción de la tercera Persona de la Trinidad hace posible que el creyente sincero individualmente pueda comprender la Palabra de Dios y aplicarla apropiadamente a su vida (Juan 16:13; 1 Juan 2:17) no obstante y en contraste a esto, la Sociedad Watch Tower enseña que la Biblia sólo puede ser interpretada por tal organización, y que ningún individuo puede aprender la vedad sin su ayuda.

APOLOGÍA EN CUANTO AL ESPÍRITU SANTO

La personalidad propia del Espíritu Santo queda evidenciada principalmente por cuanto tiene las siguientes características exclusivas de una persona: a) voluntad propia; b) sentimientos o sensibilidad y emociones; y c) pensamientos, inteligencia o intelecto y conocimiento.

El Espíritu Santo es una Persona que tiene una voluntad propia y como tal toma Sus propias decisiones (Hechos 15:28; 1 Corintios 12:11; Hebreos 2:4) prohíbe (Hechos 16:6-7) colocó obispos en la iglesia (Hechos 20:28) y le dio dones a los hombres en forma autónoma (Hechos 2:38; 1 Corintios 12:8,9,11). Por otra parte, el Espíritu Santo es una Persona que tiene sentimientos y emociones como: deseos (Gálatas 5:17) celos (Gálatas 4:17; Santiago 4:5) intenciones (Romanos 8:27) amor (Romanos 15:30) se enoja (Isaías 63:10) y se contrista (Efesios 4:30). Asimismo, el Espíritu Santo es una Persona que tiene un intelecto propio y con el inspiró y le reveló a los hombres que escribieron la Biblia (2 Pedro 1:21) habló por boca de David (Hechos 2:29-35) y por medio de los profetas en el Antiguo Testamento, y en el Nuevo a través de los creyentes (Mateo 10:20; Marcos 13:11; Hechos 8:29; 10:19; 11:12,28; 13:2; 15:28; 21:4,11; 28:25; 1 Timoteo 4:1; Hebreos 3:7; Apocalipsis 2:7,11,17,29; 3:6,13,22; 4:2; 14:13; 22:17) envió a Isaías (Isaías 48:16) en el Antiguo Testamento, y a misioneros en el Nuevo (Hechos 13:4) escudriña aun lo profundo de Dios (1 Corintios 2:10-11) enseña (Juan 14:26; 1 Corintios 2:13) y lo hace aún desde el Antiguo Testamento (Nehemías 9:20) da a entender o se comunica (Hebreos 9:8) convence (Juan 16:7-8); testifica (Juan 15:26); guía (Gálatas 5:18) e intercede (Romanos 8:26).

También se puede afirmar que el Espíritu Santo es una Persona por cuanto tiene nombres y atributos. Sus nombres divinos como Espíritu, Espíritu Santo, Espíritu de Dios, Espíritu del Señor, Espíritu de Jesucristo o Consolador, o Sus atributos divinos como la omnipotencia (Génesis 1:2; Romanos 15:9) la omnisciencia (1 Corintios 2:10-11) la omnipresencia (Salmo 139:7-12) y Su participación en la creación activa (Génesis 1:2; Salmo 104:30) comprueban Su deidad.

EN CUANTO A LA REDENCIÓN

La redención, a la que los russellistas denominan "rescate", es solamente para las personas fieles a la sociedad Watch Tower, y aun cuando el rescate en sí mismo no garantiza la vida eterna, acredita una oportunidad o una prueba para que puedan aspirar a alcanzar la vida eterna todos aquellos que desean adquirir beneficios y un privilegio maravilloso, pero también una obligación, cuyo proceder determina "si por fin recibirán el beneficio del sacrificio redentor de Cristo". Este rescate no incluye a Adán, por cuanto él pecó voluntariamente, pero sí es para los "hombres fieles" a la sociedad russellista. Al respecto, el autor C. Van Dam, en su libro LOS TESTIGOS DE JEHOVÁ DESENMASCARADOS (Editorial Felire; pp. 24) escribió lo siguiente: "Cristo liberó a los hombres del pecado de Adán, pero no de los pecados de todos los días, porque los resultados del pecado de Adán eran demasiado pesados para poder llevarlos y soportarlos… por lo tanto, el rescate no garantiza a nadie la vida eterna ni la bendición", esto por cuanto al Señor Jesús no le consideran Dios.

La oportunidad, entonces, para conseguir la redención por medio de "un nuevo estado probatorio", depende de la celosa obediencia a la Watch Tower y por medio del trabajo que se realice para ganar prosélitos, de tal forma que el rescate de Cristo está acompañada por las obras humanas.

La sociedad Watch Tower enseña que hay dos clases de cristianos, los primeros, son solamente un grupo selecto de testigos, conocidos como "los 144.000" o "los ungidos", quienes tienen actualmente la justicia de Cristo, son nacidos de nuevo y esperan reinar con Cristo en el cielo. Los segundos, la gran mayoría de los demás testigos de Jehová, conocidos como "las otras ovejas" o "la gran muchedumbre", son aquellos para los que el sacrificio expiatorio de Cristo significa que tienen sólo una oportunidad de tener vida eterna en la tierra y heredarla. Es decir, que sólo los 144.000 ungidos irán al cielo y los demás testigos habitarán en la tierra nueva, los cuales son considerados "amigos de Dios" y serán adoptados plenamente por Él después del mileno como "hijos". Por otra parte, los testigos de Jehová consideran a la iglesia católica como "la gran ramera", a los protestantes evangélicos como "hijos de la misma" y al mundo religioso aparte de ellos, como "Babilonia la grande".

APOLOGÍA ACERCA DE LA REDENCIÓN

La Biblia enseña que sólo la obra expiatoria de Cristo provee la solución para el problema del pecado del hombre. Jesús llevó los pecados personales de los redimidos en su cuerpo, en la cruz (1 Pedro 2:24) y como Dios perfecto y hombre perfecto, cumplió con las demandas de la justicia divina, por lo tanto, todo aquel que crea en Cristo (Juan 1:12; Hechos 16:31) es perdonado por gracia, declarado justo y restaurado a una nueva comunión con Dios (2 Corintios 5:21; Hebreos 7:24-26). La Escritura también enseña que somos salvos solamente por gracia, esto es, aparte de cualquier obra humana, por lo que la salvación es un don de Dios y no podemos contribuir para nada en ella (Efesios 2:1-9).

De acuerdo al plan de salvación de Dios, el hombre es incapaz de hacer algo para satisfacer la ira del Creador y lograr su propio rescate, de manera que la transacción para redimir a los escogidos solamente podía ser cancelada por Cristo, Quien se entregó a Sí mismo (1 Timoteo 2:6; Tito 2:14; Hebreos 7:27; 9:14) para redimir a Su pueblo de la esclavitud en que se encontraba por sus iniquidades y permitir que éste le sirviera a Dios en gratitud y adoración. El Hijo de Dios no solamente redimió a Su pueblo de la iniquidad, sino de los resultados y las consecuencias funestas del pecado original, como la maldición, la muerte espiritual, la falta de paz y las enfermedades, entre otras.

Por otra parte, en ninguna parte de la Escritura se refiere a dos herencias para los que hemos creído en Cristo, a saber, una para los hijos de Dios en la presente dispensación, los 144.000, y otra más grande de asociados, que serán adoptados como hijos de Dios solamente hasta después del milenio. Sería ilógico que se extendiera una invitación a todos los seres humanos, sin un acceso a los 144.000, aun cuando la sociedad afirmó que en el año 1.935 se había completado el número de los escogidos especiales, pero que de los miembros del segundo grupo podían reemplazar a los ungidos desleales del primer grupo, algo que también carece de lógica.

EN CUANTO A LA ESCATOLOGÍA

Aun cuando desde la muerte de Frederick W. Franz los russellistas varias veces han cambiado de opinión al respecto y sus dogmas han estado sujetos a cambio en cualquier momento, la sociedad Watch Tower sostiene que en el año 1.918 los cristianos muertos, los 144.000, resucitaron con cuerpos espirituales para reunirse con Cristo en el templo espiritual. Desde ese entonces, los cristianos vivos han tenido que seguir manteniendo su integridad hasta la muerte, cuando recibirán un cuerpo espiritual. Con un concepto muy semejante al del aniquilacionismo, en cuanto a que el hombre pecador que no se arrepienta será privado de una inmortalidad eterna y que su castigo consistirá en ser aniquilado, es decir, que dejará de existir después del juicio final, la sociedad Watch Tower afirma que no hay un infierno y que el estado final de los impíos será la aniquilación, y más bien, se considera el "infierno" como la destrucción eterna, o lo que llaman "cortamiento eterno". Por otra parte, las "ovejas" y las "cabras" se conocen por el comportamiento que asumen con los "testigos de Jehová". Después de la batalla de Armagedón, Jehová destruirá a la impía "organización de Satanás" (todo lo que no pertenezca a la sociedad Watch Tower) y se podrá vivir en un mundo de justicia y paz (lograda por el hombre, no por Cristo).

Utilizando frases como: "pronto llegará el fin", haciendo mucho énfasis en el libro de Apocalipsis (llamado "Revelación" en la TNM) y afirmando que la batalla de Armagedón ocurrirá en la parte final de la gran tribulación, aseguran que en el futuro habrá cuatro eventos principales, cuyo procedimiento será el siguiente:

1. La humanidad entrará en un período de juicio.
2. La ejecución contra la gran Babilonia.
3. La llegada del Señor Jesús para dictar sentencia contra las naciones y pueblos.
4. Cristo cabalgará hacia la batalla de Armagedón.

Sin embargo, cualquier idea de los testigos de Jehová relacionada con el futuro está sujeta a una futura modificación, en vista de su concepto en cuanto a que la verdad es progresiva. No obstante, como lo describiera el autor José Martín Pérez en su libro LOS TESTIGOS DE JEHOVÁ Y SUS ESPECULACIONES SOBRE EL FUTURO (Editorial Clie; pp. 261) "la revelación progresiva es más bien un seguimiento de unos a otros: Russell elaboró ideas erróneas siguiendo las de Barbour y otros; Rutherford elaboró las suyas propias siguiendo el rastro de Russell; y Knorr y Franz, siguieron estas ideas y las mantuvieron como la verdad".

LA VERDADERA REVELACIÓN BÍBLICA DEL INFIERNO

El infierno será un lugar en donde el fuego no se apagará (Mateo 13:41-42) pero el cuerpo no se consumirá, como la zarza ardiente desde la que se le presentó el Señor a Moisés, por ejemplo, y es llamado *"lago de fuego y azufre"* (Apocalipsis 20:10) o sencillamente *"lago de fuego"* (Apocalipsis 20:14-15). Los impíos serán castigados en el infierno por la eternidad y el estado en que continuarán existiendo se caracterizará por la ausencia total del favor y la presencia de Dios, una interminable inquietud como consecuencia de sus pecados, en el que padecerán penas y sufrimientos en el cuerpo, el alma y el espíritu. El infierno será la respuesta final de Dios a un mundo que rechaza la dádiva salvadora de Su Hijo, y como lo describiera el canónico agustino Tomás de Kempis en su reconocido libro LA IMITACIÓN DE CRISTO (Moody Press, Chicago; pp. 55): "Allá una hora de dolor será más severa que cien años de la más severa disciplina aquí".

En contraste a la negación por parte de la sociedad Watch Tower del tormento eterno con base en su enseñanza en cuanto a que el espíritu no puede existir aparte del cuerpo y su falsa creencia con respecto a que la muerte termina con la existencia consciente, que el infierno se refiere a la tumba, y que los que sean finalmente juzgados por Dios serán aniquilados para dejar de existir, la Biblia enseña que el espíritu humano continuará su existencia después de la muerte (Lucas 16:19-31; 2 Corintios 5:6-8; Filipenses 1:23-24; Apocalipsis 6:9-11) y que los que rechazan el don de Dios de la salvación sufrirán el tormento eterno (Mateo 25:41,46, Apocalipsis 14:10-11; 20:10,15).

LA FORMA DE GANAR ADEPTOS

Esta organización crea una dependencia total y absoluta en sus adeptos, a tal punto que sus miembros o "proclamadores", como en ocasiones se les llama, deben dedicar gran parte de su tiempo a la "proclamación" de las buenas nuevas del reino de Jehová y son incapaces de tomar decisiones en su vida personal, si no es consultando alguna publicación editada por la Watch Tower, creando esta sociedad un sistema de control mental para que ninguno se salga de sus filas, siendo esclavos del régimen por la idea y el miedo de no lograr un lugar en el reino. Su sistema de enseñanza ha sido descrito por gente que estuvo dentro de la secta, como una forma de lavado de cerebro como ningún otro. La sociedad demanda una lealtad total y sigue pronosticando que la batalla de Armagedón vendrá pronto con la aniquilación segura para cualquier persona que no se una a la organización, o que estando en ella se atreva a dejarla. Los russellistas llaman "buenas nuevas" a su labor de visitar casa por casa, sin embargo y de manera contradictoria, con el anuncio de la segunda venida de Cristo infunden temor a sus oyentes con su énfasis en el fin del mundo con augurios pesimistas y terroríficos, por medio de mensajes que transmiten miedo en vez de paz. Al respecto, el autor José Martín Pérez en su libro LOS TESTIGOS DE JEHOVÁ Y SUS ESPECULACIONES SOBRE EL FUTURO (Editorial Clie; pp. 32-33) escribió lo siguiente: "La sociedad Watch Tower ha ejercido gran presión sobre sus adeptos para que sus vidas giren sobre tres premisas básicas: la predicación y distribución de revistas y libros, las reuniones programadas, y la lectura y estudio exclusivo de las mismas publicaciones que distribuyen".

Los testigos de Jehová han establecido como ley o requisito imprescindible para que un "siervo" de Dios se salve, ir de casa en casa para anunciar el acercamiento del reino de Dios. Están bien adiestrados en la doctrina de su secta y en la forma de presentar sus puntos de vista en el testimonio que deben dar de puerta en puerta, labor que vienen realizando especialmente desde el año 1.914, anunciando que llevan un "alimento" que le fue revelado a Charles T. Russell, y que él lo heredó por medio de enseñanzas escritas, sin embargo, lo que pregonan es un mensaje superficial, incompleto e inexacto, no obstante, al hacer proselitismo abordan a las personas en forma agresiva, en casas sin cita previa, declarando que transmiten los pensamientos y declaraciones de Jehová con exactitud, pero más bien, en la mayoría de sus escritos en libros, folletos y revistas, intimidan con lo que piensan ellos que va a suceder en el futuro.

Aun cuando en muchas de sus publicaciones escriben acerca de la importancia de "leer la Biblia diariamente", en realidad lo que fomentan es la lectura y el estudio profundo y regular lo que ellos editan, afirmando que no hacerlo, como dejar de asistir a sus reuniones, es despreciar la "mesa de Jehová", o lo que denominan el "alimento a tiempo". Con respecto a esta labor el autor José Martín Pérez en su libro LOS TESTIGOS DE JEHOVÁ Y SUS ESPECULACIONES SOBRE EL FUTURO (Editorial Clie; pp. 446) escribió lo siguiente: "La manipulación y el control mental que se ha ejercido sobre gente sencilla, para que efectúen una labor que repercute económicamente en el engrandecimiento de una organización es manifiesto". En la resista la Atalaya del 1 de agosto de 1.995 apareció el siguiente enunciado: "El medio principal por el que Jehová enseña a su pueblo es el estudio semanal de la Biblia con la ayuda de la Atalaya". Esto confirma lo que los ressullistas opinan sobre la sociedad, en cuanto a que Dios efectúa sus tratos con los hombres exclusivamente por medio de una organización humana y ha escogido a la Watch Tower para este papel. Los testigos de Jehová enseñan, en contraste con lo que afirma la Biblia, que ésta sólo puede ser interpretada por la Sociedad, y ningún individuo puede aprender la vedad sin su ayuda. Pretenden ser la exclusiva organización teocrática de Jehová y la única fuente de instrucción espiritual para hoy día, que la Biblia es un "libro de la organización" y que no puede ser comprendida por personas individuales.

Los testigos de Jehová consideran que ellos individualmente son "los siervos fieles de Dios", que la Sociedad Warch Tower colectivamente es la única organización visible de Jehová en la tierra y que por medio de ésta, la exclusiva estructura teocrática y agencia de Dios en la tierra, se puede obtener la salvación, por eso anuncian por las casas y en las calles diariamente que el reino de Dios pertenece a quienes se alisten en sus filas. Una de sus consignas principales es que pronto entraremos en un nuevo y justo sistema, aun cuando por otra parte afirman que desde el año 1.914 y específicamente desde principios del mes de octubre, según algunos más osados, hemos entrado en el "tiempo del fin" o en los "últimos días" y que el Señor Jesucristo está entronizado. Todo lo concerniente la segunda venida de Cristo lo relacionan con un año concreto, el 1.914, como el tiempo del comienzo del fin.

Generalmente los miembros de la Sociedad Watch Tower que abordan personas en las calles o que llegan a las puestas de las casas en busca de nuevos miembros para su organización, muestras tratados o folletos con hermosas imágenes y empleando frases como esta: "Usted puede vivir para siempre en un entorno como este". En sus tratados, por ejemplo, se puede ver un bello retrato en el que se observa a un hombre con un león, un tigre o cualquier otra fiera a su lado, a un niño y una niña tocando a estos animales, a una mujer llevando una cesta repleta de alimentos, cerca de ellos a otra familia que mira la belleza del paisaje y a lo lejos unos pájaros que vuelan. La perfección del paraíso que predican, nada tiene que ver con la realidad de una tierra que gime por causa del pecado del hombre y que espera el momento de la redención (Romanos 8:22-23). Una de las formas de cautivar a los adeptos es anunciarles que Jehová es "el Padre", que el grupo de los russellistas o la sociedad Watch Tower es "la madre", y que todo aquel que se integre a la organización debe ser digno del nombre que se le asigna, puesto que a cada individuo se le llama "esclavo fiel y discreto" o "esclavo fiel y prudente", por lo que debe ser leal a la sociedad, el único canal por el que fluye la verdad, y que no someterse a Charles T. Russell, a Joseph F. Rutherford o a sus sucesores, es desobedecerle a Dios.

Las palabras del Señor Jesús en Mateo 24:45-47, en las que menciona al *"siervo prudente"* y el *"alimento"* que el administrador le delegó para que le diera a sus consiervos, los russellistas las han atribuido a que existe una figura real a través de la historia del cristianismo que ha tenido que proveer alimento, el cual consiste en la revelación y explicación de las doctrinas contenidas en la Palabra de Dios, y que ellos son ese "siervo" que provee el "alimento" necesario para la humanidad, declarando que la sociedad Watch Tower es la única organización teocrática en la tierra al servicio de Dios, y la única que posee la verdad absoluta. Al respecto, el autor C. Van Dam, en su libro LOS TESTIGOS DE JEHOVÁ DESENMASCARADOS (Editorial Felire; pp. 24) escribió lo siguiente: "Dios ha escogido la editorial (Wath Tower) para ser usada como el conducto a través del cual llevar al mundo la manifestación de la voluntad divina, y para dividir a la humanidad en dos grupos, los que hacen la voluntad de Dios y los que no".

PROHIBICIONES SIN FUNDAMENTO BÍBLICO

Los russellistas le prohíben a sus adeptos la participación en algunas actividades como aceptar una transfusión de sangre, celebrar los cumpleaños y los días feriados, incluso la navidad, la semana santa y el día de las madres, votar en las elecciones políticas, izar la bandera del país y cumplir con el servicio militar, sin embargo, fue hasta el año 1.945 que los testigos de Jehová hablaron de las transfusiones de sangre como un acto pagano y deshonroso para Dios, aun cuando para algunos, esto ha sido modificado.

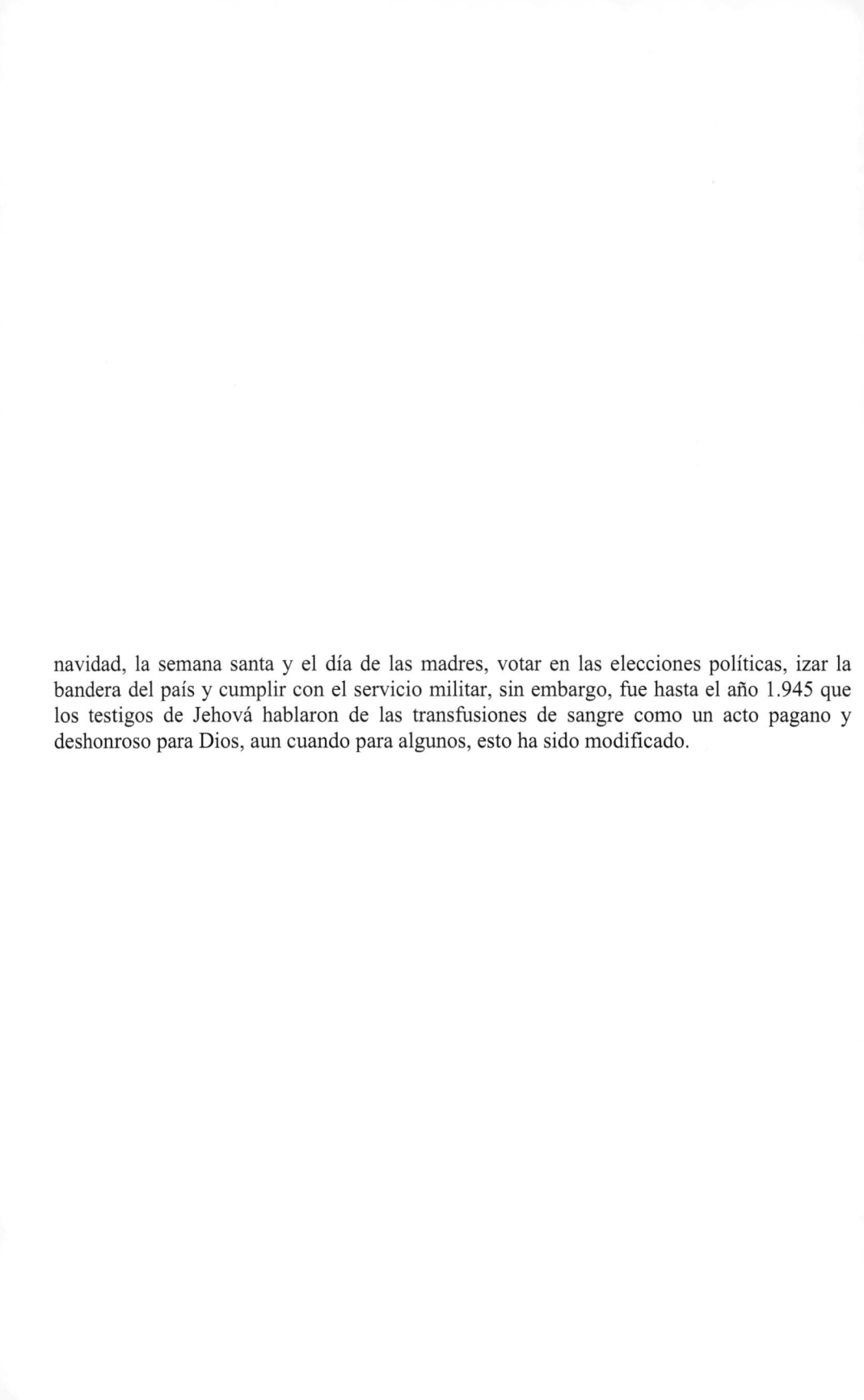

LOS MORMONES

OTROS NOMBRES DE LA SECTA

1. Iglesia de Jesucristo de los Santos de los Últimos Días.
2. Iglesia Reorganizada de Jesucristo de los Santos de los Últimos Días.

HISTORIA DEL MOVIMIENTO

JOSEPH SMITH (1.805-1.844)

Conocido también como "Joe", para diferenciarle de su padre que tenía el mismo nombre, es el fundador del mormonismo, reconocido dentro de este grupo como "el profeta de ellos", decía que desde adolescente, cerca del año 1.820, comenzó a recibir pretendidas revelaciones y visiones divinas directamente de parte de Dios. Nació el 23 de diciembre de 1.805 en Sharon, Vermont (U.S.A.) educado en un ambiente de pobreza y superstición, se trasladó con su familia en 1.816 a New York. Según él, en el año 1.823 se le apareció el "ángel Moroni", en un bosque, para revelarle el lugar en donde estaban enterradas, en Hill Cumorah, unas planchas de oro que contenían la historia antigua de América y de sus habitantes primitivos, los supuestos antepasados de los "santos de los últimos días", y en aquel descubrimiento se le revelaría el Evangelio para los moradores del mundo en caracteres del idioma egipcio reformado. Por otra parte, aseguraba que también se le había aparecido Juan el Bautista para restaurar, en Joseph Smith, el sacerdocio aarónico. Vale la pena anotar que estudiosos han determinado que aquellas "planchas" de oro, que se supone que estuvieron escondidas desde el año 420 d. C. hasta el 22 de septiembre de 1.823, cuando aparentemente fueron descubiertas, en realidad contienen extensas citas bíblicas de la versión King James, cuya traducción de los idiomas originales al inglés se realizó en el año 1.611 y que además, se trata de una novela que fue escrita por Salomon Spaulding, llamada "The Manuscript Found", cuyo manuscrito original fue robado, nunca se publicó y que contiene doce errores históricos.

En el año 1.830 Joseph Smith organizó la "Iglesia Cristiana de los Santos de los Últimos Días", en Fayette (New York) luego de convencer a unos amigos que el trabajo de la traducción de aquellas "planchas" lo había realizado con la asistencia del Urim y el Tumin (Éxodo 28:30) que el ángel Moroni le había provisto. En el año 1.831, por una nueva "revelación" recibió la orden que, junto con sus seguidores, se trasladaran a "la tierra de Sion", en Kirtland (Ohio) en donde se deberían establecer, sin embargo, los vecinos que no confiaban en ellos y que los acusaban de cometer varios delitos, eran considerados por Joseph Smith y sus seguidores como los "gentiles" que se habían constituido en los "enemigos del Señor". Después de la traducción de las planchas, lo que se conoce como el "Libro del Mormón", en el año 1.833 Joseph Smith escribió un libro sobre mandamientos que fue reeditado en 1.835 como "Doctrina y Convenios", lo que le dio una base a la doctrina mormona, se trasladó a Illinois, en donde encontró buena acogida y se postuló como candidato a la presidencia de U.S.A. Luego fue acusado de poligamia, inmoralidad, falsificación, encubrir a criminales y otros delitos más. En 1.834 recibió otra "revelación" en la que se aprobaba su poligamia y sus continuos malos manejos de los asuntos de la comunidad. Vecinos de Illinois, que no eran mormones, le arrestaron junto con su hermano Hyrum y les recluyeron en la cárcel de Carthage, donde fueron asesinados por una turba en 1.844. Este hecho, en lugar de perjudicar el movimiento, convirtió al "profeta" en el mártir que al morir tenía diecisiete esposas.

BRIGHAM YOUNG (1.801-1.877)

El sucesor de Joseph Smith nació en Whitingham, Vermont (U.S.A.) se unió a éste en el año 1.832 y llegó a ser "apóstol" en 1.835 y "cabeza de los Doce Apóstoles" en 1.838. Cuando murió Joseph Smith, Brigham Young se hallaba en Inglaterra haciendo proselitismo para el movimiento que representaba, pero regresó a Estados Unidos y se convirtió en el nuevo líder de los mormones. En julio de 1.847 llegó a Utah, que en ese entonces era un territorio mexicano deshabitado, con una peregrinación de mormones, buscando un lugar donde establecerse y frecuentemente se le oía decir así: "sabré cuál es el lugar cuando lo vea". En Salt Lake City recibió, como su antecesor, una supuesta "revelación", en la que el Señor le decía que aquel era el lugar en el que los "santos" podrían vivir libres de la persecución de los "gentiles". En el año 1.849, después de una guerra, Utah se convirtió en territorio americano, siendo Brigham Young su gobernador, pero al no aceptar la administración central de Washington por huir, según él, de las autoridades "gentiles", y luego de muchos problemas con el gobierno central de Estados Unidos, fue nombrado otro gobernador. Young continuó siendo el presidente de la Iglesia, asistido por los Doce Apóstoles. Desde Utah los mormones comenzaron a enviar misioneros al resto del país, a Inglaterra y al resto del continente americano. Al morir Brigham Young tenía veinticinco esposas. En el año 1.889 fue prohibida la poligamia en Estados Unidos, por lo que la secta sufrió una persecución, pero entonces celebraban sus cultos a escondidas.

LAS DOS RAMAS DEL MORMONISMO

Después de la muerte de Joseph Smith, una minoría siguió al hijo de éste, sin embargo, la mayoría de adeptos se mantuvieron fieles a las enseñanzas de Brigham Young, conformándose entonces dos grupos dentro del mormonismo: los brighamitas y los josefitas o josephitas (por el hijo de Smith) llamados también "Iglesia Reorganizada de los Santos de los Últimos Días", quienes se establecieron en Missouri. Este grupo pretendía que el presidente de la iglesia mormona debería ser de "la simiente" de Joseph Smith y rechazaban la doctrina de Adán-dios, pero creían en la multitud de dioses. Existe un tercer grupo denominado "La Iglesia de Cristo Sede en el templo de Lot", independiente del de Missouri, que no cree en los libros que son publicados en Utah y que rehúsa a ser llamado "mormón" o seguidores de Smith, no obstante, su doctrina se guía por medio de la Biblia y el Libro del Mormón.

LA ESTRUCTURA DOCTRINAL DEL MORMONISMO

1. Joseph Smith fue un profeta y por medio de él se recibió la revelación real de Dios, sin embargo, ésta también es recibida en la actualidad por otros mormones.
2. El Libro del Mormón y la Perla del Gran Precio son los "únicos" libros que tienen la verdad eterna y son inspirados como la Biblia.
3. El sacerdocio eterno de Melquisedec reposa actualmente en el anciano o presidente de la Estaca.
4. El sacerdocio aarónico reposa en la actualidad en los Doce Apóstoles del grupo.
5. El pago obligatorio de los diezmos.
6. La poligamia.
7. La preexistencia del hombre.
8. El bautismo por los muertos.

APOLOGÍA

EN CUANTO A LA REVELACIÓN DADA A JOSEPH SMITH

A. LA POSTURA DEL MORMONISMO

El mormonismo sostiene que Joseph Smith fue el primer profeta de la Iglesia de los Santos de los Últimos Días, que por medio de él Dios envió Su revelación real, y que ahora la reciben otros mormones, tanto entre los brighamitas como entre los josephitas, aquellos que han sido escogidos divinamente. Según el mormonismo, Joseph Smith es el profeta escogido de Dios en la actualidad, y él, con sus consejeros y los "doce apóstoles" de la Iglesia de los Santos de los Últimos Días, tienen la misma autoridad sacerdotal que la de los profetas y apóstoles de la antigüedad. Por otra parte se afirma que el Libro del Mormón y la Perla del Gran Precio son los "únicos" libros que tienen la verdad eterna y que son inspirados por Dios, como la Biblia. Como se explicó anteriormente, el "Libro del Mormón" se trata de la traducción de unas planchas de oro que contenían la historia antigua de América y en ellas se halla el Evangelio para los moradores del continente americano, mientras que la "Perla del Gran Precio" es una selección de las revelaciones y narraciones de Joseph Smith. En un sector del mormonismo también se considerado como inspirado el libro "la Doctrina y los Pactos", escrito igualmente por Joseph Smith y que trata acerca de los mandamientos. Incluso, como citó el autor J. K. van Baalen, en su libro EL CAOS DE LAS SECTAS (Editorial T. E. L. L.; pp. 168) un presidente antiguo del mormonismo osadamente se atrevió a afirmar que "la Biblia es imperfecta e insuficiente, y ya ha sido sobrepasada por las revelaciones mormónicas".

B. LA POSTURA DEL CRISTIANISMO CLÁSICO

La Biblia, la Sagrada Escritura, ha sido inspirada por el Espíritu Santo de Dios (2 Timoteo 3:16-17; 2 Pedro 1:20-21) es además, como lo definiera la EXPOSICIÓN DE LA CONFESIÓN BAUTISTA DE FE DE 1.689, recopilación realizada por Samuel E. Waldron (Evangelical Press; pp. 29) "la única regla suficiente, segura e infalible de todo conocimiento, fe y obediencia salvadores". No hay otro libro, aparte de ella, que pueda atribuirse autoridad divina, ni ningún hombre que tenga la potestad de proclamar que ha sido escogido para revelar la voluntad de Dios a la humanidad.

ERRORES CON RESPECTO AL LIBRO DEL MORMÓN

Tan pronto como Joseph Smith publicó el Libro del Mormón en el mes de marzo del año 1.830, comenzaron a surgir los primeros interrogantes en cuanto a la credibilidad del texto, así como muchas preguntas en cuanto a la autenticidad de lo que manifestaba el autor. Los heresiólogos han descubierto desde ese entonces por lo menos los ocho errores siguientes en dicho documento:

1. La traducción de las planchas al inglés, realizada por Joseph Smith en compañía de dos hombres ilustres, uno de ellos Sydney Rigdon, uno de los líderes en los inicios del movimiento mormón y que anteriormente había sido pastor campbellista, conforman el Libro del Mormón y éste contiene unas diez mil citas bíblicas de la versión King James (Biblia del rey Jacobo) una labor que se realizó en el año 1.611 en Inglaterra, sin embargo, el "profeta" de los mormones pretendía que eran la traducción de unas tablas que habían estado supuestamente enterradas en un monte en Estados Unidos desde el año 420 d. C.

2. Existen evidencias que el Libro del Mormón contiene conceptos de una novela escrita por Salomón Spaulding, que nunca fue publicado, y cuyo original fue robado por un amigo de Joseph Smith. Por otra parte se detectaron entre cerca de veintisiete mil palabras y frases tomadas literalmente de la Biblia.

3. Algunos descubrimientos arqueológicos y estudios históricos han comprobado que los pobladores primitivos de las zonas indicadas por Moroni eran muy diferentes a la descripción que él da en cuanto a las costumbres, el carácter y el modo de hablar. Por otra parte, los arqueólogos han negado la existencia de inscripciones en los idiomas hebreo y egipcio reformado en la América precolombina. Asimismo se ha afirmado que las planchas estaban escritas en un egipcio antiguo y que algunos de los protagonistas citados en el Libro del Mormón hablaban hebreo, sin embargo, esto resulta ser una contradicción, por cuanto los pueblos amerindios no conocían ninguno de esos idiomas.

4. En el Libro del Mormón se encuentran palabras en la boca de personajes que, se supone que vivieron antes de la primera venida del Hijo de Dios a la tierra y que la Biblia le atribuye solamente al Señor Jesús.

5. Joseph Smith a nadie le enseñó las "planchas de oro" para confirmar la veracidad de su testimonio.

6. Para escribir todo el contenido del Libro del Mormón en el tamaño que fue publicado, después de la traducción de las "planchas" de oro descubiertas en la colina Cumorah, se requería un trabajo microscópico o milagroso.

7. Las fallas gramaticales y los errores en el significado de las palabras utilizadas en el Libro del Mormón le dan la apariencia de ser una obra humana y no una inspiración del Espíritu de Dios.

8. La ciudad de Sion o la Tierra Prometida está ubicada en el Libro del Mormón en Norteamérica. Joseph Smith profetizó que los verdaderos mormones se establecerían en Sion, ubicándola en Independence (Missouri) sin embargo, fueron expulsados de ese lugar y se trasladaron a Salt Lake City (Utah).

EN CUANTO A LOS DOS SACERDOCIOS, EL DE MELQUISEDEC Y EL LEVÍTICO

A. LA POSTURA DEL MORMONISMO

Un sector del mormonismo considera que el sacerdocio eterno de Melquisedec se ha perpetuado en el anciano o presidente de la Estaca, conferido inicialmente en Joseph Smith, y que el sacerdocio aarónico actualmente es ejercido por los "doce apóstoles", a saber, los hombres que han sido llamados por Dios para ayudar en la presidencia a dirigir y organizar la iglesia, y ser testigos especiales de Cristo en todo el mundo, teniendo la debida autoridad en el nombre de Dios para enseñar el Evangelio.

B. LA POSTURA DEL CRISTIANISMO CLÁSICO

El sacerdocio de Melquisedec tipifica el eterno oficio sacerdotal del Señor Jesucristo (Hebreos 7:20-22) y su amplitud es universal, puesto que se extiende a todas las naciones, mientras el levítico era sólo para Israel. El sacerdocio aarónico, el cual es temporal, humano e imperfecto, fue necesario en la antigua dispensación, escogido para ofrecer oraciones, acciones de gracias y sacrificios del pueblo para Dios, y también transmitía la idea de la misericordia, la salvación y las bendiciones de Dios para el pueblo. Aquellos sacerdotes sólo eran un tipo o una sombra de Cristo, el gran Sumo Sacerdote que habría de venir, y sus sacrificios no eran más que símbolos del Señor Jesús, el Cordero de Dios que quitaría el pecado del mundo. A la muerte de Aarón le reemplazaría en el sumo sacerdocio su hijo Eleazar (Números 20:28-29) y cuando éste muriera continuaría en ese cargo algún descendiente suyo, y así sucesivamente (1 Crónicas 6:49-53).

Los dos sacerdocios establecidos por Dios, el divino de Melquisedec y el humano de Aarón, eran necesarios debido a las dos naturalezas de Cristo. El autor M. R. DeHaan en su libro HEBREOS, REPOSO Y RESPONSABILIDAD DE LOS SANTOS (Centros de Literatura Cristiana; pp. 111) lo resumió de la siguiente manera: "Aarón fue un sumo sacerdote escogido de entre los hombres, y como tal fue tipo de Jesús, nuestro sumo sacerdote, en su humanidad. Pero nuestro Salvador fue tanto sumo sacerdote según el orden de Melquisedec, como también según el tipo de Aarón. Era necesario que Jesús tuviera las dos naturalezas, la divina y la humana. Debía ser Dios para que tuviera acceso a la presencia de Dios por nosotros, y debía ser hombre para llegar a ser el representante del hombre".

EN CUANTO A LA POLIGAMIA

A. LA POSTURA DEL MORMONISMO

Vale la pena recordar que Joseph Smith fue acusado de poligamia, que al morir, tenía diecisiete esposas, y que su sucesor y segundo presidente de la iglesia de los Santos de los Últimos Días, tuvo veinticinco esposas. En el año 1.889 fue prohibida la poligamia en Estados Unidos, sin embargo, y teniendo como base una mala interpretación del texto sagrado de Isaías 4:1, que dice así: *"Echarán mano de un hombre siete mujeres en aquel tiempo, diciendo: Nosotras comeremos de nuestro pan, y nos vestiremos de nuestras ropas; solamente permítenos llevar tu nombre, quita nuestro oprobio"*, esta secta aprueba la poligamia sosteniendo que el matrimonio es una institución celestial y plural, siempre y cuando el hombre pueda cumplir su obligación económicamente de responder por las esposas con quienes contraiga matrimonio y con los hijos que tenga con ellas. El matrimonio celestial o "maridaje espiritual" y la pluralidad de esposas es una revelación de Dios, las esposas que tuvieron los reyes David y Salomón son los mejores ejemplos que se encuentran de tal obediencia en el Antiguo Testamento, y los casos de Joseph Smith y de Brigham Young son los ejemplos del cumplimiento de esta norma divina en el libro llamado "Doctrinas y Convenios".

Por otra parte, el mormonismo afirma que el siguiente es el "gran mandamiento" de Dios: *"... Fructificad y multiplicaos; llenad la tierra, y sojuzgadla, y señoread en los peces del mar, en las aves de los cielos, y en todas las bestias que se mueven sobre la tierra"* (Génesis 1:28) es el más importante en la Biblia, la base para la salvación de las mujeres y de su fiel cumplimiento depende la gloria futura de los casados. Abraham, el padre de la fe, al tener un hijo con su esposa Sara y otro con la sierva Agar, lo cumplió perfectamente. En cuanto a los matrimonios, la obligación para los varones, además de engendrar hijos, es compadecerse de las mujeres y tomar por esposas a todas las que pueda, mientras el deber de ellas es casarse, puesto que no pueden salvarse sin el hombre, por eso, para ellas, es mejor ser una de las esposas de un hombre, que quedarse soltera y sin la posibilidad de engendrar hijos. La mujer, entonces, debe mirar al hombre como su "salvador" (1 Timoteo 2:11-15).

Una unión matrimonial solemnizada solamente para esta vida terrenal tiene muy poco valor, por eso debe ser para la eternidad. Con respecto a esto, Joseph Smith, en su libro "Revelation on Celestial Marriage" (Revelación sobre el Matrimonio Celestial) declaró que el matrimonio contiene dos elementos básicos. El primero, llamado "pluralidad de mujeres", y el segundo, "maridaje espiritual", esto con la disculpa que Dios le ordenó a los primeros "santos" que practicaran el matrimonio plural y esta práctica ha sido regulada por los seguidores del profeta Joseph Smith, afirmando que un sacerdocio polígamo ha de regir la tierra. El matrimonio, que debe ser válido para la eternidad, no lo es en caso de no haber una afinidad espiritual. Si después de varios años de casado, un hombre descubre que entre él y otra mujer existe cierta afinidad espiritual, entonces se solemniza un nuevo matrimonio, el cual se celebra en el templo, por lo general de manera secreta. Al respecto, el autor J. K. van Baalen, en su libro EL CAOS DE LAS SECTAS (Editorial T. E. L. L.; pp. 176) afirmó lo siguiente: "El elemento secreto nos recuerda que los primeros miembros de la secta eran al mismo tiempo francmasones". Por otra parte, el adulterio consiste, para el hombre, en sostener una relación sexual con una mujer que no sea una de sus esposas. Esta falsa doctrina conlleva al error de creer que la salvación se obtiene por el matrimonio y la procreación.

B. LA POSTURA DEL CRISTIANISMO CLÁSICO

La mujer fue puesta delante del hombre en una posición de honra y con una muy especial importancia, siendo el complemento del varón, y viceversa, por tanto, en una pareja conformada por un hombre y una mujer, los dos se necesitan mutuamente. Cuando la relación permanece en perfecta armonía, ella se fortalece en él y él en ella, como un *"cordón de tres dobleces"* (Eclesiastés 4:12). La Biblia ofrece un relato humano y moral en el que Dios crea a la mujer como ayuda idónea para el hombre (Génesis 2:18-25) y en el que cada uno proporciona al otro lo que le falta, pero ambos compartiendo la imagen de Dios. Con este acto se instituyó el primer casamiento. El matrimonio entre un hombre y una mujer nació en el corazón de Dios y fue solemnizado por Él mismo en la primera pareja, es la única manera aceptada por el Creador para la formación de las familias, fue la primera institución o sociedad formal de toda la creación y tiene como base el amor mutuo y sincero de la pareja para honrar y glorificar a Dios. Sus objetivos básicos son dos: a) manifestar la imagen de Dios en el hombre de una manera completa; y b) prolongar la especie humana por medio de la procreación. La civilización se estableció con base en la familia, y con el tiempo de éstas surgieron los pueblos.

EN CUANTO A LA PREEXISTENCIA DEL HOMBRE

A. LA POSTURA DEL MORMONISMO

El mormonismo sostiene que todo "dios" alguna vez fue un "hombre" en la tierra, que en el cielo hay hombres y mujeres que engendran hijos que esperan ser encarnados para venir a la tierra y que éstos también puedan, con el tiempo, llegar a ser cada uno un "dios", es decir, que los dioses que están en el cielo engendran hijos espirituales que esperan ser encarnados en la tierra para completar el ciclo evolutivo dios-hombre-dios, con lo que en cierta forma, afirman la preexistencia del hombre, sin embargo, ésta se deriva de una creación antes de habitar la tierra y depende de la procreación de una pareja celestial.

B. LA POSTURA DEL CRISTIANISMO CLÁSICO

La creación del hombre fue preconcebida por un solemne consejo divino en un acto inmediato de Dios, como cuando dijo: *Produzcan las aguas seres vivientes, y aves que vuelen sobre la tierra, en la abierta expansión de los cielos* (Génesis 1:20) y de igual manera declaró: *"Hagamos al hombre a nuestra imagen, conforme a nuestra semejanza; y señoree en los peces del mar, en las aves de los cielos, en las bestias, en toda la tierra, y en todo animal que se arrastra sobre la tierra"* (Génesis 1:26). El hombre es una criatura adaptada para llevar la imagen de Dios, Quien le ha delegado funciones específicas y trascendentales, a la vez que le ha demandado obediencia, sujeción, honor y respeto. Ambas palabras, *"imagen"* y *"semejanza"*, cuyos términos hebreos son *"tselem"* y *"demuth"*, no denotan exactamente lo mismo, como pretende el mormonismo para afirmar que el hombre puede ser un "dios", sin embargo, son usados para reforzar el sentido sin hacer distinción entre éstos.

La imagen de Dios no implica una especie de duplicado, ni se refiere a la esencia divina de Su Ser que es incomunicable, sino a un reflejo de Sus cualidades morales y espirituales (Eclesiastés 7:29; Efesios 4:24; Colosenses 3:10) y a que ha sido dotado con ciertas habilidades intelectuales únicas que le colocan completamente aparte de las especies del reino animal. Si bien el aspecto mismo externo del hombre resplandece la gloria de Dios, no hay duda, sin embargo, que el lugar propio de la imagen está en el alma del ser humano. Dios creó al hombre como un ser espiritualmente libre, bueno, veraz, santo, recto y agente moral responsable, con facultades de elección y acción, capaz de tener comunión con Él, responderle y representarlo. La imagen de Dios en el hombre incluye la participación, en un sentido finito y limitado, de cualidades divinas en cuanto a los atributos morales de Dios, algunas veces llamados comunicables, como sabiduría, justicia, santidad, amor, bondad o fidelidad.

EN CUANTO AL BAUTISMO POR LOS MUERTOS

A. LA POSTURA DEL MORMONISMO

El mormonismo afirma que los niños pequeños son puros e inocentes, incapaces de pecar, por eso la maldición de Adán y la herencia pecaminosa del primer hombre sólo les afecta cuando crecen y tienen uso de razón, por lo tanto, no tienen que someterse a la ordenanza del bautismo, no obstante, éste es necesario para todos los adultos. Millones de hombres y mujeres han muerto sin ser bautizados, sin embargo, aceptarían gozosos la palabra y la ley de Dios cuando les sean proclamados en el mundo espiritual, por lo que entonces, al no someterse a ese rito mientras estaban vivos y para no quedar apartados del reino de Dios, una persona que esté viva se puede bautizar por sí misma y luego hacerlo por los muertos, especialmente por sus familiares y amigos, como una especie de sustituto. Esto conlleva a un error más del mormonismo, la negación del infierno, por cuanto los muertos pueden ser redimidos mediante el bautismo.

La falsa doctrina de bautizarse por los muertos es de antaño y ya en el primer siglo de la era cristiana, algunas personas practicaban un "bautismo vicario" y más tarde lo harían los cerintianos y los marcionitas. Entre estos grupos heréticos, si un catecúmeno moría antes del bautismo, alguna persona podía ser bautizada en su nombre para recibir el beneficio de la ordenanza. El apóstol Pablo hizo una alusión a esto: *"... ¿qué harán los que se bautizan por los muertos?"* (1 Corintios 15: 29) por cuanto, parece ser, que en Corinto se practicaba este ritual. Al respecto, el autor Samuel Vila, en su libro titulado ENCICLOPEDIA DE DIFICULTADES BÍBLICAS (Libros Clie; pp. 164-165) ofreció la siguiente explicación: "Este texto ha dado mucha dificultad a los intérpretes. Muchos creen que Pablo aquí alude a una práctica poco extendida y poco duradera en la iglesia de Corinto... Otros creen que el texto se refiere a los que se dejaban bautizar poco antes de morir y en vista de la muerte, pues se sabe que muchos, en el cristianismo de los primeros siglos, posponían el bautismo hasta la hora de la muerte... Otros opinan que bautizarse por los muertos quiere decir bautizar en la creencia de la resurrección de los muertos, no sólo conmemorando en su salida del agua bautismal la resurrección de Cristo, sino la anticipación de la suya propia... Sea como fuere, lo que vemos de cierto es que, mencionándose esto sólo de paso, y sin darlo, como mandato, sino como mera alusión, no puede decirse que la Escritura encierra doctrina ni ejemplo sobre tal costumbre de algunos cristianos de una iglesia del Nuevo Testamento, como pretenden los mormones hoy día".

B. LA POSTURA DEL CRISTIANISMO CLÁSICO

El bautismo es personal y esta ordenanza es practicada por aquellos que, por la fe, son discípulos de Cristo (Mateo 28:19) y se identifican con la doctrina cristiana, los que creen que Jesucristo es el Hijo de Dios (Hechos 8:37) y que están arrepentidos (Hechos 2:38) sin embargo, el bautismo es un acto que confirma las promesas de salvación hecha a los creyentes y significa obedecer un mandato divino, pero el que no se bautiza no es condenado, sino aquel que no cree.

LA DOCTRINAL DEL MORMONISMO CON RESPECTO A LA CAÍDA DE ADÁN

En cuanto a Adán, el mormonismo sostiene que cuando nuestro "Padre Adán", que es inmortal, vino al jardín del Edén con un cuerpo celestial, trajo desde el cielo a Eva, una de sus esposas, que Él es nuestro Dios, el padre de Jesucristo, a quien engendró con María en una unión corporal. Con respecto a la caída de Adán, la Iglesia de los Santos de los Últimos Días cree que él se hallaba en el paraíso en una posición que le impedía desobedecer el mandamiento de Dios en cuanto a fructificar y llenar la tierra, mientras Eva ya se había hecho rea de muerte, por lo tanto, en condiciones desiguales era imposible que ambos permanecieran juntos, pero Adán, deliberada y sabiamente, con pleno conocimiento, participó del fruto del árbol de la ciencia del bien y del mal. Por eso el apóstol Pablo afirmó que Adán no fue engañado, sino Eva (1 Timoteo 2:14). Una de las consignas que ha mantenido el mormonismo es la siguiente: *"Adán cayó para que los hombres existiesen; y los hombres existen para que tengan gozo"* (El Libro del Mormón; 2 Nefi 2:25).

LA POSTURA DEL CRISTIANISMO CLÁSICO

Eva pecó primero, sin embargo, es a Adán a quien la Sagrada Escritura le atribuye el origen del pecado (Romanos 5:12,17-19). El primer rey de Israel, luego de la división del reino en Norte (Israel) y Sur (Judá) fue Jeroboam, y de todos sus sucesores se dice que pecaron como *"su padre Jeroboam"*, aun cuando de su línea genealógica sólo estuvo en el trono su hijo Nadab (1 Reyes 15:25) pero la Biblia no se refiere a él como el padre de una descendencia consanguínea en línea, sino como a la cabeza de una serie de reyes impíos que le imitaron en el pecado. Adán le falló a Dios, y en él, también la humanidad entera. El apóstol Pablo, Agustín de Hipona y Juan Calvino definieron que el hombre, conforme al denominado "principio de representación", pecó en Adán (Oseas 6:7; 1 Corintios 15:21-22) es decir, que cuando el primer hombre pecó lo hizo como el representante del pacto de obras de la raza humana entera, de tal manera que todo el género humano pecó en él y de igual forma cayó con él en esa primera transgresión, aun cuando no voluntaria ni personalmente por no hallarse en el Edén quienes aún no habían nacido, pero sí en el sentido en que cada persona estaba siendo representada y que recibiría como herencia una naturaleza pecaminosa desde el momento de su gestación (Salmo 51:5) es por eso que el pecado de Adán y Eva afectó con gran perjuicio a toda la raza humana en cada una de sus dimensiones, básicamente en cuatro aspectos, a saber:

a. La relación del hombre con Dios.
b. La relación entre el hombre y su prójimo.
c. La relación del hombre consigo mismo.
d. La relación entre el hombre y la naturaleza.

El apóstol Pablo destacó el hecho que todo el universo creado sufrió la plaga del pecado por la experiencia humana, y que en forma algo mística anhela la redención y la manifestación de los hijos de Dios (Romanos 8:18-25). El lenguaje de Pablo está lleno de figuras poéticas, pero establece una verdad básica. La creación sintió el impacto de la caída de Adán, no voluntariamente, sino por la soberana voluntad de Dios. Todo esto hace destacar la supremacía del hombre en el universo, pues su pecado perjudicó al entorno en que vivía. El gemido de la creación revela algo de la alarmante tragedia del mal, pero la redención demuestra la maravilla y grandeza de la obra de la salvación por medio del sacrificio expiatorio de Cristo.

El autor colombiano Mario Cely Quintero, en su libro apologético EL "MITO" DE ADÁN Y EVA (© Copyright 2.000, aún sin editar; pp. 262/3) declaró que "en relación a la caída y la expulsión del paraíso, es sorprendente la similitud de la exégesis del mormonismo con la de la teología liberal" y cita a F. Castel, quien declaró que "el hombre no ha vuelto como estaba al punto de partida; vuelve mucho más rico. Como Prometeo, ha adquirido el fruto del conocimiento del bien y del mal, primer paso para la creación de toda cultura humana. Y, como nos ha dicho Eva, el fruto le parece al hombre atractivo, bueno para comer, precioso para abrir la inteligencia. Adán ya no es el mismo hombre. Está menos unido a Dios, pero es más hombre, como nosotros, hambriento de saber, de realizarse". Además de los errores del mormonismo ya mencionados anteriormente y del falso concepto que tiene de las consecuencias de la desobediencia de Adán, lógicamente se origina una cristología equivocada, y por ende, también de la expiación.

LA CRISTOLOGÍA DEL MORMONISMO

De acuerdo al falso concepto que tiene el mormonismo sobre la preexistencia de los seres humanos y asimismo en cuanto a que todo "dios" alguna vez fue un "hombre" que habitó en la tierra y que en el cielo engendran hijos que éstos también podrán llegar a ser "dioses", esto ha originado igualmente una falsa cristología que sostiene que el Hijo eterno y Unigénito de Dios es un hijo más de Adán-dios y de una de sus esposas, de manera que, desde ese punto de vista, no es Salvador de nadie, aun cuando en contraste con este criterio, se afirma que la expiación de Cristo no puede redimir, sino sólo de "una muerte", sin embargo, se le atribuye la salvación a las obras humanas, al afirmar que "la intercesión salvadora ha de ser invocada por el esfuerzo individual, según se patentiza por la fe, el arrepentimiento y las obras constantes de justicia". Algún sector del mormonismo afirma que hay una salvación "temporal" y otra "espiritual". Por otra parte y con base en el concepto mormónico de la poligamia, el Señor Jesucristo tuvo por lo menos tres esposas, Marta y María, las hermanas de Lázaro, además de María Magdalena.

Con referencia al texto de Isaías 53:10, Orson Hyde, uno de los líderes de este movimiento en el siglo diecinueve, afirmó lo siguiente: "Decimos que Cristo se casó con Marta y María, en Caná, porque con ello podría ver su propio linaje antes que lo crucificaran (The True Origin of Mormon Polygamy). Por otra parte, Brigham Young también hizo referencia al supuesto matrimonio de Cristo, afirmando además de manera temeraria que fue polígamo, con las siguientes palabras: "Marta y María, las hermanas de Lázaro, eran sus esposas, María Magdalena era otra. Asimismo, el festín de las nupcias de las bodas de Caná, donde Jesús convirtió el agua en vino, tenía lugar con ocasión de sus propios esponsales" (Brigham Young, citado en Wife No. 19, cap XXXV, de Ann Eliza Young).

La mayoría de los fundadores de los movimientos sectarios en Estados Unidos se han atrevido a declarar cuál será la fecha del retorno de Cristo a la tierra y Joseph Smith no fue la excepción, al afirmar el 14 de febrero del año 1.835 lo siguiente: "el Hijo del Hombre volverá en 56 años", es decir, que el regreso del Señor Jesús fue profetizado por este falso profeta para el año 1.891.

LA POSTURA DEL CRISTIANISMO CLÁSICO

El matrimonio del Señor Jesucristo será exclusivamente con la iglesia que Él mismo compró con Su sangre preciosa. Aun cuando las escuelas de interpretación escatológica coinciden en este punto primordial, existen diferencias con respecto al arrebatamiento de la iglesia. Desde el punto de vista del premilenialismo, por ejemplo, el Hijo de Dios se encontrará en las nubes con Su pueblo, cuando éste sea raptado (1 Tesalonicenses 4:17) para celebrar la fiesta de las bodas del Cordero, no obstante, antes la iglesia será llevada al "tribunal de Cristo" (2 Corintios 5:10) y luego el Señor Jesús la presentará ante el Padre como Su novia escogida. Así como José y María se comprometieron en un desposorio antes de su matrimonio, asimismo Cristo, sin que se hayan celebrado aún las bodas del Cordero, se ha comprometido en matrimonio con Su pueblo, sellando un pacto en la cruz del Calvario. En la antigüedad se solía pagar una dote al padre de la novia (Génesis 29:20; 34:12) y el Hijo de Dios lo hizo con Su sangre.

Aun cuando el título "Marido" en la Biblia le ha sido aplicado generalmente a Dios el Padre, al estar acompañado en Isaías 54:5 del nombre "Redentor", se puede deducir que se trata del Señor Jesús, Quien se llamó a Sí mismo "el Esposo" (Marcos 2:19-20) y afirmó que sería inútil que Sus seguidores ayunasen mientras Él estaba con ellos. Como Redentor y Esposo de Su pueblo, el Señor Jesucristo rescató a la iglesia del cautiverio del pecado, que es la peor de todas las esclavitudes. En Su designación como Marido está implicada, no solamente la representación desarrollada después de la abundancia de citas del Nuevo Testamento que muestran al Hijo de Dios como el Prometido de Su iglesia (Mateo 22:2; 25:1; Juan 3:29; 2 Corintios 11:2, Efesios 5:22-29; Apocalipsis 19:7; 21:2,9) sino como una reminiscencia de aquellos pasajes del Antiguo Testamento, de los cuales Oseas 2:19 puede ser tenido en cuenta como una tipología de la relación de Cristo con Su pueblo bajo la figura de un Marido con Su esposa, una designación que asimila al Hijo de Dios en Su relación con la iglesia, como la que Dios el Padre ocupaba en el Antiguo Testamento con el pueblo de Israel.

EL CONCEPTO TRINITARIO DEL MORMONISMO

Para el mormonismo, el Padre está dotado de un cuerpo físico y tangible, como el del hombre, al igual que el de Cristo cuando estuvo en la tierra, en cambio el Espíritu Santo no tiene semejante cuerpo, de carne y hueso, sino que es una Persona espiritual, puesto que si no fuera así, no podría morar en nosotros. Un hombre puede recibir el Espíritu Santo, el cual puede descender sobre él, sin que tenga por ello que quedarse con él. El autor cubano Marcos Antonio Ramos, en su DICCIONARIO DE SECTAS, RELIGIONES Y DENOMINACIONES (Editorial Betania; pp. 214) escribió con respecto al error doctrinal trinitario del mormonismo lo siguiente: "Los mormones no aceptan la doctrina cristiana tradicional de la Trinidad, sino que enseñan la existencia de infinidad de dioses que fueron una vez hombres. Los humanos pueden transformarse en dioses y alcanzar la divinidad en la vida venidera".

LA POSTURA DEL CRISTIANISMO CLÁSICO

La Divinidad o Trinidad se compone de tres Personas realmente distintas: Dios el Padre, Dios el Hijo y Dios el Espíritu Santo (1 Juan 5:7) que son Uno en sustancia, autoridad, esencia, poder, gloria y eternidad, por lo tanto, cada uno es enteramente Dios y recibe este nombre, pero a la vez, Dios es Uno indivisible (Éxodo 3:14; Juan 14:11; 1 Corintios 8:6). Estas tres Personas divinas, siendo un sólo Dios eterno, indivisible en Su naturaleza y Ser, son distinguidas en las Escrituras por Sus relaciones personales dentro de la Divinidad, y por la variedad de las obras que efectúan. En el seno de la esencia divina se pueden distinguir tres Personas que reciben de igual manera el nombre "Dios", y aun cuando este título generalmente es empleado para referirse al Padre, sin embargo, en ocasiones el Señor Jesucristo también es llamado así: a) por el profeta Isaías (Isaías 9:6); b) por el apóstol Juan (Juan 1:1; 1 Juan 5:20; Apocalipsis 16:14); c) por el apóstol Pablo (Romanos 9:5; 14:11; Tito 2:13); y d) por el autor de la carta a los Hebreos (Hebreos 1:8) pero el texto más contundente es aquel en el que el mismo Señor Jesús aceptó que se le llamara "Dios" (Juan 20:28).

LA ECLESIOLOGÍA DEL MORMONISMO

Para el mormonismo la iglesia dejó de existir en la tierra durante algo más de dieciocho siglos, y los grupos que se formaron llamándose cristianos, fueron apóstatas, hasta que el año 1.830 Joseph Smith organizó la "Iglesia Cristiana de los Santos de los Últimos Días". La autoridad del sacerdocio desapareció sin la posibilidad de ser restaurada, no obstante, en

Su misericordia, Dios proveyó para su restablecimiento en los postreros tiempos, a la Iglesia de los Santos de los Últimos Días, cuya restauración fue llevada a cabo por Joseph Smith, el instrumento escogido por Dios para recibir el gozoso mensaje y esparcirlo por todo el mundo. Las iglesias diferentes a la mormona son apóstatas, y en su lenguaje un "gentil" es toda persona que no pertenezca a este grupo. Vale la pena anotar que hasta una fecha reciente, los miembros de raza negra no podían entrar al sacerdocio.

LA POSTURA DEL CRISTIANISMO CLÁSICO

La doctrina de la aplicación de los méritos de Cristo conduce al concepto de lo que es la iglesia, constituida por aquellos que en todo tiempo han sido participantes de las bendiciones de la salvación que hay en Cristo Jesús, el pueblo que Dios ha escogido como Su posesión. La iglesia no se encuentra en su organización externa, sino interna, en una comunión santa. Para los reformadores Martin Lutero y Juan Calvino, la iglesia fue la comunidad de los santos (*communio sanctorum*) es decir, de aquellos que creen, son santificados en Cristo, y están unidos en Él y con Él por medio del Espíritu Santo.

LA ANGEOLOGÍA DEL MORMONISMO

Para el mormonismo existen dos clases de seres en los cielos, a saber, los ángeles y los espíritus de los justos hechos perfectos. Los primeros son aquellas personas que han resucitado con un cuerpo de carne y hueso, como Jesús, por ejemplo, Quien le dijo a sus discípulos: *"Mirad mis manos y mis pies, que yo mismo soy; palpad, y ved; porque un espíritu no tiene carne ni huesos, como veis que yo tengo"* (Lucas 24:39). Los segundos son aquellos que todavía no han pasado por la resurrección, pero que heredarán la misma gloria. Según el mormonismo, otra clase de ángeles son aquellos seres que aún no han llegado a crecer y multiplicarse.

LA POSTURA DEL CRISTIANISMO CLÁSICO

A diferencia de Dios, los ángeles son seres creados, cuyo tiempo de existencia no puede fijarse con exactitud, pero la opinión común, basada en la Sagrada Escritura, es que la creación de ellos ocurrió antes de la formación del hombre. Son seres espirituales e incorpóreos, invisibles (Colosenses 1:16) sin embargo, en ocasiones pueden ser vistos (Lucas 1:11; 2:9) escuchados y observados en visiones especiales (Daniel 9:21) o en sueños (Mateo 1:20; 2:13). Son además seres morales e inmortales, y se dividen en órdenes o clases, como querubines (Génesis 3:24) serafines (Isaías 6:2,6) principados y potestades (Efesios 3:10) designaciones que indican cierta clase de rangos o dignidad entre ellos. A diferencia de los anteriores, hay dos que son mencionados en la Biblia con nombre propio, Gabriel (Daniel 8:16; 9:21; Lucas 1:19) y Miguel (Daniel 10:13,21; Judas 9; Apocalipsis 12:7) y este último es llamado "arcángel" (Judas 9).

OTRAS CREENCIAS DEL MORMONISMO

Los mormones sostienen que la simiente literal de los patriarcas Abraham, Isaac y Jacob, son los indios americanos, y que serán visitados por el Señor Jesucristo en una de Sus venidas, lo que ha originado una leyenda entre los *"hopi"*, un grupo de indígenas amerindios del noroeste de Arizona, en cuanto a un "hermano blanco" que ha estado escondido en América central o en México. Por otra parte, la Santa Cena es celebrada por los mormones con agua, como un símbolo de pureza, y no con pan y vino como se hace tradicionalmente en la iglesia evangélica. Prohíben el, vino, el té, el café y las bebidas negras.

LA FORMA DE GANAR ADEPTOS

Todo joven que pertenezca a una familia de la Iglesia de los Santos de los Últimos Días, está obligado a ofrecer dos años de trabajo para llevar el "mensaje mormón" por las casas, y su propia familia lo debe sostener mientras realiza esta labor. Por otra parte, todas las familias están obligadas a ayunar una vez al mes e invertir en la iglesia lo que ahorren por dejar de ingerir alimentos durante un día, aparte del diezmo, lo que implica que esta suma de dinero también se invertirá en la propagación del mensaje mormón en los lugares a donde son enviados sus precursores.

LA CIENCIA CRISTIANA

OTROS NOMBRES DE ESTA SECTA

1. Cristo científico.
2. Ciencismo cristiano.
3. Eddismo.
4. Iglesia de Cristo científica.

La Ciencia Cristiana ha sido considerada como una secta médico-religiosa y también es conocida con los nombres de "Cristo científico", "ciencistas cristianos", "eddismo" o "Iglesia de Cristo científica". En la década de los setenta llegó a Colombia. El nombre de su fundadora es Mary Baker Eddy, una mujer que reclamó para sí misma un grado de inspiración divina, lo que probablemente fue ocasionado por la enfermedad que sufrió en la columna vertebral y que le ocasionó trastornos mentales.

CONTEXTO HISTÓRICO

FUNDADORA: MARY BAKER EDDY (1.821-1.910)

Nació el 16 de julio de 1.821 en una granja en Bow (New Hampshire) en Estados Unidos, y fue la menor de seis hijos. Criada en un hogar congregacionalista, a temprana edad se rebeló contra la doctrina calvinista de la predestinación, pero buscaba esperanza en la Biblia y en la oración. Su educación fue interrumpida por una enfermedad que tenía en la columna vertebral y frecuentes dolencias en la espina dorsal, sin embargo, leía y estudiaba la Sagrada Escritura en su hogar, y escribía las conclusiones que obtenía de sus estudios personales. Sus padres buscaron médicos para sus quebrantos de salud, pero los tratamientos sólo le ofrecían un alivio temporal. Al final de su vida sufrió trastornos mentales. Fue conocida por sus ideas renovadoras sobre la espiritualidad y la sanidad, a las que llamó "Ciencia Cristiana".

En diciembre del año 1.843 contrajo matrimonio con George Washington Glover, un contratista de construcción que murió en junio de 1844, tres meses antes del nacimiento de su hijo George. Mary regresó entonces al hogar paterno hasta la muerte de su madre, acaecida en 1849. En el año 1853 se casó con Daniel Patterson, un dentista que le era infiel, la abandonó en 1866 y se divorciaron definitivamente en 1.873.

Mary evitó la ciencia médica para su enfermedad y buscó el alivio para sus dolencias en métodos alternativos como la hidropatía, es decir, la sanidad por medio del agua, y la homeopatía. Se sintió intrigada por el alivio sin medicamentos, llegando a la conclusión que la creencia del paciente jugaba un papel muy importante en el proceso de curación. Continuó buscando alivio en la Biblia y se sintió atraída por los milagros de sanidades que realizaba el Señor Jesús. En el año 1.862 buscó la ayuda de Phineas Quimby, un curandero muy conocido en Portland, su salud mejoró bajo su tratamiento, que era una combinación de sugestión mental y toque terapéutico, pero pronto sufrió una recaída. Volvió a ver a Quimby para aprender acerca del toque terapéutico, y pensando que él había descubierto el método de curación de Cristo, intercambiaba ideas y discutía con él, pero sacó sus propias conclusiones y afirmó que la técnica que empleaba Phineas Quimby dependía de la hipnosis y del poder mental. Con respecto a este personaje, el autor Marcos Antonio Ramos, en su NUEVO DICCIONARIO DE RELIGIONES, DENOMINACIONES Y SECTAS (Editorial Betania; pp. 227) declaró que Phineas Quimby fue el "fundador del «Nuevo Pensamiento», una secta esotérica" y "un curandero estadounidense del siglo XIX que ejerció influencia sobre Mary Baker Eddy".

En el año 1.866 Mary Baker Eddy sufrió una caída en una acera cubierta de hielo que la dejó postrada en cama, Quimby había muerto hacía un mes, y Mary pidió su Biblia para leer algo en el libro sagrado, además, según ella, Phineas Quimby sanaba como el Señor Jesús, pero después de una discusión que sostuvo con él, lo trató de "simple hipnotizador", por lo que se dedicó a enseñar su propio sistema de curación, en el que negaba la realidad de la enfermedad y la muerte, afirmando que aquélla es una ilusión. Mientras leía la Sagrada Escritura, observó un pasaje en el que se relata acerca de una sanidad del Señor Jesús, se mejoró y no podía explicar lo ocurrido, pero se lo atribuyó a lo que había leído. A medida que las dificultades eran vencidas y tras nueve años de estudio personal de la Biblia, realizar su "actividad sanadora" y ofrecer enseñanzas al respecto, publicó en el año 1875 su libro "Ciencia y Salud con Clave para las Escrituras", el cual trata de lo que para ella era la "ciencia" del método de curación del Señor Jesús, una obra que declaró que se trataba de una "inspiración divina", con la que descubrió la Ciencia Cristiana y que los miembros de la iglesia que ella lideraba consideraron como un libro inspirado, incluso con prelación sobre la misma Sagrada Escritura, quienes le creyeron cuando afirmó que Dios no sólo la sanó, sino que le había revelado una nueva Biblia que los apóstoles no pudieron interpretar, en el año 1.866 hizo una corrección de ésta que, según ella, es más exacta que la original, por cuanto en esta "nueva Biblia" no existen, ni la enfermedad, ni la muerte. La secta se fundó sobre la base del libro escrito por esta mujer que afirmaba que había recibido, mediante una revelación especial, la ley espiritual que estaba detrás del poder de la sanidad de Cristo. Ella declaraba que estas leyes podían liberar una la persona de cualquier forma de mal: pecado, enfermedad, ignorancia o temor.

Aun cuando Mary Baker Eddy había afirmado que la Biblia había sido su "única autoridad y que no había tenido otra guía", considerando que la Sagrada Escritura era "el camino recto y estrecho de la Verdad", posteriormente en su libro "Science and Helth" (edición de 1.910; pp. 524) declaró que Génesis 2:7 había de "ser una mentira, puesto que Dios, a continuación, maldice la tierra". Después de reconocer que la Biblia era su guía, convenció a sus seguidores que su libro "Ciencia y Salud con Clave para las Escrituras", era inspirado, colocándolo al mismo nivel de la Palabra infalible e inerrante de Dios.

Muchos estudiantes que escuchaban sus enseñanzas, a su vez establecieron exitosas prácticas de curación en Estados Unidos y luego el movimiento se extendió a Canadá. En el año 1.877 se casó con un estudiante suyo, Asa Gilbert Eddy, quien murió en el año 1.882. Después de aquella dolorosa experiencia y desilusionada por cuanto las iglesias cristianas no daban crédito a su "descubrimiento" en cuanto a las sanidades, continuó al frente con la organización que en el año 1.879 había fundado con el nombre de "Primera Iglesia de Cristo-Científico", en Boston, Massachusetts, establecida para "seguir la palabra y las obras del Señor, la cual restablecería el cristianismo primitivo y su perdido elemento de curaciones". Sus seguidores la deificaron, a ella y a su doctrina, en el año 1.892 su iglesia se convirtió en una organización internacional y en el año 1.908 lanzó el periódico "The Christian Science Monitor" y luego otras publicaciones religiosas.

En el año 1.881 fundó el Colegio Metafísico de Massachusetts y enseñó sus clases por casi una década. En el año 1.888 fue abierta una sala de lectura en Boston para sus escritos y otras publicaciones. En el año 1.895 publicó un manual para la iglesia con el fin de establecer directrices, un delgado volumen en el que se proporcionaba todo lo necesario para el ministerio laico en las iglesias y para que en cada lugar de reunión se leyera una lección semanal. En éstas había, un pasaje de la Biblia con una corta explicación, y una porción del libro "Ciencia y Salud con Clave para las Escrituras". En el año 1.898 había fundado su propia editorial, con publicaciones lanzadas por ella y sus seguidores. Mary Baker Eddy murió el 2 de diciembre de 1.910, a los ochenta y nueve años de edad. Fue sucedida por "otra iluminada", una misteriosa mujer de quien se desconoce el nombre, pero se llamaba a sí misma "Eddy Patterson", más joven que su antecesora y que siempre estaba vestida de negro.

Mary Baker Eddy decía que hacía milagros y al respecto, el autor J. K. van Baalen, en su libro EL CAOS DE LAS SECTAS (Editorial T. E. L. L.; pp. 107) escribió lo siguiente: "La literatura oficial de la Ciencia Cristiana quisiera hacernos creer que la señora Eddy resucitó en varias ocasiones a personas que habían caído ya en las garras de la muerte". Por otra parte, el autor Ron Rhodes, en su libro titulado EL FALSO CRISTO DE LA NUEVA ERA (Editorial Unilit; pp. 166) escribió lo siguiente con respecto al Dr. Quimby y su seguidora Mary Baker Eddy: "El concepto metafísico de Quimby acerca de Cristo engendró varios movimientos importantes. Quimby no creó una organización él mismo, pero ciertos individuos que él ayudó adoptaron sus ideas y se las transmitieron a otros, ampliándolas o modificándolas en el proceso. La Ciencia Cristiana, de Mary Baker, es el ejemplo mayor de esto".

EL CONCEPTO QUE LA CIENCIA CRISTIANA TIENE DE DIOS Y DE LA TRINIDAD

El concepto que el eddismo tiene de Dios es absolutamente panteísta, por cuanto declaran que "Dios es Todo-en Todo". Todo emana de Dios y a la vez es Dios, y lo que no es Dios es porque no existe. La ciencia cristiana considera que Dios es divino, incorpóreo, supremo e infinito, sin embargo, en el libro "Science and Helth" (edición de 1.910; pp. 470-474) escrito por Mary Baker Eddy, se añade que Dios es "Mente, Espíritu, Alma, Principio, Vida, Verdad y Amor"…y el concepto trinitario lo declaró así: "La Vida, la Verdad y el Amor constituyen la Persona trina llamada Dios, esto es, el Principio divino triple", y además lo define de la siguiente manera: "Dios el Padre-Madre; Cristo es la idea espiritual de filiación; y el Espíritu Santo es la Ciencia Cristiana".

EL CONCEPTO QUE LA CIENCIA CRISTIANA TIENE DE CRISTO

Además de lo expuesto anteriormente, la Ciencia Cristiana afirma que "Dios es indivisible", que una parte Suya "no cabe en el hombre" como tampoco Su "plenitud se podría reflejar por un solo ser humano", de lo contrario, sería finito, perdería su deidad y sería cualquier cosa, menos Dios. Esto les llevó a definir que "Jesús es el hombre humano y Cristo la idea divina, que moraba eternamente como una idea en el seno de Dios", que "Cristo fue demostrado por medio de Jesús" para probar el "poder del Espíritu sobre la carne". "La Virgen-Madre concibió esta idea de Dios, y dio a su ideal el nombre de Jesús", como el fruto de la comunión consciente de María con Dios, pero que fue concebido de un modo espiritual. Esto parece contradictorio, no obstante, se debe tener en cuenta que para la Ciencia Cristiana, Cristo y el Señor Jesús no son la misma Persona. Con respecto a esto, el autor Marcos Antonio Ramos, en su NUEVO DICCIONARIO DE RELIGIONES, DENOMINACIONES Y SECTAS (Editorial Betania; pp. 80) escribió lo siguiente: "Para estos religiosos no hay realidad, sino la mente o el espíritu. No identifican a Jesús con Dios. Pero a Cristo, quien para ellos es el Principio de la Mente, lo identifican con Dios. También enseñan el carácter ilusorio de la muerte. Tal conocimiento hace posible la salvación". Cerinto, un hereje que a comienzos del segundo siglo perteneció a la secta pagano-cristiana de los gnósticos, afirmaba que el Señor Jesús era sólo un hombre ordinario, mientras que Cristo era el nombre de un espíritu o una fuerza poderosa que descendió sobre Jesús en el momento del bautismo en el río Jordán, un hombre sabio y justo, hijo de José y María, pero que Cristo se retiró de Él antes de la crucifixión. Esta herejía, tal vez, originó lo que dieciocho siglos más tarde propusiera la teosofía, en cuanto a que Cristo y Jesús son distintos y Éste "prestara" su cuerpo a Aquél, el Maestro del mundo, cuando fuera bautizado.

EL CONCEPTO QUE LA CIENCIA CRISTIANA TIENE DE LA EXPIACIÓN

En el libro "Science and Helth" (edición de 1.910; pp. 23,25) su autora Mary Baker Eddy expuso que "un sacrificio, por grande que sea, no basta para pagar la deuda del pecado. La expiación exige una continua autoinmolación por parte del pecador. Que la ira de Dios se ensañara en su Hijo amado, es divinamente antinatural, y más bien es el fruto de la invención humana. La expiación es un difícil problema, considerado teológicamente, pero su explicación científica es que "el sufrimiento es un error de sentido pecaminoso que la Verdad destruye". La Ciencia Cristiana sostiene que la liberación final del error (no llaman pecado, sino error) de la que disfrutaremos en la inmortalidad, en la eternidad, no se puede alcanzar sin las obras del esfuerzo vicario. Inclusive, para esta secta, el diablo es un nombre más que se le da a la maldad y a la mentira, pero no existe como persona, aun cuando el mal es llamado "Magnetismo Animal Malévolo", por cuanto, si Dios es el bien, que es real, entonces el mal, lo contrario a Dios, es irreal, no existe. Por lo anterior y contrario al punto de vista clásico de la doctrina cristiana con respecto a la caída de Adán y sus consecuencias en la humanidad, la Ciencia Cristiana considera que, si el hombre alguna vez fue perfecto y por el pecado de Adán, ahora ha perdido esa perfección, entonces nunca se ha podido contemplar en el hombre el reflejo de la imagen de Dios, la que se perdió, sin embargo, la verdadera semejanza es indestructible en lo que refleja a Dios.

EL CONCEPTO QUE LA CIENCIA CRISTIANA TIENE DE LA MUERTE

Para la Ciencia Cristiana la enfermedad y la muerte no existen, la sanidad está en el poder que ejerce la mente sobre la materia, y actualmente muchos grupos y nuevas teorías filosóficas sostienen lo mismo, por ejemplo el llamado "Método Control Silva", entre otros. El eddismo ha considerado que la "Mente Mortal" es lo opuesto a Dios y al bien, que toda especie de mal es de origen mental, que se puede expulsar con la razón, y por lo tanto, la muerte no existe como proceso. Al respecto, tomaremos tres conceptos tomados del libro "Science and Helth" (edición de 1.910; pp. 23,25) escrito por Mary Baker Eddy, uno de ellos, incluso, el tercero, tiene que ver con el concepto de la muerte de Cristo en la cruz:

1. "Lo que a los sentidos aparece como muerte, no es sino una ilusión mortal, pues para el verdadero hombre y el verdadero universo no existe el proceso de la muerte".

2. "La muerte es una ilusión, el engaño de la vida material, algo irreal y engañoso".

3. "Los discípulos creían que Jesús estaba muerto mientras yacía en el sepulcro, siendo así que estaba vivo, demostrando en la angosta tumba el poder del Espíritu para vencer el sentido material mortal".

UNA BREVE EXPLICACIÓN DE LA MUERTE, SEGÚN LA POSTURA DEL CRISTIANISMO CLÁSICO

Hay tres clases de muerte, a saber: física, espiritual y eterna. En la Sagrada Escritura el concepto de la muerte se usa de muchas maneras, sin embargo, todas ellas tienen estrecha conexión directamente con la caída de Adán en el huerto del Edén, por cuanto la muerte es un castigo impuesto a la raza humana por causa del pecado de aquél. Toda la humanidad está bajo la pena de muerte por la iniquidad y el hombre no sólo sufre en esta vida, sino que además, debe enfrentar el juicio venidero. Con todos los individuos sucede lo mismo que con Adán, es decir, que Dios castiga el pecado con las tres clases de muerte: la física, la espiritual y la eterna.

La muerte física es el cese total, permanente e irreversible de todas las funciones vitales del cuerpo, sin embargo, no todas las actividades finalizan al mismo tiempo. Con anterioridad solía considerarse que la falta de latidos del corazón era la evidencia del fallecimiento, así como la carencia de pulsaciones, no obstante, hoy en día la atención se ha trasladado del corazón al cerebro, con el objetivo de obtener una indicación más fidedigna de cuándo ha ocurrido la extinción de la vida. En el sentido físico, la muerte es la separación del alma y del cuerpo, lo que es considerado como el último evento en la historia del hombre, no obstante, ésta no implica una la aniquilación del individuo, lo que quiere decir que no hay una terminación de la existencia.

La muerte espiritual está registrada en Efesios 2:1, de la siguiente manera: *"Y él os dio vida a vosotros, cuando estabais muertos en vuestros delitos y pecados"*. Esta es considerada como la separación del hombre de su Creador por causa del pecado, y a la postre, dejar de vivir físicamente como castigo y consecuencia por la maldad personal. El hombre fue creado para tener comunión íntima con Dios, sin embargo, sin el Señor Jesús como Salvador, está separado de su Hacedor.

La muerte eterna se halla registrada en Mateo 25:46: *"E irán estos al castigo eterno, y los justos a la vida eterna"*. Esta es considerada la culminación de la muerte espiritual y la Biblia trata con frecuencia acerca del infierno, el lugar en que serán castigados todos aquellos que rechazan la salvación a través de Cristo.

EL CONCEPTO QUE LA CIENCIA CRISTIANA TIENE DE LOS ÁNGELES

En el ya mencionado libro "Science and Helth" (edición de 1.910; pp. 198) escrito por Mary Baker Eddy, la fundadora de este movimiento herético en forma temeraria declaró que "los ángeles son pensamientos puros de Dios, cuyas alas son la verdad y el amor, sin que nada tenga que ver cuál sea su individualismo", y atribuyéndose ella misma una divinidad para sí, luego afirmó lo siguiente: "Mis ángeles son pensamientos excelsos". Esto no es extraño, puesto que con el tiempo proclamó que los ángeles son pensamientos de Dios, y que cada vez que ella pensaba, se creaba un ángel. En cuanto al concepto de Satanás, la Ciencia Cristiana declara que "el diablo o el malo, es un nombre más que se le da a la mentira por antonomasia y a todos los mentirosos" y por otra parte, "el diablo, que es el mal, la mentira y el error, no posee cuerpo ni mente".

LA POSTURA DEL CRISTIANISMO CLÁSICO AL RESPECTO

A través de la Sagrada Escritura Dios ha revelado que el diablo es una persona que posee emociones, intelecto, razón y voluntad, y no como un concepto abstracto de una entidad inanimada de la mentira, el mal o el error, como lo afirma la Ciencia Cristiana, y en Job 1:6-11, por ejemplo, se puede observar el accionar de un ser inteligente que, mediante sus facultades, cuestiona con Dios acerca de la rectitud de Job. Con respecto a Satanás, el teólogo Louis Berkhof, en su TEOLOGÍA SISTEMÁTICA (Editorial T. E. L. L.; pp. 175) escribió lo siguiente: "Aparece en la Escritura como el jefe reconocido de los ángeles caídos. Originalmente fue, según parece, uno de los más poderosos príncipes del mundo angelical, y se convirtió en guía de los que se revelaron y cayeron de la comunión con Dios".

PROHIBICIONES SIN FUNDAMENTO

Por cuanto el punto doctrinal principal de la Ciencia Cristiana es que las curaciones o sanidades de las enfermedades en el cuerpo se pueden lograr con el poder de la mente sobre la materia, a los seguidores de esta secta se les prohíbe asistir a consultas con un médicos y tomar cualquier clase de medicamentos, por cuanto la consigna básica es que la mente debe estar preparada para rechazar los males y las enfermedades.

LA ORACIÓN EN LA CIENCIA CRISTIANA

Para la Ciencia Cristiana no es necesaria la oración, por cuanto "anhelar, es orar" y los deseos no necesitan ser expresados audiblemente. La mejor expresión de la oración está en el pensamiento y en la vida, y al "Principio divino de toda bondad" como uno de los nombres con que mencionan a Dios, además, no es necesario pedirle que "haga Su voluntad", puesto que Su obra ya está hecha, sin embargo, hacen la oración del "Padre nuestro" que el Señor Jesús enseñó a Sus discípulos (Mateo 6:9-13) y en lugar de decir *"Padre nuestro que estás en los cielos"*, como originalmente fue anunciada, cambian esta expresión por la frase "Nuestro Padre-Madre, lleno de armonía"; la declaración *"santificado sea tu nombre"*, fue variada por la forma "el Adorable"; la solicitud que el creyente hace así: *"venga tu reino"*, fue variada por la frase "tu reino ya ha venido"; y la siguiente petición: *"Hágase tu voluntad, como en el cielo, así también en la tierra"*, es relevada por la forma "capacítanos para conocer, como en el cielo, así en la tierra, que Dios es omnipresente, supremo". En lugar de decir *"el pan nuestro de cada día, dánoslo hoy"*, han transformado este clamor con la frase "danos gracia para hoy, alimenta nuestros hambrientos afectos".

La confesión *"y perdónanos nuestras deudas, como también nosotros perdonamos a nuestros deudores"*, ha sido cambiada por la forma "y el amor se refleja en el amor", con la que suponen que hay una armonía con el universo, y esto les ha llevado a pensar que, al negar la existencia de la maldad, cambien la siguiente solicitud *"y no nos metas en tentación, mas líbranos del mal"* por una expresión adecuada, como: "libéranos del pecado, de la enfermedad y de la muerte".

Con respecto a la frase: "Nuestro Padre-Madre" que declaran en su oración, y a que sus seguidores hubieran deificado a su líder y a su falsa doctrina, con el tiempo Mary Baker Eddy llegó a decir que ella misma era la mujer de Apocalipsis 12, y que a nadie más se le podía llamar "madre", sino sólo a ella, por cuanto, así como una madre le ha dado la vida física a cada uno de sus hijos, sus seguidores habían recibido una vida de plenitud por las enseñanzas de ella.

LA TEOSOFÍA

La Teosofía deriva su nombre de las palabras griegas *"theos"* y *"sophia"*, las cuales, respectivamente, significan "dios" y "sabiduría", y también esta secta es conocida con el nombre de "Sabiduría divina", siendo una mezcla de espiritismo y budismo, por lo que es considerada por algunos, no como una secta, sino más bien una pseudo-religión, por su doctrina esotérica. Así también algunos hacen una distinción entre el teosofismo y la Sociedad Teosófica, al declarar que ésta es un sincretismo de doctrinas místicas de los siglos XVI y XVII, diferentes a los principios expuestos por Helena Blavatsky.

CONTEXTO HISTÓRICO

FUNDADORA: HELENA PETROVNA o HELENA BLAVATSKY

Esta mujer rusa, también llamada "madame Helena" (1.830 o 1.831-1.891) cuyo nombre de soltera era Helena von Hahn Petrovna, a los diecisiete años de edad, en 1.848, se casó con Nikifor V. Blavatsky, un hombre de cuarenta años, y a los dos meses abandonó a su esposo para dedicarse a viajar por el mundo, especialmente en Europa, Estados Unidos, México y Asia durante veinticinco años. En la India se convirtió en una "médium espiritista", estuvo diez años bajo el control de un espíritu que se hacía llamar "John King", llegó a New York en 1.873 y se unió con varios médiums en esa ciudad. En el año 1875, ayudada por el coronel Henry Olcott, fundó la "Sociedad Teosófica de New York" y declaró que ésta se trataba del "espiritismo", pero con un "nombre distinto". En el año 1.882 viajaron juntos a la India y añadieron elementos hindúes y budistas a la sociedad. Por ello en la teosofía se encuentran elementos extraídos de Confucio, Buda, Zoroastro, Pitágoras, Platón y otros fundadores de sectas o filósofos griegos, así como supuestas encarnaciones de Siba, Vishnú, Sankara y Jesús.

SU SUCESORA: ANNIE BESANT

La londinense Annie Besant (1.847-1.933) era hija de un pastor inglés y también fue esposa de un pastor, anglicanos ambos. Después de apostatar de las doctrinas de la iglesia anglicana, para luego militar en el islamismo e identificarse con los movimientos políticos radicales (fue una mujer revolucionaria y activista en la independencia de Irlanda) abandonó a su esposo en el año 1.873 y al poco tiempo se convirtió al teosofismo, del que fue conferencista, escritora y teóloga. Murió el 20 de septiembre de 1.933, a los 86 años de edad. Pretendía que su hijo adoptivo, Krishnamurti o Krishnaji, era el nuevo "Mesías". Algunas mujeres de este movimiento dormían con una foto de Krishnamurti debajo de la almohada, desde que ella hizo que se le adorara como a un "dios".

El autor Ron Rhodes, en su libro titulado EL FALSO CRISTO DE LA NUEVA ERA (Editorial Unilit; pp. 137-138) escribió lo siguiente con respecto lo que ocurrió después que ella asumiera la dirección de la secta: "Bajo el liderazgo de Annie Besant, la disensión causó bajas en la teosofía. El resultado del creciente descontento dentro de la Sociedad causó la división teológica de la misma en cuatro vías. La teosofía continuó en su camino tradicional (la primera vía); pero Rudolf Steiner se separó para formar la Sociedad Antroposófica en 1.912 (la segunda vía); Alice Bailey se separó para establecer la Escuela Arcana en 1.923 (la tercera vía); y Guy y Edna Ballard se separaron para dirigir el movimiento Yo Soy en los años 30 (la cuarta vía). Cada vía ha hecho un impacto significativo en la cristología corriente de la Nueva Era".

Al morir Annie Besant, le sucedió en el año 1.934 George S. Arundale, y éste fue a su vez sucedido por el masón Curuppumullage Jinarajadasa desde 1.945, quien escribió el libro "The Golden Book of the Theosophical Society, publicado en el cincuentenario de la sociedad (en 1.925).

EL CONCEPTO TEOSÓFICO DE DIOS Y DE LA TRINIDAD

Este movimiento básicamente es panteísta y enseña la doctrina falsa de un Dios impersonal, en el que "Dios es todo y todo es Dios". Sostiene, además, la opinión que de Dios emanan todas las religiones, y que la hermandad de todas éstas es la base de la Teosofía, puesto que fundidas, dan la pureza de la verdad y la perfección, una opinión que ha sido adoptada por la Nueva Era. Por otra parte, esta secta afirma que la Trinidad es una triple manifestación del poder: la voluntad, la sabiduría y la actividad, y que existe una cuarta Persona, femenina, la Madre, llamada "Materia divina" cuando se manifiesta, y que hace posible la actividad de las otras tres, como cuando "la Virtud le hizo sombra a la virgen María" (Lucas 1:38) un concepto errado y que niega la labor del Espíritu Santo en la encarnación.

EL CONCEPTO CRISTOLÓGICO DE LA TEOSOFÍA

La Teosofía erróneamente considera que Cristo fue revestido de materia, nacido de la creación (Madre Tierra, una virgen) y en cuanto a Su naturaleza, esta secta sostiene que en Él hay dos semi-partes de la Divinidad que aparecen unidas. Los teósofos hablan con respeto de Jesús, como la "mayor revelación" de Dios que el mundo haya presenciado hasta la fecha y añaden que el "próximo Cristo" será más grande que el que habitó en el cuerpo de Jesús de Nazaret, un concepto, en parte adoptado de Cerinto y de la Ciencia Cristiana, que conlleva la idea de un "nuevo Mesías" para una próxima civilización. En su libro "Los Siete Principios del Hombre", Annie Besant declaró que "todo hombre es un Cristo potencial". Esta misma autora, en otro libro suyo, titulado "Cristianismo Esotérico", afirmó que "Cristo no era Dios, sino sencillamente un hombre que se perfeccionó a sí mismo y nos dio enseñanzas misteriosas", y en sus conferencias aseguraba que Cristo fue "Hierofante", un "intérprete de los misterios cristianos", el "maestro directo de los iniciados".

EL CONCEPTO ANTROPOLÓGICO DE LA TEOSOFÍA

La Teosofía sostiene que la materia es eterna y cuenta el tiempo del universo por ciclos, declarando que la historia del hombre comenzó hace dieciocho millones de años, que actualmente estamos en la tercera raza "raíz-humana", llamada teutónica, una sub-raza de la "raíz-aria", precedida por la "atlántica", y ésta por la "lemuriana", la primera a la que se le puede llamar humana, que fue precedida por razas semi-animales. Esta es una visión esotérica que habla de la evolución del ser humano, explica que existen siete "razas-raíces", cada una comprende un período extenso de la historia de la humanidad, que a su vez cada raza tiene siete sub-razas y que el hombre adquirirá todos sus poderes mentales y espirituales, levitando, y trasladándose en el tiempo y en el espacio. Al igual que el mormonismo, un sector de la teosofía enseña la falsa teoría de la preexistencia del alma.

El concepto teosófico ha divinizado al hombre declarando que éste es un fragmento de Dios y que su fin es volver a Él, lo que se puede alcanzar por medio de un proceso evolutivo de múltiples encarnaciones. Derivada esta afirmación de religiones orientales, la teosofía afirma que el hombre reencarna más de ochocientas veces (unas doctrinas de la reencarnación enseñan que el hombre puede reencarnar en un animal, mientras el teosofismo declara que sólo en un hombre).

Por otra parte, esta secta o pseudoreligión declara que el hombre es un alma dotada de tres cuerpos, uno físico, otro astral y otro mental, que se compenetran entre sí que y ocupan el mismo espacio, a saber:

1. Un cuerpo natural o físico que es el de la actividad, pero que está sujeto a la muerte.
2. Un cuerpo astral, el de las emociones, los instintos y las sensaciones.
3. Un cuerpo mental, el pensador y el vehículo de los pensamientos.

La práctica ocultista de la teosofía enseña que cuando el hombre duerme, o está en trance, puede abandonar su "cuerpo físico" y por medio del "cuerpo astral" introducirse en el plano astral, algo semejante a unos procedimientos del espiritismo. Por otra parte, se enseña que el hombre debe aprender a recordar los sueños y ser instruido para ello por seres astrales. Los teósofos más "adelantados" han aprendido a salir de su "cuerpo mental" por medio del yoga, no obstante, practican otros ejercicios como la meditación y la suspensión de la respiración para otras disciplinas.

La falsa postulación de Annie Besant en cuanto a que "todo hombre es un Cristo potencial", fue seguida por otros dos axiomas semejantes e igualmente ficticios al anterior, a saber, que "el hombre es un fragmento de divinidad revestido de materia", y que "el hombre es una partícula de la divinidad fundida en la materia". La teosofía se refiere a los "mahatmas" (grandes almas) denominados también "maestros", "adeptos" o "iniciados", quienes componen la gran logia blanca o la gran fraternidad blanca, la jerarquía oculta o hermandad de los maestros, como aquellos "productos acabados de la raza humana" u "hombres divinos, hechos perfectos" que habitan en el Tibet, están capacitados para alcanzar el nirvana, supervisar la evolución humana y mantenerse en contacto con los hombres en el proceso de evolución hacia la perfección.

EL CONCEPTO QUE LA TEOSOFÍA TIENE DE LA EXPIACIÓN

La expiación hecha por Cristo, para la teosofía, no significa la sustitución vicaria del Salvador por Su pueblo, sino que es la identidad de la naturaleza que existe entre el hombre divino y los que están haciéndose divinos. Dado que los adeptos a la teosofía creen en la reencarnación, para esta secta el intervalo entre una vida y la siguiente varía de acuerdo a qué tan adelantada esté el alma y en el tiempo intermedio entre las diferentes vidas, puesto que la muerte consiste en abandonar el cuerpo físico para reencarnar en otro, entonces el alma mora en el mundo astral, mientras ocupa un nuevo cuerpo y paga el precio de cada una de sus pasiones incontroladas y, por ejemplo, cuando un hombre ha tenido un vicio que es producto de sus malas pasiones, deseos, obras o pensamientos, como él mismo lo ha creado, de igual manera él mismo puede salir de ese problema, lo que significa autosoterismo, sin embargo, contradiciendo su propia doctrina y en un sincretismo con la ley de la causalidad y retribución, el karma de las filosofías orientales y la Biblia, la teosofía sostiene que "todo lo que el hombre sembrare, también segará", no porque base su enseñanza en la Sagrada Escritura, sino por cuanto esta frase escritural la declaró la sucesora de la fundadora de esta secta, Annie Besant. Guardando las proporciones, podemos entender que el vocablo "karma" corresponde más o menos a la doctrina bíblica de penalidad o retribución.

EL CONCEPTO QUE LA TEOSOFÍA TIENE DE LOS ÁNGELES

Para la Teosofía, los ángeles y arcángeles son fruto de la evolución de otros mundos más antiguos que el nuestro, como seres que han llegado más allá de la cima que hasta ahora nosotros estamos escalando. Los seres humanos somos los hermanos más jóvenes de aquéllos y estamos recorriendo la Senda que en el trazaron para nosotros.

LA POSTURA DEL CRISTIANISMO CLÁSICO CON RESPECTO A LOS ÁNGELES

A diferencia de Dios, que existe desde la eternidad, los ángeles son seres creados (Salmo 33:6; Colosenses 1:16) incorpóreos, racionales, morales e inmortales que, aun cuando la Biblia no contiene información alguna respecto al número de ellos, indica que constituyen un ejército poderoso. Con frecuencia mediaban en el Antiguo Testamento en revelaciones especiales de Dios, comunicaban bendiciones a Su pueblo escogido y ejecutaban juicios sobre los enemigos del Señor.

EL ROSACRUCISMO

Los adeptos a esta secta secreta y a la que sólo se puede acceder por medio de una invitación directa, consideran que "no existe nada que no pueda ser explicado y sólo el rosacrucismo tiene la clave para explicarlo todo".

OTROS NOMBRES DE ESTA SECTA

1. Rosicrucian Fellowship (título en inglés)
2. Escuela occidental misteriosa (Orden de la Rosacruz)

Nota: Los nombres anteriores son los que recibe colectivamente este movimiento, sin embargo, individualmente, los adeptos se llaman rosacruces

SU ORIGEN

En el siglo XIV Christian Rosenkreuz (1.378-1.484) cuyo nombre en español es Cristian Rosacruz, era el único descendiente de los Germelshausen, una familia alemana que tenía un castillo en el bosque de Turingia, y que se había acogido al catarismo (doctrina que combina creencias gnósticas y cristianas) pero desde los cinco años había sido llevado a un monasterio bajo la influencia de los albigenses, allí fue educado y con cuatro estudiantes más se asociaron y formaron la Hermandad Rosacruz.

El rosacrucismo comenzó cuando Christian Rosenkreuz expuso en público doctrinas que eran secretas, organizó los escritos de sus enseñanzas y luego los exponía por medio de conferencias, con el propósito de "arrojar luz sobre la mala interpretación de la religión cristiana" y para explicar los misterios de la vida y del Ser supremo, desde un punto de vista científico.

EL RESURGIMIENTO

Aun cuando según Marcos Antonio Ramos, que en su NUEVO DICCIONARIO DE RELIGIONES, DENOMINACIONES Y SECTAS (Editorial Betania; pp. 274) observó que no fue "sino hasta el siglo XVIII que se encuentran varios grupos rosacruces claramente identificables en Alemania", Max Heindel (1.856-1.919) un ocultista y esoterista de origen danés, nacionalizado en Estados Unidos, es considerado el apóstol del rosacrucismo moderno y el fundador de la Fraternidad Rosacruz en el año 1.909, influenciado por las enseñanzas de Helena Petrovna. Después de su muerte, desde la sede central que tiene la sociedad en California, la viuda de Max distribuía las obras de su esposo, cuyos derechos de autor poseía ella. El libro de Max Heindel, *The Rosicrucian Cosmoconception or Mystic Christianity*, comienza con las siguientes palabras: "El fundador de la religión cristiana sentó una máxima oculta cuando dijo que el que no recibe el reino de Dios como un niño, no puede entrar en él (Marcos 10:15)" y a partir de este concepto mal interpretado, los rosacruces, aunque reconocen la profunda importancia de esta enseñanza de Cristo, tratan de ponerla por obra día a día, no obstante, por su propio esfuerzo. El rosacrucismo guarda íntima relación con la Teosofía y con la Ciencia Cristiana, diferenciándose de éstas en su concepto de la reencarnación, puesto que aquél enseña que quien se encarna, ya ha sido "purgado" con anterioridad y nace en un estado de inocencia.

LA CRUZ DEL ROSACRUCISMO

Según los rosacruces, la cruz que se emplea en el cristianismo es esotérica y no debe interpretarse como un signo de sufrimiento, tortura y vergüenza. Para ellos, la cruz tiene un significado totalmente diferente: De las dos partes que componen la rama vertical de la cruz, la inferior simboliza el reino vegetal y los grupos espirituales que dan vida a las plantas proceden del centro de la tierra, mientras que la parte superior simboliza al hombre, y las corrientes de vida del reino humano bajan del sol por la espina dorsal. El hombre inhala el oxígeno que da vida y exhala el dióxido de carbono que envenena. La planta toma el veneno exhalado por el hombre y la devuelve en oxígeno puro. Entre el reino vegetal y el humano, está el reino animal, que tiene la espina dorsal horizontal, y en ella las corrientes de vida actúan en el mismo sentido que circundan la tierra, por eso, el brazo horizontal de la cruz es el símbolo del reino animal.

La cruz es el símbolo de la vida que vitaliza las plantas, así como a los animales y al hombre. Es el primer símbolo del reino mineral y le da alma a toda sustancia química. Por otra parte, el travesaño vertical representa el cuerpo del hombre, siendo el trazo superior la cabeza, con el círculo de rosas alrededor del centro en lugar de la laringe, mientras el horizontal simboliza los brazos. La cruz para el rosacrucismo es el símbolo de la evolución pretérita del hombre, de su constitución actual y de su futuro desarrollo.

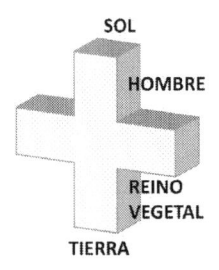

```
        SOL
         |
       HOMBRE
         |
      REINO
      VEGETAL
        |
      TIERRA
```

Otra enseñanza de los rosacruces con respecto a la cruz, es que las plantas toman la energía de la tierra, el hombre del sol, y el reino animal de la expansión. La espina dorsal del hombre es horizontal y tiene estrecha relación con la rotación de la tierra, por eso, para que el ser humano pueda mantenerse firme ante la adversidad, el rosacrucismo promete la consumación gloriosa a través de Cristo, no obstante, no como el Redentor, de acuerdo al concepto evangélico, sino como la "Estrella de la Esperanza", la piedra filosofal cuando moraba en Cristo. En relación a la interpretación que de la cruz tiene esta secta, existe un "saludo rosacrucista, que dice así: "que tu vida florezca sobre tu cruz, que las flores florezcan sobre tu cruz…"

OTROS SÍMBOLOS

1. La Estrella.
2. La Rosa dentro de la Cruz.

La "Estrella" es considerada "la perfección del hombre" y el rosacrucismo considera que, como Cristo fue crucificado y murió, no la alcanzó. Por otra parte, la rosa dentro de la cruz simboliza el espíritu que irradia de sí mismo y los cuatro (4) vehículos que contiene el hombre, a saber: a. el cuerpo; b. el vehículo vital; c. los deseos; y d. el vehículo de la mente.

El pensamiento y la voz del hombre son, para el rosacrucismo, "agentes creadores", simbolizados por la laringe, el punto de unión entre la cabeza y el cuerpo. La rosa es roja como la sangre, líquido vital del hombre, a la vez es pura, y a ese estado debe llegar el hombre en semejanza a Cristo, Quien más se ha acercado a la perfección. Con respecto a la cruz como un símbolo del rosacrucismo, el autor J. K. van Baalen, en su libro EL CAOS

DE LAS SECTAS (Editorial T. E. L. L.; pp. 130) escribió lo siguiente: "Cuando en el centro de la cruz la rosa aparece sola, simboliza el espíritu que irradia de sí mismo los cuatro vehículos constituyentes, a saber, el cuerpo denso, el virtual y el de los deseos, y la mente, en los cuales, el espíritu ha incitado sus instrumentos y devenido el espíritu humano *Morante*".

EL CONCEPTO TRINITARIO DEL ROSACRUCISMO

Para el rosacrucismo, el "gran Ente" llamado Dios, procede de la "Raíz de la Existencia" y es un Ser supremo y trino que existe como Poder, Palabra y Movimiento, es el Arquitecto del sistema solar, y mora en la más elevada de las divisiones del séptimo "plano cósmico". En los otros sistemas solares del universo existen "otros dioses" que también se manifiestan de un modo triple: Voluntad, Sabiduría y Actividad.

LA POSTURA DEL CRISTIANISMO CLÁSICO

Todo el universo fue creado por el único Dios con un propósito y significado, de manera ordenada y con un diseño específico. Es decir, que Él no es sólo la causa primaria, sino que también gobierna y dirige en todo lo que ha creado para Su gloria. Como Dios trino, el Padre creó el mundo por medio del Hijo (Colosenses 1:16; Hebreos 1:3) y sin Él, nada de lo que ha sido hecho llegó a ser, ni se desarrollaría, y en la restauración será el Heredero de todas las cosas, por tanto, la obra se atribuye a veces a Uno y a veces a Otro, sin embargo, el Espíritu Santo imparte vida a lo que ya ha sido creado por Dios el Padre, lo que se puede observar en la historia de la creación relatada en Génesis 1, cuando se movió sobre la faz de las aguas estableciendo orden, e igualmente en Job 26:13 y Salmo 33:6 se revela la obra perfeccionadora del Espíritu Santo, embelleciendo los cielos que ya existían. La Trinidad actúa así en la creación: el Padre origina, el Hijo ejecuta y el Espíritu Santo perfecciona.

LA CRISTOLOGÍA DEL ROSACRUCISMO

Aparte de considerar a Cristo como un maestro y la persona que más se ha acercado a la perfección, lo representan crucificado y a su lado un cordero, sin embargo, esta no es la caracterización histórica del cristianismo, puesto que el rosacrucismo, al colocarlo en una cruz al lado de este animalito, está simbolizando que Cristo nació bajo el signo zodiacal de aries, cuya figura representativa es la de un cordero. Otros rosacruces afirman que el Señor Jesús nació bajo el signo de piscis, y que por eso los primeros cristianos se identificaban con un pez y dentro de éste, la palabra ICHTHYS, que significa lo siguiente: la letra I, corresponde al nombre *"Iesous"*; la CH, al título *"Christos"*; la TH, al vocablo *"Theou"*; la Y, al término *"Yos"*; y la S, a la palabra *"Soter"*, las cuales, unidas en una sola palabra, quieren decir: "Jesucristo, Hijo de Dios, Salvador".

El rosacrucismo, además, califica a Cristo como la Estrella de la esperanza, el Artífice de la más preciada joya, o la Piedra filosofal, todo esto, cuando estuvo habitando en la tierra, en el cuerpo de Jesús, lo que ha conllevado a que lo consideren un gran maestro, algo semejante al concepto de "iluminado" que tienen del Hijo de Dios las filosofías y creencias orientales.

LA POSTURA DEL CRISTIANISMO CLÁSICO

La enseñanza de la Sagrada Escritura fue el centro del ministerio de Cristo y a través del Evangelio, el Señor Jesús es referenciado cerca de sesenta veces como Maestro o un título equivalente. Los maestros de antaño eran distintos de los modernos, pues eran compañeros y amigos para sus discípulos, y estaban con ellos gran parte del día. La forma de enseñanza del Señor Jesús era tal que se ganaba la atención de los oyentes y despertaba en ellos el interés hablándoles acerca de lirios, viñas y trigo, gorriones y cuervos, haciendo que estos fueran medios pedagógicos apropiados para enseñar la más profunda verdad de Dios y del hombre. Empleó objetos comunes y los incidentes que le rodeaban para transformarlos en vehículos conductores de la verdad inmortal. Su forma y estilo de enseñanza, y la autoridad con que hablaba, demuestran que es Maestro (Mateo 7:29) y así le reconoció la multitud.

El Señor Jesús es un gran Maestro de moral, no obstante, es infinitamente mucho más que eso. Habló con autoridad, pero también con simpleza para que la gente común lo entendiera. Sus enseñanzas fueron específicas, altamente adecuadas para la vida diaria, pero además de enseñar las normas más altas conocidas para la humanidad, Él también las vivió, siendo un Maestro tal que las multitudes recibían con agrado la verdad de Sus enseñanzas, deteniéndose atraídos por ellas mucho antes que comenzasen a discernir los elementos más profundos de Su persona y Su obra. Según los Evangelios sinópticos, los hombres se admiraban de su doctrina, porque les enseñaba como Quien tiene autoridad (Mateo 7:28-29) y de acuerdo al Evangelio de Juan, se dijo de Él que, jamás hombre alguno había hablado así (Juan 7:46). Sus enseñanzas fueron siempre la última palabra, por encima incluso de las de Moisés y los profetas. Nunca añadió mejoras o revisiones algunas a sus pensamientos, jamás se retractó de lo que dijo o cambió de opinión, como tampoco se permitió adivinar, suponer o hablar con algún grado de incertidumbre, pero sobre todo, lo más importante es que Su mensaje y Él mismo son inseparables, tanto así que Su sabiduría silenció a Sus enemigos. Esto es absolutamente contrario a los maestros humanos y sus enseñanzas.

Para algunos el Señor Jesús es considerado nada más como un gran genio, para otros el fundador de una de las grandes religiones del mundo que enseñó a los hombres que tuvieran fe en Dios como Él la tuvo, y para un tercer grupo fue alguien digno de imitar por Su doctrina inigualable. Para todos los que piensan así, el Hijo de Dios entonces no es sino solamente un gran Maestro de moral, conducta y buen ejemplo, sin embargo, estos conceptos, aun cuando encajan dentro de Su pedagogía, se quedan cortos para definirlo, si se tiene en cuenta que toda Su enseñanza trasciende más allá de la vida terrenal y conduce a Sus seguidores a la eternidad, pues más que un Maestro, desde el punto de vista humano, Él es el Salvador.

LA COSMOLOGÍA DEL ROSACRUCISMO

Para el rosacrucismo existen siete (7) niveles que componen el universo, a saber:

1. Período de Saturno.
2. Período del sol.
3. Período de la luna.
4. Período de la tierra.
5. Período de Júpiter.
6. Período de Venus.
7. Período de Plutón.

Estos nombres no tienen nada que ver con los planetas del sistema solar, sino que son términos rosacruces que denominan supuestos sucesivos renacimientos de nuestra tierra. El rosacrucismo considera a Dios como el Arquitecto del sistema solar, teniendo una morada en la más elevada de las divisiones del séptimo "plano cósmico", que es Su mundo, que en un impulso evolutivo, se trasladó *siete* veces alrededor de *siete* esferas (o mundos) y que cuando este proceso concluyó, apareció la primera *noche cósmica*, subsiguiente al primer día de la creación, después de lo cual, alboreó el *período solar*. A partir de aquí, el universo evoluciona, pero no puede ser comprendido, sino por medio de las aritméticas y la "cuarta dimensión".

Estos conceptos confusos, extraños y falsos, han llevado a la conclusión rosacrucista que existe una "región etérea" del "mundo físico", lo que invita al ocultismo, específicamente a la clarividencia, declarando que, como los elementos sólido, líquido y gaseosos pueden ser tangibles para la gente común, un clarividente puede, aprendiendo a utilizar la glándula pituitaria y pineal, penetrar en la "cuarta dimensión" para percibir cuatro éteres: el *éter* químico, el *éter* vital, el *éter* lumínico y el *éter* reflectante, y llegar a la perfección. Cada nivel contiene leyes físicas y es posible entrar en ellos a través de la clarividencia. El hombre vive en tres mundos, que son, el físico, el de los deseos y el de los pensamientos.

El mundo físico es todo lo que se puede palpar con los sentidos. El mundo de los deseos se desarrolla a través de siete subdivisiones que pueden llegar a ser materializados, y no es necesario trasladarse de un lugar a otro para ello, porque los mundos, el *físico* y el de los *sentidos*, se relacionan entre sí por medio del desdoblamiento, para lograr lo deseado, sin que esta práctica represente peligro alguno para el hombre, por cuanto existe un "cordón de plata" que evita que otro espíritu posea el cuerpo de quien se ha desdoblado (vale la pena anotar que esta es una práctica ocultista). El mundo de los pensamientos consta de siete regiones y todo está basado en el poder de la mente. Es a través de los pensamientos que los deseos del hombre se pueden materializar.

La muerte es el primer paso en el proceso de la evolución del ser humano. Al morir, el *cuerpo denso* pierde peso porque el *cuerpo vital* ha sido abandonado por el alma. El *cuerpo vital* no puede satisfacer sus deseos y por ello sufre, lo que es llamado "el sufrimiento del purgatorio". Luego de este padecimiento y al aprender a controlar los deseos desagradables, se puede alcanzar cierto grado de perfección para encarnar en un nuevo *cuerpo vital*, lo que se hace en un estado de inocencia.

LA POSTURA DEL CRISTIANISMO CLÁSICO

La doctrina escritural de la creación sostiene que el universo se debe a la voluntad y a la omnipotencia del único Dios (Génesis 1:1). Varios autores sagrados como David, Isaías, Juan y el escritor de la carta a los Hebreos (Salmo 102:25; Isaías 40:21; Hebreos 1:10 y Juan 1:1-3) hacen una referencia directa a la frase *"en el principio"*, declarando que Dios es el Creador, y enfatizando en un momento dado en vez de un proceso. Otros versículos como Génesis 2:4; Salmo 8:3; 89:11; 90:2; Hechos 17:24; Romanos 1:20; Hebreos 1:2; 11:3, afirman que Dios creó, formó, fundó o hizo el universo.

EL GNOSTICISMO

EL GNOSTICISMO PRIMITIVO

El nombre gnosticismo se deriva de la palabra griega *"gnosis"*, cuyo significado en castellano es "conocimiento". Se trata de la combinación de un movimiento religioso y una doctrina filosófica que inició desde principios del primer siglo d. C., y se desarrolló en el segundo siglo, extendiéndose por todo el imperio romano. Aun cuando no existe un consenso acerca de sus orígenes, sus raíces provienen del helenismo grecorromano. Los gnósticos insistían en la salvación mediante una sabiduría secreta o gnosis, y proclamaban el conocimiento superior basado especialmente en principios filosóficos, misterios de iniciación, ciertas doctrinas cristianas y elementos de magia. Con respecto esta secta, el escritor Marcos Antonio Ramos, en su NUEVO DICCIONARIO DE RELIGIONES, DENOMINACIONES Y SECTAS (Editorial Betania; pp. 133) observó lo siguiente: "Algunos estudiosos hablan de tres tipos importantes de gnosticismo: mitológico, filosófico-religioso y mágico vulgar. Otros señalan particularmente su mixtura con la fe cristiana, así como con ciertas creencias orientales y judías, y su presunción de alcanzar un conocimiento intuitivo y misterioso acerca de los asuntos divinos. Debe hablarse, sin embargo, de "sistemas gnósticos" más que de gnosticismo, debido a la variedad de ideas e interpretaciones respecto a ciertos principios más o menos básicos".

El gnosticismo es un conjunto de corrientes filosófico-religiosas que enseña que la salvación se obtiene mediante el *gnosis* o conocimiento introspectivo de lo divino, el cual es superior a la fe, y que el ser humano es absolutamente autónomo para salvarse a sí mismo, sin embargo, es difícil definir con precisión lo que es el gnosticismo por su variedad de doctrinas, las diferentes localidades en que se practicaba durante los primeros siglos de la era cristiana y los diversos períodos en que se desarrolló hasta su forma actual. Este movimiento que reclamaba haber alcanzado un conocimiento especial de las cosas divinas y que fue denominado por un sector como la "helenización del cristianismo", tuvo una incipiente aparición en los días de los apóstoles, durante el primer siglo, pero fue desarrollándose en el segundo con mayor influencia y alcance por todo el imperio romano. Algunos autores han identificado a Simón el mago (Hechos 8:9,18) con uno de los primeros gnósticos. A partir de la primera parte del segundo siglo d. C. asumió una forma más elaborada y tuvo una amplia circulación, tanto que algunas iglesias cristianas adoptaron esta filosofía que en teoría espiritualizaba la resurrección del Señor Jesús.

Las siete (7) principales doctrinas de la extraña colección de ideas del gnosticismo fueron las siguientes:

1. La existencia de dos dioses. El primero se trata de la eterna deidad desconocida, y el segundo, uno menor, derivado de éste, quien hizo el mundo de manera distinta a como el primero había planeado. A la respuesta de por qué en esta mundo hay tanta maldad e imperfección, el gnóstico responde que la razón es por cuanto fue hecho por un dios menor, que no podía haberlo hecho mejor. Con esto el gnosticismo se caracteriza por un dualismo ontológico, en el que existe una batalla constante entre el Dios trascendente y un demiurgo.

2. El mundo es material, y de acuerdo al planteamiento platónico, la materia es mala, esencialmente opuesta a la bondad de Dios.

3. Dios y el universo se conectan a través de numerosos mediadores o "eones", siendo éstos engendrados por la deidad desconocida, quien se ha revelado a sí misma en la naturaleza y en el hombre, aunque muy indirectamente.

4. Entre estos mediadores, dos son especialmente notables, Demiurgo, quien construyó el posible mundo malo e hizo nuestra vida ingrata, y el Aeon (Eon) Jesús o Cristo, Quien apareció como un hombre para corregir el mundo de Demiurgo. Como la misma materia es mala en sí misma, Jesús no pudo tener un cuerpo, lo que se constituye en una cristología docética. En la filosofía gnóstica y con base en la ideología de Platón, se definió a Demiurgo como la entidad impulsora del universo, un semi-dios creador del mundo, cuyo nombre significa "maestro", "supremo artesano" o "hacedor".

5. Demiurgo fue el Dios del Antiguo Testamento y el Aeon Jesús del Nuevo, así como también el restaurador del mundo.

6. La doctrina de la redención tiene tres partes primordiales: (a) el conocimiento de la suprema deidad desconocida; (b) una revelación divina; y (c) la redención del mundo y su maldad. La creación del Antiguo Testamento pertenece a Demiurgo. El cristianismo fue una nueva revelación de la ciencia del universo y del hombre a través de Cristo. La grandeza del pleno conocimiento inalterable es la salvación.

7. La participación en la redención o la victoria sobre el mundo material se obtiene a través del secreto de los ritos de la logia gnóstica.

CUADRO DEL GNOSTICISMO DEL PRIMER SIGLO

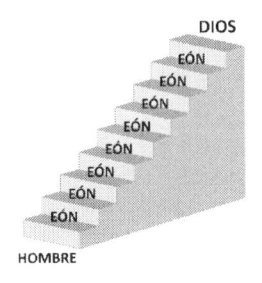

Los gnósticos eran partidarios de una diversidad de movimientos religiosos con énfasis en la salvación a través del conocimiento, especialmente respecto al origen del hombre, pero colocando a éste lejos del Dios verdadero al sustituirlo por dos dioses, uno bueno y otro malo. Por otra parte, se consideraba que el hombre estaba separado de Dios, pero podía llegar a Él solamente por los eones, seres superiores a la humanidad y clasificados entre ellos mismos por grados de acuerdo al conocimiento adquirido. El gnosticismo originalmente tenía dos bases doctrinales: a) el espíritu inmortal del hombre no se contamina con las obras de la carne; y b) los seres humanos se dividen en tres (3) clases: los que no tienen ningún conocimiento y están destinados a la perdición; los que son inducidos a adquirir conocimiento; y los que poseen un conocimiento superior y llegan a ser iluminados.

El gnosticismo griego afirmaba, en palabras del autor Samuel Vila, como escribiera en su libro EL CRISTIANISMO EVANGÉLICO A TRAVÉS DE LOS SIGLO (Libros Clie; pp. 109) "que el Ser Supremo es puramente espiritual, y que entre Él y el mundo se hallaban escalonados una serie de entidades (eones) entre los que se contaban los arcontes o poderes demoníacos que habitaban los planetas", mezclando el cristianismo con la astrología persa y negando que el Señor Jesús es el Unigénito Hijo de Dios, para declarar que es uno de los últimos eones de la divinidad absoluta, y que vino a salvar al mundo, no mediante Su sacrificio expiatorio, sino por medio del conocimiento o *gnosis* que trajo de parte de Dios.

LA "CONTROVERSIA GNÓSTICA"

El gnosticismo se constituyó entonces en una doctrina aliada a misterios y secretos escondidos, totalmente inconsistentes con el Evangelio revelado por Jesucristo, el único, eterno y verdadero Hijo de Dios, y con su enseñanza adulterada por años dividió a la iglesia cristiana, especialmente en Asia Menor, Alejandría y Roma. No obstante, el más grande efecto inmediato de la doctrina gnóstica sobre el cristianismo condujo al desafío de un clamor de la iglesia para realizar una apología de la obra redentora de Cristo y de Su Evangelio durante los dos primeros siglos, a lo que se le denominó "la controversia gnóstica".

EL GNOSTICISMO MODERNO

EL GNOSTICISMO EN LOS SIGLOS XX-XXI

En su forma actual, el gnosticismo moderno o neo-gnosticismo, es conocido con los nombres de "Movimiento Cristiano Gnóstico Universal" o "Iglesia Cristiana Gnóstica", y fue fundado por Víctor Manuel Gómez Rodríguez (1.917-1.977) mejor conocido con el seudónimo de Samuel Aun Weor, nacido en Bogotá (Colombia) y quien participó a los diecisiete años de edad en un grupo teosófico en su ciudad natal y posteriormente, en el año 1.936, ingresó a la filial bogotana de la "Fraternidad Rosacruz Antigua". En enero de 1.950 publicó su primer libro, titulado "El Matrimonio Perfecto" en el que, siguiendo la antigua y falsa doctrina de Cerinto, escribió lo siguiente: *"Hemos sido informados de que el Gran Maestro Jesús está en el occidente de los Estados Unidos. El Gran Maestro anda por las calles anónimo y desconocido, viste como cualquier paisano y nadie lo conoce. Un tremendo fluir de energía crística sale de él y se difunde por toda la América. El Gran Maestro conserva todavía el mismo cuerpo que tuvo en la Tierra Santa. Ciertamente el gran Hierofante Jesús resucitó al tercer día de entre los muertos, y vive todavía con su cuerpo físico. Jesús se cristificó porque recorrió la Senda del Matrimonio Perfecto".* Otra opinión absolutamente errónea de Samuel Aun Weor con respecto al Hijo de Dios que escribió en el libro ya citado es que "Cristo no es un individuo humano ni Divino. Cristo es un título que se le da a todo maestro realizado a fondo... Todo aquel que logre encarnar el Verbo recibe de hecho el título de Cristo. Es necesario que cada uno de nosotros haga carne el Verbo". Como autor esotérico, entre sus muchas obras se destacaron los siguientes libros: Catecismo Gnóstico, Las Siete Palabras y Más Allá de la Muerte.

Después de visitar varios países en centro América en los que dictaba conferencias y de dejar simpatizantes de su movimiento en algunos lugares, finalmente se radicó en México, en donde murió, y luego de su fallecimiento, sus seguidores más importantes se separaron y el movimiento se disgregó en varias tendencias y enseñanzas. Con respecto al auge que ha tenido esta secta en tiempos recientes, el autor Marcos Antonio Ramos, en su NUEVO DICCIONARIO DE RELIGIONES, DENOMINACIONES Y SECTAS (Editorial Betania; pp. 133) escribió que "en las últimas décadas se ha organizado un alto número de «iglesias gnósticas» en varios países latinoamericanos. La proliferación de sectas ha sido una constante en la historia del gnosticismo y de los sistemas gnósticos".

Los gnósticos modernos, revivieron el mismo error herético que la iglesia cristiana primitiva ya refutó, cuando por ejemplo, Samuel Aun Weor, repitió la falsa enseñanza en su libro "El Matrimonio Perfecto" en cuanto que Cristo no es humano ni Divino, sino un título que se le da a todo maestro realizado. Asimismo el ocultismo también niega la divinidad del Hijo de Dios y en cambio declara que Cristo es un "poder cósmico". Con base en una de las posturas del libro ya mencionado, los hombres practicantes de esta secta toman a su esposa como una sacerdotisa sexual para experimentar con ella un ritual esotérico que consta en concentrarse para no tener emisión de semen mientras se practica el acto sexual, puesto que, para un gnóstico la eyaculación es pecado, pues creen que el semen es "fuego divino" que al ser conservado permite cierto tipo de energía natural para corregir las fallas de carácter y personalidad. La forma como engendran hijos quienes militan en el gnosticismo es mediante un ejercicio de concentración para lograr que un único espermatozoide salga y fecunde el óvulo madurado de la mujer.

APOLOGÍA

Los apóstoles, Pablo en su carta a los Colosenses y Juan en su epístola universal, tuvieron que combatir a los gnósticos que proclamaban un concepto equivocado de la persona de Jesucristo y de Su obra redentora.

LA CRISTOLOGÍA DEL GNOSTICISMO

Cristo es para el gnosticismo "el hombre más perfecto que ha habitado en la tierra", e incluso, en algunas iglesias cristianas de los dos primeros siglos se enseñó esta doctrina para evitar que algunos miembros se apartaran de ellas.

APOLOGÍA CON RESPECTO A LA PERSONA DE CRISTO

El apóstol Pablo dirigió a los Colosenses una carta para prevenirla de las amenazas gnósticas en sus días y en Colosenses 1:15-19 Cristo es revelado como Imagen del Dios invisible, Creador y Dueño del universo, Eterno, Cabeza de la iglesia, y Quien tiene toda la plenitud de Dios. Con respecto a que el Señor Jesús es la Imagen del Dios invisible, en el contexto mencionado se emplea la palabra griega *"eikon"* para imagen, que textualmente significa "la misma sustancia o encarnación esencial de algo o de alguien". Los antiguos usaban la expresión "imagen misma" en las herramientas que empleaban para grabar de un molde la acuñación de monedas.

Con respecto a que Cristo, como el Hijo de Dios es el Primogénito de toda creación, la palabra griega *"prototokos"*, traducida al castellano como "primogénito", significa "preeminente", "alguien que posee una dignidad superior", o "que está primero en lugar y rango", denotando primacía, autoridad y dignidad. Este término es utilizado en Colosenses 1:15 en el sentido especial de la causa de la creación, señalando la posición de supremacía de Cristo sobre todo el universo, y no como si fuera el primer Ser creado, según creen algunos, desde la controversia arriana cerca del año 318 d. C. cuando Arrio, el obispo de Alejandría, debatió con respecto a la eterna deidad de Cristo y enseñó erróneamente que el Hijo de Dios era diferente en esencia al Padre y que había sido creado por Él. Al respecto, la Escritura afirma la participación de Cristo en la creación (Juan 1:3; Efesios 3:8-9; Colosenses 1:16) puesto que Dios *"por el Hijo... hizo el universo"* (Hebreos 1:2) y Orígenes (185-253 d. C.) llegó a emplear la idea de la "eterna generación" al hablar de Cristo como el "Primogénito" del Padre. Una Versión Popular le da a la palabra "Primogénito" en Colosenses 1:15 el sentido del "Primero, anterior a todo lo creado". El término *"prototokos"* utilizado en el lenguaje común griego tiene un significado estrictamente biológico, pero al ser empleado con un sentido cristológico adquiere la idea de dignidad y superioridad.

En cuanto a que el Hijo de Dios es la Cabeza del cuerpo, Él ejerce Su actividad a través de la era de la iglesia y Su autoridad soberana como Dios sobre el universo, Quien como su Cabeza suprema y única, que ha sido dada por Dios para los salvados, vitaliza todo el cuerpo de creyentes, ejerciendo una autoridad absoluta, un gobierno eterno sobre la iglesia universal, y además, controla todo lo que existe en el universo al tener la plenitud de Dios habitando en Él.

APOLOGÍA CON RESPECTO AL CONOCIMIENTO

En la carta a los Colosenses, el apóstol Pablo menciona en seis ocasiones la palabra "sabiduría" o alguna que tenga relación con ésta (Colosenses 1:9,28; 2:3,23; 3:16; 4:5) no como el gnosticismo proclama, que la salvación se obtiene mediante una sabiduría secreta y un conocimiento superior basado en sus principios filosóficos de iniciación, sino en el sentido en que el Espíritu Santo es Quien confiere la capacidad de entender el conocimiento redentor del Señor.

LA INTERPRETACIÓN GNÓSTICA DEL PECADO ORIGINAL

Con respecto a la inconsistencia y la manipulación que de la Biblia hace el ocultismo y el gnosticismo, el autor Mario Cely Quintero, en su libro LA REENCARNACIÓN, EL OCULTISMO Y LA GRACIA DE DIOS (A.P.L.I.C.A.; pp. 73/74) citó lo siguiente: "Dice el gnóstico Jorge Vélez R.: "El árbol de la ciencia del bien y del mal es la *energía sexual* y el *fuego sexual*, alrededor de lo cual gira todo el mundo con todo lo que hay en él; y el árbol de la vida, es el padre bien amado, el cual es nuestra vida en sí, El Pecado Original, Jorge Vélez R. (Editorial Colección Samuel A. W., Medellín 1981)". Esta y otras creencias al respecto conducen a que la eyaculación sea considerada como pecado, considerando que el semen es un "fuego divino" y que al ser preservado, permite una energía para corregir el carácter y la personalidad. Por otra parte, Marcos Antonio Ramos, en su NUEVO DICCIONARIO DE RELIGIONES, DENOMINACIONES Y SECTAS (Editorial Betania; pp. 133) escribió el siguiente concepto falso que tiene el gnosticismo con respeto a la caída de Adán: "La creación del mundo material es el resultado de la caída de la "Sofía. Un redentor enviado por Dios traerá la salvación mediante la *gnosis* secreta".

APOLOGÍA EN CUANTO A LA RELACIÓN MATRIMONIAL

Conforme a la costumbre antigua de los países del Medio Oriente, que los padres por lo general seleccionaban la novia para sus hijos, Judá, se había casado con una mujer cananea, y al estar alejado de su hogar paterno buscó para su hijo primogénito Er una mujer, Tamar. Dios le quitó la vida a Er por su maldad sin que concibiera descendiente alguno, y Judá le ordenó a Onán, su segundo hijo, que tomara por esposa a Tamar, para que se consumara (Génesis 38:6-10) según la costumbre de aquella época, un matrimonio por levirato, que consistía en que cuando un hombre casado moría sin haber dejado hijos vivos, para mantener el linaje familiar y el nombre del varón que murió, se esperaba que el hermano que le seguía en orden de nacimiento, o el pariente más cercano, en caso de que no hubiera un segundo hermano, se casara con la viuda y por lo menos el primer hijo de ese nuevo matrimonio heredaría la descendencia y el nombre de aquel hombre que falleció (Deuteronomio 25:5-6). Debido a su propio egoísmo y tal vez sabiendo que la descendencia no había de ser suya, Onán no quiso que Tamar quedara embaraza y para evitar que concibiera un hijo, tomó como medida verter en tierra su semen cada vez que tuviera una relación sexual con su esposa, lo que desagradó al Señor, por no querer suscitar posteridad a su hermano, y lo hizo morir. Onán no fue castigado por Dios al haber impedido la concepción, lo que se constituye en una decisión de cada pareja de esposos en cuanto a la libre voluntad de cuántos hijos desean tener, y en qué momento, sino por negarse a suscitar una descendencia para perpetuar el nombre de su hermano, lo cual era una obligación, interrumpiendo el acto sexual con su cuñada al hacer que el semen cayera en tierra.

LA NUEVA ERA

DEFINICIÓN

Aun cuando es difícil definir qué es la Nueva Era y éste es más bien el nombre genérico de diferentes movimientos y herejías, en esencia es el resurgimiento, en el siglo XX, del gnosticismo antiguo que prevalecía en los días del apóstol Pablo, unido a las prácticas del ocultismo y de tradiciones paganas antiguas, que se han realizado a lo largo de la historia universal en casi todo el mundo, lo que algunos estudiosos le han atribuido a Helena Blavatsky y a su sucesora Annie Besant con la Teosofía, secta que llegó de Oriente a América del Norte, por cuanto la Nueva Era básicamente es un sincretismo de filosofías orientales y creencias occidentales que, unidas, están influenciando en la humanidad, aquéllas con sus conceptos de la reencarnación y en Occidente con las falsas creencias mitológicas de la adoración a deidades masculinas y femeninas. El pastor Mario Cely, en su libro LA NUEVA ERA DE ACUARIO A LA LUZ DE LA BIBLIA (Editorial LEE; pp. 9) ofreció la siguiente definición: "Es un movimiento internacional que pretende «redimir» a la humanidad de todos sus males mediante las antiguas disciplinas esotéricas del hinduismo oriental sumado al espiritismo ocultista del Occidente", y citó al autor Bob Larson, quien en su obra Straight Answers of the New Age, escribió que la Nueva Era "es una red de individuos y organizaciones que se dedican a interpretar la realidad místicamente y a promover las prácticas del ocultismo para mejorar la espiritualidad". El autor Marcos Antonio Ramos, en su NUEVO DICCIONARIO DE RELIGIONES, DENOMINACIONES Y SECTAS (Editorial Betania; pp. 225) afirmó que la Nueva Era "se presentan en forma sincrética mediante la vulgarización de ideas extraídas de antiguas y nuevas religiones, así como de todo tipo de literatura científica o pseudocientífica. Sus críticos señalan en muchos de estos grupos la ausencia de principios éticos definidos".

El hombre ha pretendido por medio de la autorrealización, como en el caso de las religiones orientales, o mediante los dogmas y ritos religiosos provenientes de su propia mente y corazón corrompidos, como en el caso de las religiones occidentales, procurar ocultar su iniquidad, sin tener en cuenta que su invento lo aleja cada vez más del verdadero y único camino que Dios ha planeado para la salvación de la humanidad.

CONTEXTO HISTÓRICO

Cuando murió Nimrod (Génesis 10:8-9) el rey y sacerdote pagano fundador del primer imperio mundial, que de acuerdo con algunas leyendas caldeas su cuerpo sin vida fue quemado, cortado en pedazos y enviados éstos por varias regiones de Sinar, la religión babilónica, en la cual él tuvo parte prominente, el reino continuó y se desarrolló mucho más bajo el liderazgo de su cónyuge. Después de la muerte de este líder político y religioso, lamentada por la gente de Babilonia, su esposa, la reina Semiramis, proclamó al rey muerto como el "dios-solar", y más adelante, cuando dio a luz un hijo ilegítimo a quien llamó Tamuz, proclamó que éste era el mismo Nimrod renacido, es decir, que su alma había cambiado de cuerpo y que había sido concebido en una forma sobrenatural en otro. Puede interpretarse que el contenido ético y religioso, sin embargo falso de estas palabras, presupone la idea de un regreso al mundo después de la muerte, pero en otro cuerpo, lo que se ha conocido en el mundo oriental como la "transmigración del alma".

Sin duda que la adúltera reina había escuchado la profecía de la venida del Mesías en cuanto a que nacería de una mujer (Génesis 3:15) pues ésta era muy conocida desde un principio, sin embargo, como un instrumento en las manos de Satanás y en una herética suplantación del plan divino de salvación, le advertía al pueblo que su hijo Tamuz era aquella semilla prometida, por lo tanto reclamó que el pequeño debería ser adorado en todo lugar como un "dios", no obstante, ella misma por ser la madre, también había de recibir adoración, igual o más que la que se le rendía a su hijo. Desde ese entonces se levantaron numerosos monumentos en Babilonia que mostraban a la diosa madre Semiramis con su hijo Tamuz en sus brazos, deificados los dos, pero siendo más importante ella, a quien se le consideró desde entonces como "la reina del cielo". Este sistema de idolatría se esparció desde Babilonia hacia las demás naciones de la tierra, puesto que fue desde este sitio de donde salieron los hombres que se dispersaron sobre la faz del globo terráqueo (Génesis 11:9) llevando consigo su idolatría y sus símbolos misteriosos que han influenciado en la gran mayoría de los grupos religiosos que han existido en la historia de la humanidad, por esa razón Babilonia es considerada la precursora del paganismo y el nido de todas las falsas religiones, las supersticiones, el ocultismo en todas sus formas y la idolatría, a la vez que es identificada y señalada en la Biblia como *"la madre de las rameras y de las abominaciones de la tierra"* (Jeremías 51:7; Apocalipsis 17:5; 18:2-3).

Las religiones que se practican en los pueblos y naciones ubicadas hacia el oriente de Babilonia fundamentan sus creencias en la falsa doctrina de la reencarnación, siendo la India su mayor escenario, enseñanza que surge de la mentira de Satanás al decirle a Eva: *"no moriréis"* (Génesis 3:5) noción que pudo propagarse por todo el mundo habitado hasta adquirir la forma tradicional, debido a que Adán alcanzó la edad de novecientos treinta años (Génesis 5:5) y que se consolidó cuando la reina Semiramis anunció que el alma de su esposo Nimrod, quien había muerto, había cambiado de cuerpo y que se hallaba en el de su hijo Tamuz. En cambio, desde Babilonia hacia el occidente, los grandes imperios de la antigüedad que se han levantado como Egipto, Asiria, Media y Persia unidos, Grecia y Roma, especialmente el egipcio y el griego, han desarrollado creencias mitológicas en las que hay numerosas deidades falsas, tanto masculinas como femeninas, siendo éstas a las que se les atribuye mayor poder y son representadas con un niño en sus brazos, lo que finalmente ha conducido a la mariología, sin embargo, en los países orientales también existen cultos a una diosa madre con su hijo en los brazos e imágenes que las personifican, como en el caso de la diosa *"Shingmoo"* entre los chinos.

Cuando la humanidad se esparció desde Babilonia hacia las demás naciones de la tierra, llevó consigo el culto a la "divina madre" y al "dios hijo", pero en los diferentes imperios y países fueron llamados con diversos nombres, e incluso, en las obras literarias que influyen en gran manera en la cultura y en la mentalidad. En la antigua literatura Nimrod o *"Nino"* es identificado con *"Marduk"*, el dios supremo babilónico, asimismo la deidad masculina entre los cananeos era *"Baal"*, *"Osiris"* y *"Ra"* entre los egipcios, *"Mazda"* u *"Ormus"* entre los persas, *"Odin"* entre los germanos, *"Zeus"* entre los griegos y *"Júpiter"* entre los romanos. De igual manera Semiramis, la reina que deificaron en Babilonia, adoptó otros nombres paganos, como *"Istar"* entre los mismos babilónicos, *"Isis"* entre los egipcios, *"Astarte"* o *"Astoret"* entre los cananeos, *"Afrodita"* entre los griegos", *"Venus"* entre los romanos, *"Inanna"* entre los sumerios y *"Nerthus"* entre los germanos. Cuando Roma se convirtió en un imperio mundial asimiló dentro de su sistema a los dioses y a las religiones de todos los países paganos, así como sus cultos. Fue entonces con el tiempo que comenzó a venerarse a la virgen María. Al respecto, Ralph Woodrow, en su libro BABILONIA, MISTERIO RELIGIOSO (Evangelistic Association Riveside California, U. S. A.; pp. 32) escribió lo siguiente: "Tal vez la prueba más significativa de que el culto a María no es otra cosa que la continuación del culto pagano a las diosas de diversos nombres y no a la bendita madre del Señor (siempre bien amada pero no adorada por los verdaderos cristianos) es que en la religión pagana la madre era adorada tanto como su hijo o más".

EL CONCEPTO QUE LA NUEVA ERA TIENE DE DIOS

Este movimiento, al igual que muchos otros que tienen influencia de la filosofía oriental, básicamente es panteísta y enseña que Dios es una fuerza energética e impersonal, y que es coesencial con el espacio abstracto y absoluto. Sostiene además que la Madre Tierra, el sol, la luna, las estrellas y en síntesis, toda la naturaleza, pueden ser adorados como "Dios". La

Nueva Era no solamente niega la divinidad absoluta de Dios y Su personalidad, sino que le ha definido con nombres como: Inteligencia divina, Poder integrante o Dimensión de la profundidad, entre otros, que no revelan Su trascendencia eterna, y al contrario, confunden al único Creador con la creación.

LA POSTURA DEL CRISTIANISMO CLÁSICO

Con base en lo que enseña la Sagrada Escritura, Dios es una persona, es infinito, eterno, trascendente, separado del hombre y de Su creación, y digno se ser adorado. La definición más común del término "Dios" en el lenguaje humano sería, pues, que se trata del Ser supremo, Creador del universo, Omnipotente, Omnipresente y Omnisciente, Quien es a la vez Creador, Protector, Juez, Legislador y Salvador.

EL CONCEPTO CRISTOLÓGICO DE LA NUEVA ERA

La Nueva Era considera a Cristo un avatar reencarnado, mesías o mensajero enviado por la "Jerarquía", para darle a los seres vivos en la tierra una revelación espiritual avanzada, pero que no murió en la cruz por los pecados de los redimidos, y aun cuando Su sangre derramada fue un hecho trágico, en realidad carece de importancia para las necesidades espirituales del hombre de hoy. Por otra parte, Buda, Krishna, Mahoma, Confucio, Jesús y muchos otros eran "Cristo", pero el más grande de todos vendrá muy pronto para introducir la Nueva Era en el mundo. Esta falsa doctrina moderna niega la deidad del verdadero Cristo y lo percibe simplemente como un hombre perfecto, en una sucesión de muchos "cristos" que han existido. Para algunos, Cristo es una conciencia, un poder cósmico, o uno más de los muchos personajes históricos que han ejercido una influencia especial en sus oyentes. En el año 1.982, en Estados Unidos, un hombre llamado Benjamin Creme, en un periódico local, publicaba lo siguiente: "El Cristo está aquí, ahora", cuando en realidad se trataba de un gurú hindú, reconocido como "señor Maitreya", que había viajado desde Londres hasta New York en avión. Aparte de los conceptos anteriores, en la Nueva Era hay una variedad de conjeturas en cuanto a Quién es Cristo. Algunos opinan que perteneció al grupo ocultista de los esenios, otros afirman que se casó con María Magdalena y que fue el fundador de los Templarios (una orden militar-religiosa que apareció hasta la época de las cruzadas) unos cuantos declaran que era practicante de religiones orientales y otros más aventurados se han atrevido a asegurar que el Señor Jesús fue un extraterrestre. Cualquiera de los anteriores conceptos errados desprecia la obra redentora del Salvador.

LA POSTURA DEL CRISTIANISMO CLÁSICO

A diferencia de las muy variadas opiniones que tiene la Nueva Era con respecto a Cristo, algunas basándose en los escritos de la Escuela Arcana, fundada en el año 1.923 por Alice A. Bailey, una seguidora de la teósofa Elena Blavatsky, el cristianismo clásico confiesa que Cristo es Dios, el único Mediador entre el Creador y los hombres, como Sacerdote, Profeta y Rey, siendo a la vez Salvador de todo aquel que por la gracia confíe en Él. Esta opinión está basada en la Sagrada Escritura.

EL CONCEPTO QUE LA NUEVA ERA TIENE DE LA SAGRADA ESCRITURA

Para la Nueva Era la Biblia es insuficiente como guía para el hombre. Los manuscritos o textos, antiguos o modernos, de otras religiones, como las nuevas revelaciones que tienen las personas en la actualidad, por parte de cualquier entidad espiritual, tienen la misma autoridad y son tan confiables y valiosas como la Sagrada Escritura.

LA POSTURA DEL CRISTIANISMO CLÁSICO

La Santa Biblia es la única palabra autorizada de Dios que tiene el hombre a disposición como regla de conocimiento, fe y obediencia. La Sagrada Escritura es poderosa, suficiente, segura, infalible y capaz de guiar al hombre en cada aspecto de su vida, produciendo gozo y satisfacción al que la lee.

EL CONCEPTO QUE LA NUEVA ERA TIENE DEL NUEVO NACIMIENTO

Se trata de la transformación personal en la que la persona permite que su "yo" o "guía" interior dirija su vida. Algunos seguidores de la Nueva Era lo describen como *"kundalini"*, término del hinduismo que significa una energía intangible, representada simbólicamente por una serpiente, y que el renacimiento instantáneo ocurre cuando se recibe el beneficio de una conciencia superior, al igual que un mayor conocimiento espiritual. Ese renacimiento le transfiere al individuo la "conciencia de Cristo", un estado exaltado en el que la persona se transforma espiritualmente en un ser divino. Para la Nueva Era la doctrina de la redención no existe, por cuanto todo hombre debe aceptar la responsabilidad de sus propios problemas y perdonarse a sí mismo por estos, porque no hay nadie más, aparte del propio individuo, a quien debamos pedir perdón, ni quien, aparte de nosotros mismos, que pueda perdonarnos.

Por otra parte, la Nueva Era declara que cada ser humano está dotado con una "chispa" de divinidad y que una persona "iluminada" está más allá de cualquier distinción moral, tanto "buena" como "mala". El hombre debe pasar por muchos ciclos de la vida y de reencarnaciones, hasta que purifica su karma, alcanza un espíritu puro y logra su unión con Dios. Puede aspirar a la divinidad y a la unión con Dios, como una ley universal. El Señor Jesús fue un hombre que se deificó, se perfeccionó y nosotros también lo podemos hacer. Generalmente la Nueva Era enseña que el hombre puede salvarse por sus propios méritos, pero rechaza las enseñanzas tradicionales acerca del pecado.

LA POSTURA DEL CRISTIANISMO CLÁSICO

La Sagrada Escritura no solamente afirma que *"el que confía en su propio corazón es necio"* (Proverbios 28:26) lo que se puede aplicar al autosoterismo de la Nueva Era, sino que el nuevo nacimiento o la regeneración de una persona únicamente depende de Dios, y el hombre no interviene para nada en ello. Como en el caso de la resurrección de Lázaro, éste no volvió a vivir hasta cuando el Señor Jesús lo llamó. El que estaba muerto no podía hacer absolutamente nada para volver a la vida. Fue cuando escuchó el llamado del Señor Jesús que resucitó (Juan 11:43). De igual manera, quien se encuentra muerto en sus delitos y pecados (Efesios 2:1) solamente podrá tener vida cuando actúe en él la gracia eficaz del Espíritu Santo y la voz divina lo llame.

EL CONCEPTO QUE LA NUEVA ERA TIENE DEL REINO DE DIOS

La tierra estará espiritualmente pura y limpia cuando la humanidad haya alcanzado la "conciencia de Cristo" y haya logrado llegar a la divinidad, el "Cristo" reencarnado reinará por medio de una sola religión mundial y consolidará todas las naciones en un gobierno monolítico. Uno de los conceptos de la Nueva Era es que la verdadera religión es personal y se trata de la realización de "uno mismo", debido a que el hombre forma parte de la divinidad y ésta se halla en el interior de cada uno.

LA POSTURA DEL CRISTIANISMO CLÁSICO

De la palabra rey, cuyo término en hebreo es *"melej"*, surgen tres términos: realeza, reinado y reino. La realeza indica la dignidad del rey, un soberano investido de autoridad suprema de por vida y por derecho de sucesión; el reinado tiene que ver con la duración de su autoridad y el modo de ejercerla; y el reino es el espacio territorial dentro del cual se ejerce la autoridad real. La Biblia presenta a Dios como el Rey absoluto del universo, dirigiendo todos Sus asuntos y obrando según Su propia voluntad en todo lo que ocurre (1 Crónicas 29:11; 2 Crónicas 20:6; Zacarías 14:16,17) lo que significa que todas las circunstancias están en Sus manos y bajo Su control, usando Su infinito poder de manera soberana y con autoridad suprema para el bien de Sus súbditos. El Gobernante absoluto ha de promulgar decretos y leyes que directamente determinan el ambiente judicial, fiscal y cultural en el cual han de vivir los Suyos. Dios hizo el mundo con un propósito y con el plan de gobernar en él a través de Su reino, el cual está basado en que se haga Su voluntad en la tierra como en el cielo. El reino de Dios fue preparado desde antes de la fundación del mundo, edificado con una estructura de acuerdo al método y a la manera de operar con las leyes de Su Ser. Se trata de la esfera en la que Dios reina, y en la que Su voluntad es respetada y cumplida. El término reino de los cielos o reino de Dios deriva su nombre de su origen, ya que viene de Dios, es decir, del cielo, por su naturaleza lleva en sí mismo la imagen de éste, y tiene por centro al Señor Jesucristo como Rey.

Aun cuando el reino de Dios es eterno y jamás será destruido (Daniel 2:44; 7:13-14) es representado en la Biblia, de principio a fin, en siete fases sucesivas: 1) el paraíso; 2) la teocracia en Israel; 3) anunciado por los profetas; 4) ofrecido y rechazado en la primera venida de Cristo a la tierra; 5) escondido en el corazón de los creyentes; 6) establecido sobre la tierra durante el milenio; y 7) el reino por la eternidad. El estado de Israel era teocrático hasta la época de los jueces, no obstante y a solicitud del pueblo, Dios permitió que se formara una monarquía absoluta y Él mismo escogió a Saúl como el primer rey de la nación.

LA NEGACIÓN DEL INFIERNO POR PARTE DE LA NUEVA ERA

Los adeptos de la Nueva Era niegan la existencia del infierno, de un juicio final, del pecado y de la maldad, puesto que el bien y el mal son relativos, y específicamente, "el mal es una ilusión". La creencia en el karma y la reencarnación fortalecen la falsa doctrina en cuanto a que el hombre está evolucionando hacia la divinidad.

LA POSTURA DEL CRISTIANISMO CLÁSICO

El infierno será un lugar físico, en donde el fuego no se apagará (Mateo 13:41-42) pero el cuerpo no se consumirá, y es llamado *"lago de fuego y azufre"* (Apocalipsis 20:10) o *"lago de fuego"* (Apocalipsis 20:14-15). Los incrédulos serán castigados en él eternamente y el estado en que continuarán existiendo se caracterizará por la ausencia total del favor y la presencia de Dios, una interminable inquietud por sus pecados, en el que padecerán penas y sufrimientos en el cuerpo, el alma y el espíritu. En contraste con la negación por parte de la Nueva Era del tormento eterno en el infierno, la Biblia enseña que el espíritu humano continuará existiendo después de la muerte (Lucas 16:19-31; 2 Corintios 5:6-8; Filipenses 1:23-24; Apocalipsis 6:9-11) y que los que rechazan la salvación que Dios le gratuitamente ofrece a Su pueblo, sufrirán el tormento eterno (Mateo 25:41,46, Apocalipsis 14:10-11; 20:10,15).

ÁREAS EN LAS QUE INTERVIENE LA NUEVA ERA

En la Música

La intención de la música de la Nueva Era es relajar el cuerpo y la mente de quienes la escuchan, por medio de los sonidos de la naturaleza, como por ejemplo, el sonido de una cascada o el canto de un pájaro, combinados con instrumentos musicales, asegurando que se trata de fines terapéuticos, sin embargo, la mayoría de estas suaves melodías han sido compuestas bajo los efectos de las técnicas de "canalización".

En el Cine

Tanto en películas para adultos como para niños, se puede apreciar que se practica la brujería, y que hay una exaltación a la "fuerza" inanimada y a los héroes como guías de las personas. Es común escuchar en las películas frases como "la fuerza te bendiga" o "que la fuerza te acompañe".

En la Alimentación

Es cierto que las verduras, las frutas y los vegetales mejoran la tonificación del cuerpo y que son útiles para la salud física, sin embargo, el concepto de la Nueva Era es que estos alimentos nos ayudan a obtener una "tonificación espiritual" y a entrar en armonía con el cosmos.

En la Medicina

La medicina tradicional está siendo sustituida por cirugías espirituales, así como por la medicina holística o alternativa, la bioenergética, la iriología, la acupuntura, la homeopatía, la reflexología y la quiropráctica, entre otras técnicas que están influenciadas enormemente por el ocultismo.

En la Educación

En las escuelas públicas de Estados Unidos se están utilizando técnicas de aprendizaje para los niños como la "Educación Confluyente" (a los estudiantes se les enseña a creer que son perfectos y divinos) la "Imaginación Dirigida" (solución de los problemas mediante el pensamiento positivo) o la "Visualización creativa".

En la Política

La estrategia del Partido Verde (en Estados Unidos) es tratar de disminuir la influencia tradicional de la política actual por medio de la ecología, el feminismo y el desarme, lo que en un principio pareciera loable, sin embargo, su fin es la adoración a la naturaleza.

LOS DIEZ FUNDAMENTOS DE LA NUEVA ERA

1. La evolución espiritual
El mundo avanzará en conocimiento espiritual hacia una edad dorada y la tierra necesita ser libre de "grandes karmas".

2. El monismo (Mono = uno)
"Todo es uno y uno es todo". Este concepto universal afirma la unidad esencial de todas las cosas, suprimiendo la diferencia esencial que existe en toda variedad de la creación.

3. El panteísmo

Dios no puede ser una persona, más bien, "Dios es todo y todo es Dios". Este es un falso concepto, algo semejante al anterior, en el que sólo existe una única sustancia, a saber, el ser existente por sí mismo, absoluto, eterna materia y eterno espíritu, infinito e impersonal, llamado "Dios". Esto ha conducido a la divinización de la creación y a que, por ejemplo, la letra inicial de los nombres de los planetas sea escrita con mayúscula, como la Tierra, el Sol o la Luna, y que a la tierra se le denomine "Madre Tierra".

4. La divinidad del hombre

El hombre llegará a ser como Dios por cuanto en su interior hay una divinidad. Las técnicas que nos acercan a este "Dios" son la meditación trascendental, el yoga, las drogas, las artes marciales, y el uso de cristales, cuarzos, velones de colores, inciensos aromáticos y pirámides.

5. La autorrealización moral

Para la Nueva Era no existe una moral objetiva como la de los Diez Mandamientos, sino que cada persona decide lo que es bueno y el pecado no existe, por cuanto esencialmente, todo ser humano es bueno y nada es malo, puesto que los conceptos de la bondad y de la maldad son relativos. Esto ha llevado a la humanidad a aceptar el homosexualismo, el lesbianismo y las relaciones sexuales prematrimoniales, lo que con el tiempo cada vez se ha incrementado más.

6. El descubrimiento del potencial humano

Por medio de una ayuda espiritual se pueden despertar los poderes ocultos que yacen dormidos en el interior de cada uno.

7. La "canalización" de espíritus

Existe la creencia en cuanto a que los seres angelicales o las almas de otros hombres que han alcanzado un ciclo más alto dentro del proceso evolutivo de espiritualidad, nos pueden ayudar a ser perfectos al imitarlos.

8. Los maestros de luz

Estos maestros son los que guardan relación con el fenómeno "O. V. N. I.", a quienes también llaman "guías".

9. Sincretismo religioso y ecumenismo

Aplicado a la Nueva Era, el sincretismo significa el proceso de mezclar los elementos de todas las religiones con el fin de extraer una síntesis del conocimiento espiritual.

10. La reencarnación y el karma

La Nueva Era ha incorporado en su esquema doctrinal las antiguas creencias hindús del karma y de la reencarnación, sin embargo, se diferencia de aquéllas, en que es ascendente, es decir, que el hombre siempre encarnará en un estado superior.

La Nueva Era abarca una cantidad de enseñanzas y un grupo puede enfatizar doctrinas o prácticas diferentes a las de otro, sin embargo, es muy común escuchar en los adeptos el siguiente vocabulario: adivinación, adoración a la naturaleza, angeología (pero no se trata de la angeología bíblica bien interpretada) arquetipos junguianos, astrología, Atlántida y otros mundos perdidos, cirugía psíquica, estados alterados de conciencia, estados de trance, feng shui, globalización, herbalismo, hipnosis, jerarquía ocultista, maestros ascendentes, mantras, meditación trascendental, médiums, metafísica, método "reiki", método "Silva" de control mental, misticismo oriental, numerología, parasicología, potencial humano, reflexología, teoría de la raza ariana, terapia energética, terapia mental, universalismo, vegetarianismo, visualización, yoga, etc. La mayoría de estas prácticas antiguas que están prohibidas en la Biblia, por ejemplo, los encantamientos y la adivinación (Levítico

19:26,31; 20:6,27; Deuteronomio 7:25-26; 18:10-12; 2 Crónicas 33:6) han sido revitalizadas en la actualidad por la Nueva Era.

CRECIENDO EN GRACIA

FUNDADOR: JOSÉ LUIS DE JESÚS MIRANDA (1.946-2.013)

Nació el 22 de abril de 1.946 en Ponce (Puerto Rico) militó en el catolicismo, después fue miembro de los testigos de Jehová, posteriormente de los adventistas del séptimo día, luego estuvo en una iglesia cristiana de las Asambleas de Dios, pero se apartó de ella aludiendo falta de profundidad teológica, y se consagró en la Iglesia Bautista del Sur, de la que también se separó en el año 1.978, puesto que, según él, en una reunión de ayuno, tuvo una "revelación de Dios", en la que se le apareció un ángel para decirle que la doctrina de los bautistas estaba equivocada en cuanto a la enseñanza de "la predestinación", e inició sus propias reuniones en el sur de La Florida (U. S. A.) en donde la secta tiene su sede principal en Miami, fundada por José Luis de Jesús Miranda en el año 1.986 y conocida con el nombre "Ministerio Internacional Creciendo en Gracia". Hasta antes de su muerte, acaecida en el año 2.013, sus seguidores le denominaban "apóstol", "papá", "doctor", "Dios", pero principalmente era conocido con la designación "Jesucristo hombre", y después de muerto, algunos le llamaron "Melquisedec".

Al principio, José Luis de Jesús Miranda no permitía que sus seguidores se refirieran a él como "Jesucristo hombre", sin embargo, al pasar el tiempo no solamente lo aceptó, así como las designaciones mencionadas, sino que se llamó a sí mismo "la séptima trompeta", y declaró que él era el único que poseía la verdad. Esto originó que los adeptos de la secta afirmaran que José Luis de Jesús Miranda era el único apóstol de la actualidad, que él era el sucesor de Pablo para esta época, y además, que los doce apóstoles del Señor Jesucristo, Pablo y él, son los únicos "apóstoles" que han existido en la historia de la iglesia cristiana.

SU SUCESORA: LISBETH DE GARCÍA DE JESÚS

La secta siempre giró alrededor de José Luis de Jesús Miranda, no obstante, al morir él, algunos de sus seguidores se separaron del movimiento y no quisieron saber más nada de la secta, sin embargo, otros negaban que hubiera muerto por considerarle inmortal, algunos afirmaban que había muerto, pero que muy pronto reencarnaría para volver a la tierra con un cuerpo diferente para traer un cambio mundial, y otros opinaban que él es Melquisedec, una persona eterna. Su segunda esposa, Lisbeth de García, siguiendo los pasos de su marido y después de adueñarse de la fortuna que había logrado con las recolectas de los adeptos de la secta y tergiversarla por conflictos judiciales con los hijos del primer matrimonio de su fundador, declaró que ella era el arcángel Miguel, que Cristo siempre había sido y que seguirá siendo mujer, y que ella era "Cristo", que los que se acercan a ella son llamados "hijos de Dios" y conocerían la verdad, haciéndose llamar "Cristo Lisbeth" y "madre de Jerusalén, la nueva diosa" y denominando "Rey de Salem" a su reino terrenal. Por otra parte, aseguró que "Cristo Melquisedec" (José Luis de Jesús Miranda) es Dios y que ella, como su esposa, "Cristo Lisbeth", es Cristo en la tierra, adulterando, como lo hizo con la fortuna de su esposo, la Sagrada Escritura en varias partes, como por ejemplo, al declarar que Apocalipsis 17:14 dice así: *"Pelearán contra el Cordero hembra, y el Cordero hembra los vencerá…"*.

EL CONCEPTO QUE CRECIENDO EN GRACIA TIENE DE CRISTO

Con una falsa doctrina semejante a la del segundo siglo d. C. de Cerinto, la secta de Creciendo en Gracia considera que Jesús de Nazaret y Cristo, no son la misma persona. El primero fue sólo una "casa humana", con un cuerpo que tomó del "Dios superior" para habitar en él, no obstante, al asumir una conducta judía, fue esclavo de la circuncisión y sus seguidores practican una "religión de cruz" que es una maldición, mientras Cristo es una condición a la que llegó el "Dios superior", cuando por la muerte de Jesús de Nazaret, se abrió el velo, es decir, su carne, y a esa condición le llamaron "el Resucitado".

LA POSTURA DEL CRISTIANISMO CLÁSICO

El título "Jesús de Nazaret" identifica al Hijo de Dios como un residente de la población de Nazaret, cuyo significado se cree que se deriva de la palabra hebrea *"nazar"*, de la raíz *"neser"* o de la aramea *"nisra"*, que le darían el significado en castellano como "vara de renuevo". En Nazaret habían vivido José y María, los padres terrenales del Señor Jesús, y de una manera especial se señala que este era el fiel cumplimiento de la profecía en la que Cristo recibe el nombre de "Renuevo" por el término hebreo *"neser"*, o Vara del tronco de Isaí (Juan 1:45). Con ese título lo identificó el apóstol Pedro en la casa de Cornelio (Hechos 10:38) y Pablo al relatar su conversión (Hechos 22:8; 26:9) lo que indica que en algunas ocasiones, los apóstoles hablaban de Jesús de Nazaret como el Mesías y hacían énfasis en el lugar de Su residencia.

EL CONCEPTO QUE CRECIENDO EN GRACIA TIENE DE LA BIBLIA

La Sagrada Escritura sólo puede ser entendida cuando se interpreta conforme a las enseñanzas de José Luis de Jesús Miranda, el único que pudo "abrir el sello" de la verdad del Evangelio y quien tiene la llave para interpretarla correctamente. Por otra parte, este movimiento ha declarado que la fe de los cristianos descansa solamente en la Palabra de Dios, que el Antiguo Testamento es un libro de historia, bueno y útil sólo como un texto de consulta, que los Diez Mandamientos son para el pueblo de Israel, pero no para la iglesia, y el Nuevo Testamento es la continuación del Antiguo, sin embargo, los verdaderos libros que se deben considerar como autoridad divina son los que hablen de la gracia, es decir, sólo los que escribió el apóstol Pablo.

LA POSTURA DEL CRISTIANISMO CLÁSICO

La Biblia conserva una unidad desde el principio hasta el final a pesar de los muchos temas que trata, siendo el principal de ellos la historia del plan de Dios para la salvación del hombre, a través de la persona de Jesucristo, no obstante, el propio Hijo de Dios testificó que Él era el tema central de toda la Sagrada Escritura (Juan 5:39). La historia del Antiguo Testamento no se puede estudiar correctamente de manera aislada, pues es comprensible sólo a la luz del Nuevo, que lo cumple y complementa. Los dos Testamentos conforman la verdadera revelación que Dios le ha dado al hombre y se podría afirmar que ambos son Uno, en cuanto conforman la Palabra escrita del Creador y deben estar inseparablemente juntos. El Nuevo Testamento está oculto en el Antiguo, mientras éste se halla revelado en el Nuevo, o como lo afirmara Agustín de Hipona: "El Antiguo Testamento está patente en el Nuevo, y el Nuevo Testamento está latente en el Antiguo", o expresado en otras palabras: el Nuevo Testamento en el Antiguo se encubre, y el Antiguo en el Nuevo se descubre.

EL CONCEPTO QUE CRECIENDO EN GRACIA TIENE DE LOS APÓSTOLES PEDRO Y PABLO

Para la secta Creciendo en Gracia, el apóstol Pablo fue un rabino erudito y quien puso el fundamento del verdadero Evangelio, llamado "Evangelio de la gracia" o "Evangelio de la incircuncisión", mientras los doce discípulos del Señor Jesús, en cabeza de Pedro, que eran ignorantes, predicaron un Evangelio de obras muertas, de la ley y de la circuncisión.

LA POSTURA DEL CRISTIANISMO CLÁSICO

Como única autoridad, para la iglesia cristiana sólo existe un fundamento en el sentido estricto de la palabra (Efesios 2:20) que es la persona de Cristo Jesús, juntamente con Su obra expiatoria, sin embargo, hay un eslabón autorizado por Dios desde el primer siglo de la era cristiana hasta el regreso a la tierra del Hijo de Hombre: los doce apóstoles y los profetas del Nuevo Testamento (2 Pedro 2:21) de los cuales, Pablo es uno, además de ser apóstol, cuya labor primordial fue ser depositarios de la Palabra escrita que da testimonio del Cristo resucitado.

EL CONCEPTO QUE CRECIENDO EN GRACIA TIENE DEL ANTICRISTO

A principios del año 2.007, José Luis de Jesús Miranda afirmó que él era el "anticristo", no obstante, declaró que este término significa "no seguir a Jesús de Nazaret, quien vivió en la carne" y que entonces el calificativo era apropiado para él y sus seguidores, por cuanto no seguían las enseñanzas de Jesús, sino más bien las del apóstol Pablo, y que el resto de la gente debería imitarles.

LA POSTURA DEL CRISTIANISMO CLÁSICO

El verdadero significado del término "anticristo" es este: el prefijo *"anti"* significa "en contra de" o "en lugar de", de manera que la palabra "anticristo" quiere decir que se opone a Cristo y que a la vez usurpa Su lugar. Suplantar con un retrato al verdadero Cristo u oponérsele, es obrar en contra de Él. Es importante distinguir entre un (os) anticristo (s) y el "anticristo" escatológico. Con respecto a los primeros, han surgido muchos desde el primer siglo de la era cristiana, sin embargo habrá un sólo anticristo final (1 Juan 2:18) y definitivo que será mucho más que un dictador político-militar. Al mismo tiempo que un personaje real, será también la reverenciada y adorada cabeza de una religión oficial mundial sin precedentes. La lealtad que el mundo le ofrecerá será de carácter religioso. Su conquista del mundo es ante todo un acontecimiento espiritual que Satanás ha estado urdiendo desde el huerto del Edén.

EL CONCEPTO QUE CRECIENDO EN GRACIA TIENE DEL DIABLO Y DEL NÚMERO 666

José Luis de Jesús Miranda comenzó a utilizar el número 666 como una identificación propia y algunos de sus seguidores le mostraron su apoyo tatuándose en sus cuerpos con el símbolo 666. De este número, el fundador de la secta afirmó que no era un signo del diablo, puesto que predicaba que éste había sido destruido, sino que es el número del anticristo, no obstante, como se explicó anteriormente, afirmó que él mismo era el "anticristo", y que este término significa "no seguir a Jesús de Nazaret" lo que era apropiado para él y sus adeptos, por cuanto la gente no debería seguir las enseñanzas de Jesús, sino las del apóstol Pablo. En una predicación, un seguidor suyo dijo que en el año 2.012 sucedería un acontecimiento muy importante para la humanidad, por cuanto, precisamente en ese año, José Luis de Jesús Miranda cumpliría 66 años de edad, y otros afirmaban que el 22 de abril es la verdadera navidad, por cuanto es la fecha del nacimiento de su líder.

LA POSTURA DEL CRISTIANISMO CLÁSICO

Si en la numerología bíblica el siete (7) representa la perfección y la plenitud de Dios, el seis (6) representa al hombre por haber sido creado en el sexto día, y por no alcanzar al 7, de una manera simbólica es una señal de imperfección, fracaso e ineptitud para llegar a la altura sagrada. En Apocalipsis 13:18, el *"seiscientos sesenta y seis"* (666) es el número de la bestia, un símbolo que equivale al mal elevado a su máxima expresión, así como el fracaso de cuantos intentan oponerse al triunfo del Señor. Que este número sea puesto como una marca de pertenencia a la bestia en la mano derecha o en la frente, es un indicio en cuanto a los pensamientos y las acciones de los que están contra de la iglesia del Señor Jesucristo. Con respecto a esto, el autor reformado William Hendriksen en su libro MÁS QUE VENCEDORES (Editorial T. E. L. L.; pp. 181) escribió lo siguiente: "La frente es simbólica de la mente, los pensamientos y la filosofía de una persona. La mano derecha es simbólica de sus hechos, su actividad, su ocupación y su industria. Por tanto, recibir la marca de la bestia sobre la frente o en la mano derecha indica que la persona señalada de esta manera pertenece a la compañía de aquellos que persiguen a la iglesia y que este individuo piensa en lo que dice, en lo que escribe o aún más enfáticamente en lo que hace". Tal vez esa sea la razón por la que los líderes de Creciendo en Gracia critican la exhibición de la cruz en algunas iglesias, la utilización de paños ungidos o de aceite al interceder por los enfermos o poner la mano en la radio cuando algún evangelista ora por sanidad, entre otras cosas, aun cuando es cierto que algunos cristianos han abusado de estas prácticas.

EL CONCEPTO QUE CRECIENDO EN GRACIA TIENE DE LA SEGURIDAD DE LA SALVACIÓN

Así como otras sectas aseguran ser la única fuente de la verdad, Creciendo en Gracia no es la excepción y este movimiento afirma que todas las religiones, incluyendo a la iglesia cristiana, están basadas en errores. No practican el bautismo, la celebración de la cena del Señor, la oración, el ayuno y otras disciplinas evangélicas, por cuanto consideran que son ritos del antiguo pacto, pero no del nuevo, por lo tanto, son innecesarios. Basándose en unos cuantos versículos bíblicos, José Luis de Jesús Miranda declaró su reconocida frase que empleó como consigna de batalla: "una vez salvos, para siempre salvos", e incluso, él y sus seguidores, aparte de identificarse con el número "666", lo hacen con las letras "SSS", que resumen la frase: "salvo, siempre salvo", con la que han añadido que ni el diablo, ni el pecado existen, que los hombres somos perfectos, y por tanto, la redención es innecesaria, pero esta es una mala interpretación de los cinco puntos del calvinismo, especialmente el quinto, lo que han interpretado como una licencia para pecar sin las consecuencias que esto acarrea.

LA POSTURA CLÁSICA DEL CLAVINISMO HISTÓRICO

El día 1 de noviembre del año 1.618, en la ciudad holandesa de Dordrecht, se reunió un Sínodo general de iglesias calvinistas holandesas, inglesas, alemanas, francesas y suizas, con el fin de defender la enseñanza de la Sagrada Escritura, amenazada por el error de la antigua herejía pelagiana. El dictamen del Sínodo de las Iglesias Reformadas de los Países Bajos es conocido como "las Reglas de Doctrina de Dordrecht" o "lo Cánones de Dort", lo que originó los cinco puntos o doctrinas claves del calvinismo, que son los siguientes:

1. Depravación total (Romanos 3:10-18).
2. Elección incondicional (Efesios 1:4 y ss.; Juan 6:44).
3. Expiación limitada (Hechos 20:28).
4. Gracia irresistible (Juan 3:8; 16:8).
5. Perseverancia de los santos (Romanos 5:8-9).

El autor reformado Edwin H. Palmer, en su libro titulado DOCTRINAS CLAVES (El Estandarte de la Verdad; pp. 7-9) las definió así: "La primera doctrina se enfoca sobre la condición del hombre, es decir, su depravación total… La segunda doctrina nos presenta un Dios de amor y misericordia que incondicionalmente elige del fango del mundo a Su pueblo, para rescatarlo, regenerarlo y restaurarlo a la plenitud de vida… La tercera doctrina nos muestra cómo Dios salvó a Su pueblo. Cristo murió en la cruz en el lugar del pecador, tomó sobre Sí el castigo que el pecador merece para que él recibiera la justicia de Cristo. La cuarta doctrina nos habla de la obra del Espíritu Santo al atraer al pecador a Cristo. Él es el que da la nueva vida que hace posible escuchar y entender el mensaje del Evangelio y atrae eficazmente al Señor en una forma suave y dulce… La quinta doctrina nos muestra que el verdadero cristiano es salvo para siempre. Su salvación está asegurada, no sobre cualquier esfuerzo humano, sino por la intervención constante del poder de Dios".

A diferencia del concepto erróneo con que Creciendo en Gracia asegura que "una vez salvo, para siempre salvo", aun cuando el creyente se aparte del Evangelio, el calvinismo sostiene que la "perseverancia de los santos" depende del Espíritu Santo y que el cristiano que ha sido salvado, aun cuando peca, anhela vivir en santidad y agradecimiento para agradar a Dios por haberlo salvado. La santificación es aquella obra espiritual interna en la que Dios obra a través del Espíritu Santo por medio de un proceso progresivo en el corazón de todo aquel que ha sido llamado a ser un verdadero creyente, y paulatinamente va eliminando la maldad y el pecado que mora en él. El pecador no es más capaz de obedecer el Evangelio de lo obedece a la ley, a no ser que haya sido renovado su corazón por medio del Espíritu Santo. El perdón es la necesidad básica para que el pecador pueda acercarse al Señor, pero para el pecador perdonado y arrepentido, su necesidad básica para una buena comunión con Dios es por medio de la santificación que realiza en él el Espíritu Santo.

IGLESIA PENTECOSTAL DIOS ES AMOR

Antes de analizar el contexto histórico y la base doctrinal de esta secta, es necesario aclarar que existen numerosas iglesias locales en varios países de América latina que llevan por nombre "Dios es Amor", que sostienen una sana doctrina y que no tienen nada que ver con este movimiento que surgió en Brasil y que se ha extendido en casi todos ese país y en muchos más de habla hispana.

FUNDADOR: DAVID MARTINS DE MIRANDA (1.936-2.015)

David Martins de Miranda, o mejor conocido como "David Miranda", nació en Paraná (Brasil) el 4 de julio de 1.936, en 1.958 se traslada junto con su familia a Sao Paulo y en abril de ese mismo año, siendo aún joven, comenzó a asistir a una iglesia pentecostal, pero en 1.962 comenzó un pequeño grupo junto con su madre y su hermana y según él, siendo un tiempo después pastor de una iglesia en Río de Janeiro, al estar decepcionado de todas las demás congregaciones por su falta de santidad y aparentemente después de un tiempo en ayuno y oración, "Dios le reveló, por medio de una visión, un gran estadio lleno de gente que le seguía y le escuchaba por sus milagros, y aquel lugar estaba cubierto por un arco iris". Es por esta razón que el emblema de esta secta es un arco iris encima de las palabras: "Dios es Amor". Con aquel llamado "directo" de parte de Dios a David Miranda, el Señor le reveló Su intención de dotarlo con el don de la sanidad, para que fundara la Iglesia Pentecostal Dios es Amor y la expandiera por todo el mundo. La comunicación fue con voz audible, con las siguientes palabras: "Haremos una iglesia con una gran familia". Dicho ministerio estaría a su vez acompañado por los otros ocho dones del Espíritu Santo (1 Corintios 12:8-11). En días posteriores, David Miranda abrió las puertas de una pequeña casa a la que invitó a algunas personas para contarles acerca del testimonio de la revelación que el Señor le había dado, confirmando el mandato divino por medio de los testimonios de sanidad y los milagros que se escuchaban en las reuniones. Posteriormente se inauguraron otros sitios de predicación en Brasil y luego en otros países de Centro y Sur América, y en algunas ciudades, con el tiempo, se escuchaban por emisoras radiales las predicaciones de David Miranda o de los diferentes pastores enviados por él a los lugares en donde la iglesia tenía un local. Para sus seguidores, el fundador de este movimiento tenía poderes curativos de origen divino que podía transmitirlos a través de él mismo o por la mediación de sus discípulos, a quienes denominaba: presbíteros, diáconos, pastores o misioneros, o a los fieles seguidores de la secta, en las reuniones o actividades que realizan a diario, e inclusive, algunos llegaron a considerarlo como su salvador, teniendo fe en él y en lo que hacía como enviado de Dios al mundo. David Miranda murió a la edad de 79 años, en Sao Paulo (Brasil) el 21 de febrero del año 2.015.

BASE DOCTRINAL

La Iglesia Pentecostal "Dios es Amor" tiene como fundamento la doctrina básica de las iglesias pentecostales, en cuanto al sacrificio y muerte del Señor Jesucristo, Su resurrección después de tres días, Su ascensión y futuro regreso a la tierra, asimismo la manifestación de los dones del Espíritu Santo, y que el creyente debe ser santo, lo que expresa como "dejar el hombre sucio e inmundo para honrar a Dios", sin embargo, para esta secta es necesario que cada creyente tenga los nueve dones del Espíritu Santo como una prueba que es santo. Por otra parte, este movimiento enfatiza en forma exagerada la erradicación de los muchos males que aquejan a las personas, como las enfermedades, la "mala suerte", la brujería, la hechicería, el ocultismo, las posesiones de espíritus demoníacos, etc.

LA POSTURA DEL CRISTIANISMO CLÁSICO

Los nueve dones del Espíritu Santo se manifiestan en diferentes individuos y han sido repartidos de acuerdo a Su voluntad soberana. Aun cuando tienen un origen común, son diversos en su manifestación. El Espíritu Santo, que está en todos los creyentes, se ha manifestado de una manera en una persona, y en otra de diferente forma (1 Corintios 12:7-8) y el apóstol Pablo tomó una ilustración del cuerpo humano para explicarlo (1 Corintios 12:14-21).

LA PRÁCTICA DE LA SIMONÍA

A los que asisten a las reuniones de esta secta, a cambio de una oración por sanidad, una bendición o alguna obra milagrosa por parte de alguno de los presbíteros, pastores o misioneros, se les pide una ofrenda especial para contribuir con el desarrollo y la expansión de la obra ministerial que se está realizando por todo el mundo, o con la colaboración de otras formas, como una donación material o contribuciones voluntarias, no obstante, quien dirige el culto es quien se encarga de declarar cuál es la suma de dinero que tienen que dar los contribuyentes como una ofrenda para que oren por él o ella, comenzando siempre por la suma más alta, como por ejemplo, al decir: "¿quiénes van a ofrendar cien mil pesos?", luego: "¿cuántos van a ofrendar diez mil pesos?" y así sucesivamente, dándole mayor importancia a las oraciones que hacen por aquellas personas que ofrecen mayor suma de dinero.

PROHIBICIONES SIN FUNDAMENTO

A los adeptos de este movimiento no se les permite ver cualquier tipo de programación en televisión, especialmente telenovelas y películas en las que haya mentira, inmoralidad o mensajes en contra de la familia, entre otros factores que afectan a la sociedad, y aun cuando estas razones parecen tener una justificación para tal prohibición, también es cierto que en la vida real existen estos pecados y el creyente debe tener discernimiento para saber diferenciar entre lo bueno y lo malo, lo correcto y lo incorrecto, sin embargo, la verdadera razón de esta prohibición es que, de acuerdo a la interpretación de Apocalipsis 17:7-8, David Miranda afirmó haber tenido una visión en la que Dios le reveló que la televisión era la imagen de la bestia, y que los miembros de la iglesia debían deshacerse de esos aparatos.

Tampoco se les permite oír programas de radio que no sean mensajes de la predicación del Evangelio o de música cristiana, a menos que sean noticieros. Las mujeres no pueden usar pantalones, ni faldas o vestidos cortos, tampoco pueden cortarse el cabello, incluso los extremos o las puntas, como también está prohibido el uso de aretes y adornos en cualquier parte del cuerpo, excepto el anillo de matrimonio, de algún compromiso, de graduación o un reloj. A los hombres no se les permite usar pantalones cortos, camisas o camisetas sin mangas, como tampoco tener bigote, patillas y el cabello largo.

IGLESIA UNIVERSAL DEL REINO DE DIOS (IURD)

OTROS NOMBRES DE LA SECTA

1. Oración Fuerte al Espíritu Santo.
2. Comunidad Cristiana del Espíritu Santo.
3. Gracia Universal.
4. Familia Unida.
5. Centro de Ayuda Espiritual.

La IURD fue expulsada de la Alianza Evangélica Portuguesa en Brasil, en el año 1.992, por explotar económicamente a las personas de escasos recursos, y desde entonces, con frecuencia ha cambiado de nombre en los países a donde ha llegado, y además de los que se han mencionado, también es conocida como "Pare de Sufrir", slogan que ha utilizado por el nombre de su programa televisivo y que emplean para atraer adeptos. Con el correr del tiempo se hicieron dueños de un banco en Brasil, dos periódicos, una revista, treinta emisoras de radio y una red de televisión, la cual llegó a ser la más grande del país.

FUNDADOR: EDIR MACEDO (18 de febrero de 1.945-).

La organización denominada "Iglesia Universal del Reino de Dios" (IURD) fue fundada el 9 de julio de 1.977 en Río de Janeiro (Brasil) por Edir Macedo Bezerra, quien naciera en el municipio Rio das Flores, del estado de Río de Janeiro, y fuera uno de los discípulos de David Martins de Miranda, el precursor de la Iglesia Pentecostal Dios es Amor, sin embargo, superó con su movimiento, tanto en número de adeptos como en lugares de predicación a su mentor. Edir Macedo creció en una familia católica, pero comenzó a participar en cultos afro-brasileños y en la década de 1.970 se vinculó a la Iglesia Pentecostal Nueva Vida. En el año 1.975 fundaron con su cuñado, Romildo Soares, el "Salón de Fe", hasta que tuvieron diferencias entre los dos por las ganancias económicas del movimiento, entonces Romildo, al separarse de Edir, organizó la "Iglesia Internacional de la Gracia de Dios" y Edir la IURD, a quien consideran su seguidores como el obispo principal, y él mismo se impone sobre otros, los que son consagrados como "obispos locales" y enviados a diferentes lugares en Brasil y América latina. Esta secta se estableció en Colombia entre los años 1.992 y 1.993, y al poco tiempo la justicia y el gobierno de Brasil investigaron a sus líderes por presuntas vinculaciones con el Cartel de Cali y el delito de lavado de dinero. En varios países en donde este movimiento ha llegado con su falsa doctrina ha tenido denuncias y problemas judiciales, como por ejemplo, en Perú, en una ocasión varios periodistas recibieron una paliza por los "obreros" de la Iglesia mientras realizaban una investigación en un local de la IURD.

BASE DOCTRINAL

La Iglesia Universal del Reino de Dios afirma tener los mismos principios doctrinales que básicamente caracterizan a las iglesias pentecostales trinitarias, basándose en la Biblia como la única fuente de revelación de Dios para el hombre, sin embargo, tiene muchos puntos en común con la Nueva Era, el animismo africano y el esoterismo, es decir, que esta secta tiene una mezcla de las enseñanzas de las Sagradas Escrituras con las prácticas de la brujería y del espiritismo.

Una de las principales características de la IURD es la utilización de elementos físicos como la sal, el agua bendita, jabones, e incluso, aceites supuestamente traídos desde Israel con fines religiosos y esotéricos. Además, se utilizan amuletos como la rosa, el trigo o la foto de algún familiar, etc. Por otra parte, venden "supuestas" piedras del río Jordán. Todos los días se celebran cultos en los templos de la IURD, las puertas de éstos desde temprano están abiertas al público y por lo general, cada día de la semana hay una oración por algo diferente y las rogativas están acompañadas por algún elemento al que le han atribuido un poder especial, que al principio se lo obsequian a sus visitantes, no obstante, después lo venden, arguyendo que es necesario para recibir la respuesta esperada.

Cada día hay oración por un evento especial, y se emplea algún elemento que acompaña la oración, así:

Lunes	Oración por prosperidad	Se utiliza el trigo
Martes	Oración por sanidad	Se emplea el paño bendecido
Miércoles	Oración por un encuentro con Dios	Se usa la rosa de Sarón
Jueves	Oración por la familia	Se utiliza agua, pan con levadura y la foto de un familiar
Viernes	Oración por liberación	Se emplea el aceite de la unción
Sábado	Oración por trabajo	Se usa la sal
Domingo	Oración por problemas sentimentales	

IGLESIA DE DIOS MINISTERIAL DE JESUCRISTO INTERNACIONAL

CONTEXTO HISTÓRICO

FUNDADOR: LUIS EDUARDO MORENO (1.934-1.996).

Esta secta que también es conocida con el nombre de "la Obra del Señor", fue fundada por Luis Eduardo Moreno, quien naciera el 28 de octubre del año 1.934 en Pereira, capital del departamento de Risaralda (Colombia). Desde muy joven asistió acompañado de su madre a varias denominaciones pentecostales y llegó a ser pastor en varias de ellas, entre las cuales se encuentra una iglesia unitaria que pertenece a la Iglesia Pentecostal Unida de Colombia, pero tuvo desacuerdos con los dirigentes de ésta. En 1.965, siendo predicador, conoció a una joven de dieciséis años de edad, María Luisa Piraquive, con quien contrajo matrimonio el día 16 de septiembre de 1.966, junto con ella y su madre fundaron esta secta en 1.972 y después de un poco más de dos décadas de ser el pastor principal, el 9 de mayo del año 1.996, murió en Bogotá de un ataque al corazón, quedando a cargo del movimiento su esposa.

SUCESORA: MARÍA LUISA PIRAQUIVE DE MORENO (1.949-).

María Luisa Piraquive nació en la población de Chipatá, Santander (Colombia) el 10 de febrero del año 1.949, cuando era niña su familia se trasladó a Sáchica (Boyacá) y luego a Bogotá. A la edad de siete años tuvo un sueño, en el que se acercaba "el fin del mundo y que el Señor Jesucristo estaba apartando las almas para el cielo y para el infierno", y ella, que estaba su lado, veía "dos montones de cuerpos de personas muertas", pero de repente, el Señor se dirigió a María Luisa y le dijo: "Ayúdame a escoger las almas para el reino", según lo cuenta ella misma en el libro que escribió y que tituló "Vivencias". Sólo hasta el año 1.965, cuando asistió a una iglesia evangélica, le relató el sueño a una persona anciana, quien al interpretarlo, le aseguró que se trataba de un llamado que Dios le estaba haciendo para un ministerio especial.

LA PRIMERA DE UNA MULTITUD DE LUGARES DE REUNIÓN

Siendo pastor de una pequeña iglesia de tan sólo diez miembros, Luis Eduardo Moreno se apartó momentáneamente del ministerio, pero su esposa continuó con las reuniones, y al leer en la Biblia acerca de los dones del Espíritu Santo que se hallan en los capítulos 12 al 14 de la primera carta a los Corintios, le consultó acerca de este tema tan trascendental, y él le respondió que todos esos dones se habían dejado de practicar en la iglesia actual y que deberían recuperarse. María Luisa comenzó a celebrar cultos todos los días, de 7:00 p. m. a 12:00 m. en el año 1.971 con cuatro personas más, aparte de su suegra, María Jesús Moreno, y una empleada de servicio, en donde se manifestaban los dones del Espíritu Santo en cada reunión. Posteriormente el número de personas que se congregaba iba aumentando, así como las manifestaciones de los dones carismáticos en aquellos cultos. En una ocasión, por ejemplo, entre muchas otras que se presentaron, Dios le dijo a María Luisa lo siguiente: "Tu esposo levantará una obra internacional de personas sinceras de otras congregaciones". En otra oportunidad, una mujer que asistía al culto tuvo la "experiencia" de ir en espíritu a las nubes, y allí, según ella, "sintió el frío de las nubes" y un ángel le dijo: "Luis Eduardo Moreno es profeta". El énfasis de la "Obra del Señor" sería, desde ese entonces, el don de la profecía, y cada vez que María Luisa oraba, profetizaba y Dios le decía, a través de ella, a cada persona cuál era su pecado en particular para que se apartara de su impiedad, pero después de hacerlo en público, el Señor le advirtió que lo debería hacer en secreto, para evitar que los creyentes fueran avergonzados delante de los demás, y esto originó que las profecías también fueran anunciadas al oído de las personas.

En el año 1.972 Luis Eduardo Moreno fundó la Iglesia de Dios Ministerial de Jesucristo Internacional, cuyo nombre obedece, en primer lugar, a que sus reuniones se basarían en el ministerio de los dones del Espíritu Santo, como Dios se lo había proclamado tiempo atrás a María Luisa, por lo que en la razón social de la organización se incluyó el término "Ministerial", y en segundo lugar, por cuanto el Señor le dijo a la esposa del fundador de la IDMJI que él levantaría una obra internacional, entonces también se le agregó la palabra "Internacional" al nombre que identificaría a la secta. A los que asistían a este movimiento, según las palabras de María Luisa Piraquieve en una de sus predicaciones, Dios no les permitía asistir a cualquier otra denominación, puesto que Él mismo dirigiría a la Iglesia de Dios Ministerial de Jesucristo Internacional, debido a que las personas de las otras iglesias evangélicas no le buscaban con sinceridad, por eso llevaría a los verdaderos creyentes a la "Obra del Señor", Dios le daría la instrucciones a María Luisa en cuanto a cómo formar una congregación verdadera, y las cosas de la Biblia que ella no entendieran, el Espíritu Santo se las revelaría a través de la profecía. En una de las reuniones que se celebraba cada día, María Luisa tuvo una visión en la que Dios sacaba del cabello a un cuñado suyo de la iglesia a la que asistía y le decía: "Oscar debe estar aquí", mientras que Oscar sentía que debería apartarse de la congregación a la que pertenecía para reunirse con María Luisa.

Al principio se reunían en un garaje, sin embargo, Luis Eduardo Moreno adquirió un terreno ubicado en el barrio Las Ferias, en Bogotá, para iniciar allí las reuniones con las personas que le seguían. Con el tiempo cada vez asistían más adeptos, hasta el punto de preparar y nombrar pastores para nuevas congregaciones en otros municipios de Cundinamarca y ciudades principales de Colombia. Después de viajar en varias ocasiones a Panamá para predicar, el fundador de la Iglesia de Dios Ministerial de Jesucristo Internacional, inauguró una sede en ese país, nombrando como pastores a Darío Falcón y su esposa Beatriz Piraquive, cuñado y hermana de María Luisa Piraquive, siendo aquel el primer lugar al que llegaron fuera de Colombia con su falsa doctrina. Después de más cuatro décadas de haber sido fundada la IMJI, alcanzó a tener más de novecientas salas de reunión en más de cincuenta países en cuatro continentes. Además de la enseñanza y los mensajes proféticos que aseguran provenir de Dios, en el año 2.000 se fundó el Movimiento Independiente de Renovación Absoluta, conocido con la cicla "MIRA", un partido político que es una rama de la Iglesia de Dios Ministerial de Jesucristo Internacional y que desde ese entonces ha sido representado en muchos cargos públicos por adeptos de la secta y simpatizantes de ésta.

EL ÉNFASIS Y LA FORMA DE LA PROFECÍA

María Luisa Pirarquive afirmó que Dios le enseñaba directamente la doctrina bíblica a ella, y a su vez, ella instruiría a su esposo. Por otra parte, cuando le imponía las manos a alguien, lo hacía porque, según ella, el Espíritu Santo le decía que lo hiciera, y por ejemplo, le ordenaba lo siguiente: "ora por esa oveja negra", cuando los visitaba alguien que venía del mundo. A los fundadores del movimiento y sus primeros colaboradores (Oscar y Carlos Alberto) el Espíritu Santo inicialmente también los guiaba para que profetizaran por cuanto aún eran "niños espirituales", pero después de un tiempo, al alcanzar madurez y tener cierto grado de conocimiento espiritual, no necesitaban ser guiados por el Espíritu Santo y podían profetizar directamente, como lo hacían los esposos Moreno Piraquive. En los cultos se escuchan testimonios de prosperidad, milagros, sanidades y otros, sin embargo, todo aquel que testifica, comienza su intervención diciendo algo semejante a que exactamente en él o en ella se cumplió la profecía como se lo habían anunciado.

LA POSTURA DEL CRISTIANISMO CLÁSICO

El apóstol Pablo exhortó a la obediencia y a la sumisión (Efesios 5:22-23) como una actitud de la esposa hacia su marido, lo que refleja la de la iglesia a Cristo como su Cabeza, es decir, que el varón representa el principio de la autoridad delegada de parte de Dios en el núcleo familiar, de la misma forma que Cristo ostenta la hegemonía sobre los Suyos. Con respecto a la profecía, ésta es la proclamación de la verdad divina y por medio de ella es edificada la iglesia, por lo tanto, no se debe proclamar de manera privada o secreta (2 Pedro 1:20) y siempre debe estar guiada por el Espíritu Santo, como un don Suyo, cuya naturaleza se presenta con claridad en (1 Corintios:12-14) y originalmente consistía en revelaciones e inspiraciones ocasionales, no siempre de una manera general relativas al futuro, como en el caso de Agabo (Hechos 11:28) sino a veces en comunicaciones nuevas relativas a la fe que se presentaban esporádicamente con la exposición de la verdad ya conocida, de modo que la convicción y el arrepentimiento eran los efectos que producía en los oyentes sinceros (1 Corintios 14:24-25). La profecía está relacionada con la iluminación de los misterios del Evangelio, pero en la mayoría de casos parece estar dirigida al cuerpo de creyentes que se encuentra reunido glorificando al Señor para recibir Sus enseñanzas. Asimismo, por medio de la profecía el Espíritu Santo convence de pecado a las personas, las conduce a una adoración sincera y las estimula a una acción de obediencia a los mandatos divinos.

NEO-MESIANISMO

Antes de analizar esta secta que surgió a finales del siglo XX dentro de las filas del mesianismo, es bueno aclarar que este movimiento herético no se debe confundir con el sionismo o el mesianismo ortodoxo, cuyo sano propósito es promover la predicación del Evangelio del Señor Jesucristo en Israel y en el pueblo judío disperso por el mundo.

BREVE HISTORIA DEL SIONISMO

Entre los años 1.860 y 1.980 el concepto de sionismo empezó a tomar cierta forma conforme aparecían diversos libros sobre el tema. En 1.896 el abogado y periodista austro-húngaro Theodor Herzl, quien predijo que "el antisemitismo sería algún día legalizado en Alemania", fundó el sionismo y publicó un libro titulado *Der Judenstaat* o *The Jewish State* (el Estado judío) que abogaba por el establecimiento y la creación de un nuevo estado judío en Palestina. Herzl terminó un texto de su manuscrito, donde delineaba sus objetivos, durante el invierno de 1.895-1.896. Los primeros extractos fueron publicados en el *Jewish Chronicle*, de Londres, el 17 de enero de 1896, en un libro no muy extenso, que tenía sólo ochenta y seis páginas, y su llamamiento era sencillo, en el que describía lo siguiente: "Somos un pueblo. Por doquier hemos tratado honestamente de integrarnos en las comunidades que nos rodean y conservar sólo nuestra fe. No se nos permite esa actitud... En vano nos esforzamos por aumentar la gloria de nuestras patrias mediante hitos en el arte y la ciencia, y su riqueza con nuestras contribuciones al comercio... Se nos acusa de ser extranjeros... Si al menos pudieran dejarnos en paz… Pero no creo que lo hagan".

Al siguiente año, después de un incidente antisemita (término acuñado en el año 1.890, pero que Herzl le dio expresión política a un sentimiento muy antiguo) en Viena, Herzl concluyó que "los judíos nunca estarían a salvo si no tenían su propia tierra". Para poner en práctica el plan, Herzl convocó y presidió un congreso sionista el 29 de agosto de 1.897 que se reunió en Basilea (Suiza) y a aquella convocación se le autodenominó Primer Congreso Sionista e incluía delegados de dieciséis países. Se eligió Palestina como el emplazamiento del futuro Estado debido a sus vínculos con la historia judía. La Organización Sionista Mundial también se fundó para ayudar a asentar las bases del futuro Estado. Muchos judíos ortodoxos habían insistido por mucho tiempo que cualquier regreso a la tierra santa lo realizaría el Mesías y que quien tomara las cosas por sus propias manos sería una blasfemia, sin embargo, nuevos sionistas anhelaban un programa de inmigración.

Durante la Primera Guerra Mundial, cuando los británicos estaban siendo derrotados, Chaim (o Jaim) Weizmann (1.874-1.952) un importante químico y científico ruso de origen judío, educado en Alemania y Suiza, maestro de bioquímica en Inglaterra en la Universidad de Manchester y que había abrazado el sionismo desde niño, descubrió la fórmula de la T. N. T. (una mezcla explosiva) y así se cambió el curso de la guerra. Los dirigentes británicos estaban dispuestos a ganar la guerra y cualquier otra cosa quedaba supeditada a la victoria. El estadista Wiston Churchill le dijo: "Señor Weizmann, necesitamos treinta mil toneladas de acetona, ¿puede usted hacerlo?", y él lo hizo. En agradecimiento por su servicio a Gran Bretaña, Lloyd George, quien conocía la historia de los judíos y fuera el primer ministro entre los años 1.916-1.922, durante la última etapa de la I Guerra Mundial y los primeros años de la post-guerra, apoyado por Arthur James Balfour, ministro de Asuntos Exteriores (1.916-1.919) quizá fue el más eficaz y fiel amigo británico que los judíos tuvieron jamás. Juntos le ofrecieron a Weizmann una recompensa por su descubrimiento, a lo que el científico solicitó Palestina como patria para el pueblo judío y así ayudó a promover el nacimiento del hogar nacional judío. Esto originó la "Declaración de Balfour", un documento publicado el 2 de noviembre de 1.917, en el que el gobierno británico favorecía y apoyaba la creación de un hogar nacional judío en Palestina, regresando a ésta cerca de

25.000 judíos inicialmente en lo que quedaba de ese año, después que desde el mes de enero las tropas británicas hubieran comenzado la conquista de Palestina.

El documento original que motivó que la Declaración de Balfour favoreciera a los judíos, fue presentado originalmente en un borrador el 18 de julio de 1.917 y contenía tres elementos esenciales, a saber: a. la reconstitución de Palestina con el carácter de un hogar nacional para los judíos; b. el derecho sin restricciones a la inmigración judía; y c. la autonomía interna judía. Estos puntos otorgaban a los sionistas todo lo que razonablemente podían solicitar a favor de los judíos, pero la Declaración no fue aprobada por el gabinete sino hasta el 31 de octubre de 1.917. De todos modos, ésta fue la pieza fundamental para que las naciones volvieran sus ojos hacia el estado judío. En la Conferencia de San Remo, celebrada el 24 de abril del año 1.920, la Declaración de Balfour fue confirmada como parte del "Tratado de Versalles" y el nuevo hogar nacional judío comenzó a crecer muy lentamente durante esa década. Algunos opinan que la Declaración debería llevar el nombre de Lloyd George, puesto que él había sido quien tiempo atrás decidió que el Reino Unido debería poseer Palestina.

Desde fecha temprana Gran Bretaña se había mostrado dispuesta no sólo a recibir bien y aceptar a los judíos, sino a ayudarlos en el extranjero. La primera vez ocurrió en 1.745, cuando María Teresa de Praga los expulsó de su país y su aliado Jorge II de Inglaterra protestó por las vías diplomáticas, pero esta actitud amistosa dio un fruto favorable para la raza judía sólo hasta después de la II Guerra Mundial, en el año 1.948, dos siglos después exactamente. La I Guerra Mundial posibilitó la creación del Estado sionista, sin embargo, la II Guerra Mundial lo convirtió en algo real, no sin que antes el pueblo escogido de Dios sufriera la más terrible persecución de todos los tiempos.

La Biblia, el libro de los hebreos, influyó sobre la conquista del territorio israelita casi dos milenios después de haber sido escrito en su totalidad. Weizmann había escrito que "el Reino Unido era una nación bíblica". Uno de los ayudantes de Lloyd George afirmaría que "Inglaterra lee y piensa la Biblia" y algunos concluyeron que era el único país que deseaba ver el regreso de los judíos a su antigua patria. Balfour estaba convencido que los judíos eran la raza con mayor talento de la humanidad desde la Grecia del siglo V a. C., y Churchill, que los admiraba porque así se lo inculcó su padre, lord Randolh Churchill, decía que eran los más dotados de talento, aun cuando también los calificaba de místicos.

En el curso de cuatro mil años de historia, los judíos nunca habían afrontado, ni llegaron a imaginar un antagonista como el holocausto nazi, que reclamara, no una parte o lo principal de sus propiedades, sino todo lo que les pertenecía, no sólo unas pocas vidas, o incluso muchas, sino todas, hasta el último niño. Después de la persecución nazi a los judíos cuando éstos trataron de conquistar Palestina, apareció entonces el antagonismo árabe. Al respecto, el autor Paul Johnson, en su libro LA HISTORIA DE LOS JUDÍOS (Ediciones B, S. A. -para el sello Zeta Bolsillo-; pp. 753) escribió lo siguiente: "De modo que murieron casi seis millones de judíos. Dos milenios de odio antisemita de todas las variedades, paganas, cristianas y seculares, supersticiosas y cerebrales, populares y académicas, fueron unidas por Hitler en un monstruo demoledor e impulsadas por su energía y su voluntad extraordinarias para aplastar el cuerpo impotente de la comunidad judía europea... Cuando se abrieron los campos y se reconoció la medida real del desastre, algunos judíos esperaron con candidez que una humanidad ofendida reconociera la magnitud del crimen y dijese con voz poderosa: «ya basta». El antisemitismo debía terminar... y volver a comenzar la historia... El efecto del Holocausto fue principalmente desplazar el foco principal del odio antijudío en Europa centrooriental a Oriente Próximo. Lo que inquietaba a algunos líderes árabes era que la solución de Hitler en realidad no había sido el final. Por ejemplo, el 6 de mayo de 1942 el gran muftí había protestado ante el gobierno búlgaro porque algunos judíos salían de ese país en dirección a Palestina".

A partir de 1.917 hasta 1.948 Jerusalén fue conquistada por los británicos en constantes luchas entre árabes y judíos por el acceso al muro occidental del monte del Templo y el control del mismo, pero sólo hasta el 14 de mayo del año 1.948, después de la II Guerra Mundial, cuando cerca de seis millones de judíos murieron en los campos nazis de concentración, la O.N.U. (Organización de las Naciones Unidas) apoyada por el presidente de Estados Unidos, Harry Truman, quien quiso instalar en Palestina a los sobrevivientes del Holocausto, le concedió a la nación israelí la independencia, pero no el acceso que pretendía al muro occidental, como tampoco al monte del Templo, lo que se logró sólo hasta el 7 de junio del año 1.967, en la Guerra de los Seis Días. El 17 de febrero de 1.949 fue elegido Chain Weizmann como primer ministro del estado judío, un cargo honorífico, por solicitud de Ben Guirón y sus colegas, y el 11 de noviembre del mismo año, Jerusalén, supervisada por la O. N. U., fue declarada la capital de Israel. Cuando se formó el Estado de Israel, hubo un intento para que Chain Weizmann fuera su primer presidente, sin embargo, de acuerdo con los criterios norteamericanos no consiguió obtener atribuciones presidenciales, por lo que fue nombrado Ben Gurión como primer ministro de Israel (1.948-1.954) quien cedió el lugar a Moshé Sharett, para luego ocupar un segundo período en el gobierno (1.955-1.963).

El holocausto y la nueva Sión estuvieron orgánicamente relacionados. El asesinato de seis millones de judíos fue un factor casual básico en la creación del Estado de Israel. Las grandes masacres en España antes de 1.492 y en la Europa Oriental en 1.648 condujeron a la emigración de judíos a Inglaterra y luego a Estados Unidos, en donde fueron acogidos, lo que a su vez fue el punto de partida de la comunidad judía más influyente del mundo, parte indispensable del ámbito geopolítico que hizo posible la creación del Estado de Israel. Asimismo las matanzas de 1.881 desencadenaron toda una serie de acontecimientos orientados hacia el mismo fin. La inmigración que provocaron condujo directamente a la creación del moderno sionismo de Herzl. El movimiento de judíos desencadenado por la opresión rusa creó la pauta de tensión de la que en 1.917 surgió la Declaración Balfour, y para aplicarla la Organización de las Naciones Unidas estableció el retorno de los judíos a Palestina. La persecución hitleriana a los judíos fue la última de una serie de catástrofes que contribuyeron a la creación del estado sionista.

El Reino Unido ocupaba el territorio palestino y además, la política del "Libro Blanco" de 1.939 había rechazado la Declaración Balfour, proyectando un futuro en cuyo marco no podía surgir una Palestina con predominio judío, el pueblo que había sido el aliado de Gran Bretaña en la Primera Guerra Mundial, pero al mismo tiempo tenían que derrotar su política en Palestina, no obstante, en cuanto los británicos renunciaron a su mandato, el presidente norteamericano Harry S. Truman (1.945-1.953) impulsó la creación de un estado judío el 29 de noviembre de 1.947. El mandato británico terminaría hasta el 15 de mayo de 1.948, sin embargo, un día antes, el viernes 14 de mayo de 1.948, Ben Gurión leyó la declaración de la independencia en el Museo de Tel-Aviv. Los judíos vieron la creación del Estado sionista como su hogar nacional al reconquistar la Tierra Prometida, el territorio que en la práctica podían adquirir, desarrollar y defender. En el año 1.967, con la Guerra de los Seis Días, Israel recuperó el territorio que se extiende desde el río Jordán hasta el Canal de Suez, incluyendo una parte de Jerusalén que faltaba por conquistar.

OTROS NOMBRES DE LA SECTA

1. Judíos neo-mesiánicos.
2. Congregación mesiánico-renovada.

Esta es una comunidad cuyo propósito principal es difundir "la tercera Reforma" en el mundo y en todos los idiomas de acuerdo al "mover del Espíritu Santo". Para esta secta, la primera Reforma ocurrió en el año 1.517 con Martin Luther (lo cual es cierto) la segunda acaeció a principios del siglo XX con William Seymour y el movimiento pentecostal, y la tercera ocurrirá cuando el pueblo escogido de Dios vuelva a sus verdaderas raíces.

ESTRUCTURA DOCTRINAL

QUIÉN ES ELOHIM PARA EL NEO-MESIANISMO

Para el neo-mesianismo hay tres conceptos básicos con respecto a Quién es Elohim: a. El primero de ellos es que el verdadero Elohim es Una sola persona, y no tres, sino que son más bien tres partes conformadas así: Alma (Iahvéh) Cuerpo (Ieshúa) y Espíritu (Espíritu Santo) de acuerdo con el *"shemáh"* (Deuteronomio 6:4). Por eso el hombre fue "creado a su imagen", y una creencia en tres Dioses es una de las mayores herejías. b. El segundo concepto es que Elohim, conformado en tres partes, ha sido revelado en las tres fiestas judías anuales (Éxodo 23:14-19); y c. La tercera noción es que Elohim no puede ser el eterno Esposo de Israel (Jeremías 3:14) para luego divorciarse y casarse con la iglesia cristiana. Por otra parte, este movimiento asegura que el nombre "Dios" se deriva del dios griego Zeus, y que su verdadero nombre es Yahweh.

LA POSTURA DEL CRISTIANISMO CLÁSICO

El término genérico *"Elohim"* es un nombre común en el Antiguo Testamento que pertenece al mundo semítico y el primero que se le aplica a la deidad en la Sagrada Escritura (Génesis 1:1). Tiene como origen una palabra sencilla que significa "poder" o "facultad", hablando de la fortaleza de Dios y, quiere decir, por tanto, que Él posee toda forma de poder y autoridad, por eso, la palabra se usa generalmente en su forma plural para expresar la plenitud y gloria de las facultades divinas y la majestad de este Ser en Quien reside toda la potestad. Connota una descripción genérica del Ser de Dios, en cuanto que es Creador, Soberano del universo y Gobernador de todos los seres, siendo especialmente utilizado en Su relación personal con Su pueblo. El término, como toda terminación *"im"* en hebreo, gramaticalmente implica un plural masculino y se refiere en forma velada a las tres Personas divinas, unidas en esencia como Un sólo Dios trino y verdadero, teniendo en cuenta que el número uno (1) representa la idea de la unidad (Deuteronomio 6:4, en donde el término hebreo *"ehadh"* ha sido transliterado como "uno") pero habla de "nosotros", en plural (Génesis 1:26; 3:22; 11:7; Isaías 6:8) y denota una intensidad de poder, por lo que su mejor traducción al castellano sería "Dios Fuerte, Poderoso", y es utilizado en el pasaje bíblico que revela la creación (Génesis 1:1, 3, 6, 7, etc.). Al estar en forma plural sugiere la Trinidad: Dios el Padre, Dios el Hijo y Dios el Espíritu Santo, no obstante, su forma singular es *"Eloah"*, en cuyo caso significa la deidad única y suprema, en donde la naturaleza del nombre propio no pierde su cualidad abstracta y conceptual. Las expresiones o frases plurales como *"hagamos"* (Génesis 1:26) y *"descendamos y confundamos"* (Génesis 11:7) entre otras, se pueden considerar intensivas y aunque son antropomorfismos, sirven para indicar plenitud de poder, a la vez que están expresando una previa deliberación o conversación interna del Dios trino.

Con respecto a que el hombre haya sido creado a la imagen de Dios, no implica una especie de duplicado, ni se refiere a la esencia divina de Su Ser que es incomunicable, como tampoco a un aspecto corporal o físico, por cuanto Dios es Espíritu (Juan 4:24) sino a un reflejo de Sus cualidades morales y espirituales (Eclesiastés 7:29; Efesios 4:24; Colosenses 3:10) y a que el hombre ha sido dotado con ciertas habilidades intelectuales únicas que le colocan completamente aparte de las especies del reino animal. Si bien el aspecto mismo externo del hombre resplandece la gloria de Dios, no hay duda, sin embargo, que el lugar propio de la imagen está en el alma del ser humano. Dios creó al hombre como un ser espiritualmente libre, bueno, veraz, santo, recto y agente moral responsable, con facultades de elección y acción, capaz de tener comunión con Él, responderle y representarlo. La imagen de Dios en el hombre incluye la participación, en un sentido finito y limitado, de cualidades divinas en cuanto a los atributos morales de Dios, algunas veces llamados comunicables, como sabiduría, justicia, santidad, amor, bondad o fidelidad. La ley de Dios fue escrita en el corazón del hombre, no en la forma literal como se encuentra en el decálogo, pero sí por medio de un mandato divino (Génesis 2:16-17) con el cual conoció lo que el Creador demandaba de él para que viviera en armonía con Dios y la reflejara al resto de la creación.

Con respecto a que Elohim ha sido presentado como el Esposo de Israel, en el Antiguo Testamento Dios condescendió a aparecer como el Marido de Su pueblo (Isaías 54:5; 62:5; Jeremías 3:1,14; 31:32; Ezequiel 16:6-14; Oseas 2:18-20) y el Señor Jesucristo adoptó la misma figura (Mateo 9:15; 22:1-2; 25:1) que se amplió en la enseñanza apostólica para denotar Su relación con la iglesia (Efesios 5:23-27; Apocalipsis 21:9). Desde los primeros tiempos los judíos vieron en el Cantar de los Cantares un cuadro del amor de Dios por Su pueblo, y todo el libro describe el amor entre una mujer con un poderoso y rico monarca, profetizando simbólicamente las bodas del Cordero (Apocalipsis 19:7-9) que consagrarán por la eternidad la unión de Cristo con Su iglesia, a la que pertenecen también todos los judíos que crean en el Hijo de Dios como único Salvador.

Con respecto al nombre "Dios", si bien es cierto que los griegos se referían inicialmente a cualquier deidad pagana de su mitología local como "un dios", sin embargo, en el uso principal del cristianismo, este apelativo, escrita con mayúscula la letra "D" inicial, funciona como el nombre propio de Jehová, es decir, que pertenece al único Dios vivo y verdadero, Trascendente, y en este título se encuentran todos los pensamientos expresados por las descripciones bíblicas de Dios como una Persona. Asimismo de la palabra griega *"theiotes"* se deriva el término conocido en castellano como "divinidad". Si se emplea la misma palabra, tanto en el Antiguo como en el Nuevo Testamento para designar a Jehová y a los dioses falsos, se deduce, por supuesto, que jamás los autores sagrados le atribuyeron a los segundos una existencia real, sino que se trata de vanidades (Salmo 115:4-8; Isaías 44:9; 1 Corintios 8:4-6). La definición más común del término "Dios" en el lenguaje humano sería, que se trata del Ser supremo y Creador del universo, que es omnipotente, omnipresente, omnisciente. En el uso corriente del cristianismo, la palabra "Dios" funciona como un nombre propio, es decir, el de la designación de la Persona del Ser Supremo, y contiene en Sí mismo todos los pensamientos expresados por los nombres y descripciones bíblicas de Elohim. Todos los nombres de Dios en el Antiguo Testamento proclaman algunos aspectos de Su naturaleza y de Su vínculo con la humanidad. De ellos, los principales son: a) "El" (Génesis 33:20); b) "Eloah" (Salmo 18:31); c) "Elohim" (Génesis 1:1); y d) "Elyon" (Génesis 17:20). Estos expresan el pensamiento de un Ser trascendente, sobrenatural, fuerte, y con vida inagotable en Sí mismo. En el Nuevo Testamento, en cambio, se identifica a Dios como el Padre del Señor Jesús y de los cristianos por medio de Cristo, asimismo *"Theos"* tiene los equivalentes griegos de los nombres del Antiguo Testamento y *"theos"* podría adaptarse para usarse respecto a los dioses paganos, aun cuando estrictamente hablando expresa la idea de una deidad.

QUIÉN ES JESÚS PARA EL NEO-MESIANISMO

El movimiento neo-mesiánico a Cristo le llama *"Ieshuah ha Mashiah"*, título hebreo que equivale a la expresión castellana "Jesús el Mesías", en la que Su nombre personal está unido a Su título oficial, Mesías, palabra derivada del verbo hebreo *"mashah"*, que quiere decir "ungir" y que hace referencia a que Cristo fue ungido con el Espíritu Santo, sin embargo, para el neo-mesianismo, Cristo y Jesús de Nazaret no son la misma persona, más bien esta secta considera que el nombre *"Ieshua"* corresponde a la unión de dos vocablos: *"I"* (por Iahvéh) y *"Shua"* (por salvación) que *"Ieshuah"* es el Cuerpo de Elohim, y que si el Señor Jesús era judío, entonces su verdadero nombre debería ser Jeshuah o Ieshua. Por otra parte, de manera temeraria y grotesca el neo-mesianismo ha declarado que el nombre "Jesús" es el de un "demonio" que se encuentra a la puerta del infierno. Asimismo, para esta secta moderna el nombre "Cristo" no existe, simplemente es una mala traducción del nombre *"Mashiah"* y si existiera, no se trata del rabino Ieshua, por cuanto es imposible que en ese nombre mataran los nazis en el tiempo de Adolfo Hitler a seis millones de judíos. El neo-mesianismo también sostiene que el cristianismo es una nueva religión sincretista, proveniente del gnosticismo griego, con un dios-gentil, cuyo fundador, Jesús (J-esús-Z) tomó su nombre del dios-sol, por eso los cultos se celebran el día domingo, y que ocultó entre los gentiles al verdadero Mesías judío. Además, confundiendo al cristianismo con el catolicismo, afirma que aquél cree en lo que dice la Escritura, pero que adora a un dios-gentil, a su madre María, a miles de santos y que su doctrina está basada en los escritos de Agustín, Crisóstomo, Eusebio, Clemente y otros teólogos de la era patrística, a quienes considera idólatras y equivocados en sus conceptos.

En cuanto al día de la muerte del Hijo de Dios, el neo-mesianismo afirma que "el rabino Ieshuah" no murió el viernes clavado en una cruz, un símbolo del paganismo, sino un miércoles atado y clavado al tronco de un árbol, y que no resucitó el domingo, sino antes que iniciara la noche del sábado y que llegaran las dos mujeres a la tumba, para festejar el *"shabat"*, por cuanto el día judío inicia al caer el sol. De acuerdo a la opinión de esta secta, *"el primer día de la semana"* al que se refiere el Nuevo Testamento es una traducción falsa del griego, un idioma pagano, hecha por los cristianos del primer siglo para justificar sus cultos del día domingo, pero los discípulos del rabino Ieshuah no se pudieron reunieron ese día por ser laborable.

LA POSTURA DEL CRISTIANISMO CLÁSICO

El nombre personal de Jesús, es la forma latinizada que se deriva del griego *"Iesous"*, transcripción del hebreo *"Jeshuah"*, una forma tardía de *"Jehoshuah"* o *"Joshuah"*, es decir, Josué en castellano, que literalmente significa "Jehová es salvación" o "Jehová es bienestar" en hebreo, pues el Señor Jesús era el Mesías esperado por Israel para su salvación. Al principio, el nombre de Josué, quien originalmente se llamaba Oseas, del hebreo *"Hoshea"*, que equivale a "salvador" o "salvación", y era solamente uno de los doce espías que inspeccionarían la tierra de promisión (Números 13:8,16) le fue cambiado por Moisés, por mandato divino, señalándole como el salvador de Israel de mano de los enemigos de aquel entonces. El erudito rabino Hertz opinó que dicho nombre proviene del verbo hebreo *"hoshia"* (forma hiphi de *"yashah"*) que quiere decir "ayudar", "liberar" o "salvar" y que Moisés había cambiado el nombre de *"Hosheah"*, que significa "él ayudó", por el de *"Yehoshua"*, que quiere decir "él ayudará", con lo que al nombre anterior se le añadía como prefijo la letra "y", con la que comienza el más típico nombre de Dios (Yahveh o Yavé) y se daba a entender que el mismo Dios que hasta entonces había ayudado al pueblo de Israel, le salvaría también en el futuro. Del término hebreo *"Jehoshuah"* surgieron los nombres bíblicos Josué, Elías (Jehová es mi Dios) Eliseo (Dios es Salvador) Isaías (salvación de Dios) y Jesús. En cuanto al nombre "Cristo", este proviene de la transliteración del término griego *"Christos"*, equivalente a la palabra hebrea *"Mashiah"* del Antiguo Testamento, cuyo significado literal es "Ungido" o "Consagrado", derivado del correspondiente verbo hebreo *"mashah"*, que quiere decir "ungir". La palabra se deriva de la antigua práctica de ungir con aceite como símbolo de consagración divina al servicio. El vocablo Cristo pertenece al idioma castellano, *"Christos"* al griego, aun cuando otra forma de deletrearlo era *"Chrestus"*, y *"Mashiah"* al hebreo. Es un nombre universal, el más reconocido por los hombres y traducido en la gran mayoría de idiomas. En alemán se dice *"Christus"*, en francés *"Christi"*; en inglés *"Christ"*; y *"Cristo"* tanto en italiano como en castellano. Al llamarle así al Hijo de Dios, se le está reconociendo como el Mesías, título con que se hacía una confesión de fe en cuanto el Señor Jesús era el Ungido de Israel tan largamente esperado por los judíos, el Salvador que redimiría a Su pueblo.

Con respecto a los teólogos de la era patrística y sus sucesores, como se explicó con anterioridad, la enseñanza y autoridad apostólica fue una cadena que inició en Cristo, se la otorgó a Sus discípulos, y éstos la transmitieron a los padres apostólicos, quienes se la comunicaron a sus sucesores. Clemente de Roma fue contemporáneo de los apóstoles Pablo y Juan, Policarpo también fue enseñado por Juan, quien a su vez adoctrinó a Ireneo y así sucesivamente se unió la era apostólica con el segundo siglo de la era cristiana, y éste con una nueva generación de creyentes en el período transicional hasta la conformación de los credos.

En cuanto al día de reposo, como tal, seguía siendo el séptimo, pero el término "día de reposo" o *"shabat"* en hebreo, se refiere a todo aquel descanso que se dedicaba a Dios y significaba más bien lo que se hacía en él para honrarle y glorificarle. Los judíos llamaban shabat a todo lo que se hacían en el séptimo día de la semana, en ciertas festividades anuales e incluso en ciertos años, pero en el idioma hebreo no se le daba un nombre específico a los días de la semana, sino que se les numeraba. Desde la caída del hombre hasta la resurrección del Señor Jesús, cada semana tenía que ilustrar que Cristo iba a obtener por Su sacrificio el descanso eterno para Su pueblo. Es incluso singular que el Hijo de Dios muriera el viernes, el último día de trabajo en la semana de Israel, descansara en la tumba el "shabat" y que se levantara de ella el domingo, en la madrugada, llamado en ese entonces "el primer día de la semana" y así se registra en la Escritura. La dispensación del Antiguo Testamento ha pasado y se ha implantado una nueva en la que el *"primer día de la semana"* (Mateo 28:1; Juan 20:19,26) en conmemoración por la resurrección de Cristo, ha venido a ser el tiempo apartado para adorar a Dios desde la época de la iglesia primitiva (Hechos 20:7) y al que a finales del primer siglo se le denominara *"día del Señor"* (Apocalipsis 1:10). Después de haber resucitado, el Señor Jesucristo se presentó a los discípulos el primer día de la semana (Lucas 24:23; Juan 20:19,26) y desde ese entonces la iglesia se reúne el domingo, día de bendición en que Cristo se reúne con Su pueblo, como lo hizo cuando se le presentó a Juan en la isla de Patmos, lejos de la congregación de los santos, prefigurando el cese de la gran tribulación para que la iglesia se presente a las bodas del Cordero. Es notable observar cómo Cristo escogió precisamente el día del Señor para hacer Su entrada triunfante a Jerusalén montado sobre un asno, para Su resurrección gloriosa de entre los muertos, para congregarse con Sus discípulos después de haber resucitado, para enviar al Espíritu Santo en el día de Pentecostés, conforme a la promesa del Padre, y finalmente, para presentársele al apóstol Juan en la isla de Patmos y revelarle todo lo que fue escrito en el libro de Apocalipsis.

EL CONCEPTO QUE EL NEO-MESIANISMO TIENE DE LA ESCRITURA

Con respecto a la Sagrada Escritura, el neo-mesianismo sostiene cuatro puntos, que de estos, aun cuando el primero y el tercero son una verdad indiscutible, unidos a los otros dos, que son falsos, han sido usados por los adeptos de esta secta para intentar desprestigiar el infinito valor que tiene el Nuevo Testamento y su importancia para la iglesia. Los cuatro puntos principales que sostiene el neo-mesianismo con respecto a la Biblia, son:

1. El Antiguo Testamento fue escrito en el idioma original del pueblo escogido de Dios, a saber, el hebreo.

2. El Nuevo Testamento o el nuevo pacto fue hecho sólo para Israel y todo aquel que desee disfrutar de sus bendiciones tiene que hacerse miembro de "la casa de Israel" (Romanos 11:16-25).

3. El Nuevo Testamento solo comenzó a circular a mediados del segundo siglo, mientras tanto, los judío-mesiánicos de los primeros ciento cincuenta años de esta economía, leían el Antiguo Testamento, especialmente la *Torah*, haciendo énfasis en los diez mandamientos y en las leyes subsiguientes.

4. Los escritores cristianos colocaron en el Nuevo Testamento la palabra *"iglesia"* en lugar de "Israel".

LA POSTURA DEL CRISTIANISMO CLÁSICO

Con respecto al segundo punto, a través del Señor Jesucristo existe una reconciliación perpetua entre los dos pueblos, judíos y gentiles (Efesios 2:11-13) la *"pared intermedia"* (Efesios 2:14) ha sido derribada, y a partir del sacrificio de Cristo en la cruz existe un sólo pueblo escogido de la familia de Dios, conformado tanto por judío como gentiles creyentes en el único Salvador. No obstante, todavía algún sector del cristianismo, especialmente la escuela dispensacionalista, sostiene una distinción en asuntos escatológicos entre los dos pueblos, basada en 1 Corintios 10:32. Por ejemplo, el pastor Colin Crawford, en su libro LA PALABRA PROFÉTICA (Centros de Literatura Cristiana; pp. 19) escribió lo siguiente: "Al observar esta Escritura, notaremos que el apóstol menciona tres grupos específicos de personas o agrupaciones humanas: los judíos, los gentiles y la iglesia de Dios. Esto nos lleva a sacar como conclusión que en el plan de Dios toda la humanidad se encuentra dividida en estos tres grupos, encontrando en las profecías la misma división de manera muy específica y totalmente diferenciadas para cada uno de ellos.

Con respecto al cuarto punto, el término castellano "iglesia" se ha derivado de la palabra griega *"ekklesia"*, y es utilizado cerca de cien veces en el Nuevo Testamento, siempre con el significado de una asamblea, congregación o conjunto de redimidos, a nivel local o general. Por otra parte, el vocablo "Israel" es empleado en el Nuevo Testamento con la misma connotación que en el Antiguo, a saber, para referirse al pueblo que desciende del patriarca Jacob en todas las ocasiones en que aparece este nombre, no obstante, hay muchos israelitas que creen en Cristo como su Salvador, e incluso la iglesia tuvo su comienzo en las filas del judaísmo.

EL CONCEPTO QUE EL NEO-MESIANISMO TIENE DE LA HUMANIDAD

Para el neo-mesianismo la humanidad está conformada por judíos y gentiles (Romanos 11:16-18) y existe solamente el árbol judío del que habló el rabino Shaul (como llaman al apóstol Pablo) el cual ha sido comparado con una planta y se le ha llamado *"primicias"*, *"raíz"* u *"olivo"*, y que a ésta se le haya injertado el pueblo gentil y en forma metafórica se le denomine *"masa restante"*, *"ramas"* u *"olivo silvestre"* para seguir empleando el símil de una planta, es algo imaginario, inventado por los teólogos del cristianismo y escrito en su "Biblia griega", sin embargo, los judío-mesiánicos son los únicos que pueden sacar a la iglesia cristiana de su engaño y su idolatría. Por otra parte, el neo-mesianismo considera que "el tiempo de los gentiles" se cumplió en el mes de junio del año 1.967, cuando el ejército israelí tomó a Jerusalén para siempre, un tiempo que comenzó a contarse desde la invasión de Judá, con su capital Jerusalén, por parte del ejército de Nabucodonosor, el rey de Babilonia, y desde ese entonces en la ciudad de Dios han gobernado cuatro imperios de gentiles, a saber, el babilonio, el medo-persa, el griego y el romano, hasta la reconquista de los judíos, en la "Guerra de los Seis Días".

LA POSTURA DEL CRISTIANISMO CLÁSICO

Como se explicó en el punto anterior, la *"pared"* (Efesios 2:14) que separaba al pueblo judío del gentil ha sido derribada con el sacrificio de Cristo y a partir de ese momento los dos pueblos han sido reconciliados y unidos, conformando un sólo cuerpo. Por otra parte y con respecto al tiempo de los gentiles, el cristianismo clásico considera que esta etapa histórica comenzó con la invasión del ejército de Nabucodonosor a Jerusalén y la posterior deportación de los judíos a Babilonia, sin embargo, afirma que terminará con la segunda venida a la tierra del Hijo del Hombre.

EL CONCEPTO QUE EL NEO-MESIANISMO TIENE DE LA CENA DEL SEÑOR

El neo-mesianismo considera que la cena del Señor, llamada también santa cena, debe ser celebrada una sola vez al año, como la Pascua, y que al conmemorarse cada semana, mensualmente o como lo ordene el pastor de una iglesia, es una doctrina de demonios. Por otra parte, afirma que se debe celebrar en memoria de la muerte de Ieshuah ha Mashiah, y no de Su resurrección, por lo tanto, hacerlo el día domingo es un acto de desobediencia y rebeldía. Esta secta también afirma que comer pan común en la cena del Señor es declarar que el rabino Ieshuah es pecador, por cuanto la levadura es un símbolo del pecado.

LA POSTURA DEL CRISTIANISMO CLÁSICO

La Pascua era la más grande de todas las observancias anuales religiosas de los judíos y a través del Antiguo Testamento tendría un doble significado, puesto que señalaría hacia el pasado recordándole al pueblo la libertad que recibió de la esclavitud egipcia, y también anunciaba la venida del Cordero de Dios que quita los pecados del mundo (Juan 1:29). Esta fiesta (Éxodo 5:1) o celebración solemne significaba que las asociaciones antiguas de Israel iban a desaparecer para siempre y entonces para ellos todo sería novedoso. Ya no comerían más puerro, cebolla y ajos como en Egipto, sino que se deleitarían en el desierto comiendo el maná del cielo, tendrían una nueva vivienda en la Tierra Prometida, celebrarían nuevos ritos y se conformarían como una nueva nación. La Pascua se constituyó en el centro alrededor del cual se reuniría la asamblea judía para comer en familia el cordero asado que había estado bajo la acción del fuego, celebrando la fiesta más solemne del calendario hebreo. La redención del pueblo estaba fundamentada en la sangre del cordero, una figura de Cristo, no obstante, los israelitas al igual que todo creyente, serían salvos por la sangre derramada por el Señor Jesús en la cruz del Calvario, Quien se expuso a la acción del fuego de la justicia y de la santidad. El Hijo de Dios es el eterno Cordero pascual, sin mancha y sin contaminación, que tomó nuestro lugar. La primera pascua se celebró un día antes que el pueblo pasara el mar Rojo, mientras que la celebración de la cena del Señor se efectuó un día antes del sacrificio expiatorio de Cristo. Así como el pueblo de Israel escapó de la ira del Destructor porque los dinteles de sus puertas estaban marcadas con la sangre de los corderos, de acuerdo a las indicaciones dadas a Moisés, en la actualidad la preciosa sangre del Cordero de Dios marca a los que hemos escapado de la ira de Dios. Este paralelo es una prueba que el nuevo pacto no está desligado del antiguo, por el contrario, surge de aquel y lo completa. La pascua como una institución es un cuadro profético del sacrificio de Cristo. El mandato en cuanto a que el pueblo de Dios comiera en ella con panes sin levadura y que bebiera hierbas amargas (Éxodo 12:8) indicaba la participación de una comida divina y apuntaba hacia el sacrificio del Mesías, y los israelitas que entendieron el significado de la pascua con su simbología, pudieron reconocer en ella al Cristo profetizado en el Antiguo Testamento.

Cristo es *"nuestra pascua"* (1 Corintios 5:7) y en cuanto a la comparación entre Él y la Pascua judía, Charles Hodge, en su COMENTARIO A PRIMERA DE CORINTIOS (Estandarte de la Verdad; pp. 81) escribió lo siguiente: "Cristo es nuestra pascua, no porque haya sido sacrificado el día en que el cordero pascual era ofrecido, sino porque hace por nosotros lo que el cordero pascual hacía por los hebreos. De la manera que la sangre de aquel cordero puesta sobre los postes y en el dintel de las casa garantizaba a Israel la exención del golpe del ángel destructor, así también la sangre de Cristo garantiza a los cristianos el ser eximidos de la acción de la espada de la justicia divina. Cristo fue muerto por nosotros en el mismo sentido en que la pascua fue muerta por los hebreos. Fue una muerte vicaria".

Con respecto a lo que el neo-mesianismo sostiene en cuanto a que comer pan común en la cena del Señor es declarar que el rabino Ieshuah es pecador, por cuanto la levadura es un simbolismo del pecado, el autor Tomás de la Fuente, en su libro titulado CLAVES DE INTERPRETACIÓN BÍBLICA (Casa Bautista de Publicaciones; pp. 108) escribió que "la levadura con frecuencia es símbolo de la maldad, la hipocresía o la corrupción (1 Corintios 5:7) pero no siempre. En Mateo 13:33 el crecimiento del reino de Dios es comparado con la actividad de la levadura. En sí, la levadura no es cosa mala: era aceptable delante de Dios en las ofrendas de las primicias (Levítico 2:11-12). En este caso la levadura no puede representar la maldad sino el gozo y la abundancia en la vida del creyente".

LA CRÍTICA DEL NEO-MESIANISMO A LA IGLESIA CRISTIANA

El neo-mesianismo afirma que la iglesia cristiana evangélica tiene como base doctrinal las enseñanzas de Martin Lutero, un antisemita que declaraba cosas en contra de los judíos, y que sus planteamientos los adoptó cuatro siglos más tarde Adolfo Hitler. Por otra parte, este movimiento asegura que la navidad y la semana santa son fiestas paganas, así como las reuniones en el día domingo, y que más bien se deberían celebrar las fiestas judías, con sus horarios y días originales, en lugar de algunas ceremonias de origen griego o romano que están involucradas en el paganismo. Es cierto que la mitología griega influyó enormemente en la cultura y en la literatura, pero también es verdad que Pablo, el apóstol de los gentiles, fue enviado por el Espíritu Santo a predicar en algunas de las principales sinagogas judías en Grecia, no obstante, el neo-mesianismo utiliza esta circunstancia para condenar al cristianismo como una religión que tiene su raíz en el helenismo, añadiéndole a sus falsos argumentos que la Escritura está mal traducida y que además, por cuanto el idioma griego tiene muchos términos paganos, como por ejemplo, que la palabra "evangelio" tiene una relación estrecha con la diosa Evangelina, o que el vocablo "iglesia" comúnmente se refiere a una reunión política, y que la comunidad cristiana del primer siglo se inventó a un Mesías griego llamado Jesús, por lo tanto, el conjunto de sus creencias son paganas.

Los anteriores fundamentos han sido utilizados por los adeptos al neo-mesianismo para desanimar a los cristianos a seguir siendo fieles en las filas de la congregación local a la que pertenecen, y que se trasladen a engrosar este movimiento. Además de esta estrategia desleal para tratar de ganar prosélitos dentro del cristianismo, han añadido la calumnia a los pastores, acusándolos de homosexuales, adúlteros, fornicarios o que practican otra clase de pecado sexual, sin embargo, para evitar que sus víctimas al desilusionarse de su pastor decidan dejar de congregarse y de estudiar la Sagrada Escritura, aprovechan la oportunidad propicia para invitarles a la "sinagoga" o sitio de reunión del neo-mesianismo, en muchas ocasiones adulándoles al decir que si la última letra de su apellido es "s" o "z", o que si éste tiene el significado de algún sustantivo, como por ejemplo: Ríos, Casas, Chozas, etc., él o ella son descendientes de judíos, les ayudaran a investigar cómo se originó, por cuanto en la época antigua no se empleaban los apellidos, sino que el nombre propio de una persona estaba relacionado con el de sus progenitores y el de la tribu a la que pertenecía, como *"Aholiab hijo de Ahisamac, de la tribu de Dan"* (Éxodo 31:6) o *"Bezaleel hijo de Uri, hijo de Ur, de la tribu de Judá"* (Éxodo 35:30) el de su región o lugar de nacimiento, como *"Isaí de Belén"* (1 Samuel 16:1,18) *"Obed-edom geteo"* (2 Samuel 6:10) *"Urías heteo"* (2 Samuel 11:6) *"Ahías silonita"* (1 Reyes 11:29) es decir, de Silo, *"Nabot de Galaad"* (1 Reyes 21:1) *"Ornán jebuseo"* (2 Crónicas 3:1) o *"Gesem el árabe"* (Nehemías 2:19) entre otros caso, y en algunas ocasiones el nombre de la persona estaba acompañado de su profesión o vocación. Asimismo le declaran a los prosélitos que les ayudarán a investigar, hasta donde les sea posible, cuál es su árbol genealógico, a la vez que les motivan para que se reúnan con ellos, aprendan las palabras hebreas básicas que puedan y se entusiasmen para celebrar las fiestas que se hallan en el Antiguo Testamento.

LA FAMILIA DE DIOS

OTROS NOMBRES DE ESTA SECTA

Esta secta que pretende ser la "familia de Dios" en la tierra y que de esta impertinencia ha derivado su nombre, hasta el año 1.968 era un pequeño grupo que se hacía llamar "Teens for Christ" (Adolescentes para Cristo). Este movimiento religioso ha sido considerado uno de los más peligrosos por sus prácticas sexuales e incestuosas con menores de edad y actualmente es conocido con estos nombres:

1. La Familia de Amor.
2. La Familia Internacional.
3. La Familia "Misioneros Cristianos".
4. Los Hijos de Dios.
5. Los Niños de Dios.

El nombre de "los Niños de Dios" le fue colocado por una reportea de prensa, cuando lo relacionó con el hecho que la mayor parte de los miembros del movimiento eran jóvenes, quienes consideraban a David Brandt Berg como el padre de una familia, y a que él los veía a ellos como niños o hijos suyos. En el año 1.978, por una reorganización interna, se llamó "la Familia" y a esta frase se le han añadido los demás nombres.

FUNDADORES DEL MOVIMIENTO

DAVID BRANDT BERG (1.919-1.994)

El fundador de esta secta, David Brandt Berg, nació el 18 de febrero del año 1.919 en Oakland, California (Estados Unidos) en un hogar conformado por un hombre sueco y una mujer estadounidense, él era un pastor y evangelistas de la Alianza Cristiana y Misionera, y ella, que se llamaba Virginia, pertenecía hasta antes de casarse a una iglesia luterana y era hija de un pastor. En 1.924 su familia se instaló en Miami (La Florida) y siendo joven fue un ministro del Evangelio como su padre, nombrado para servir en el año 1.948 en Valley Farm (Arizona) no obstante, fue expulsado de la misión a la que pertenecía, al parecer, por tener relaciones ilícitas con una empleada de la iglesia, sin embargo, después de su expulsión, en 1.950 se unió al pastor Fred Jordan, a quien conoció en un trabajo secular y que dirigía una iglesia de corte pentecostal llamada "Clínica del Alma", pero organizó su propio movimiento en el año 1.968, cuyo nombre original era "los Niños de Dios", el cual fue cambiado luego por los de "la Familia de amor", "la Familia de Dios", "los Hijos de Dios" y finalmente por "la Familia Internacional". Tanto él como sus seguidores vivían en forma secreta en los países a donde llegaba el movimiento. Con su primera esposa, Jane Miller, con quien se casó en 1.944, tuvo cuatro hijos: Linda, Alexander, Paul y Johnatan, quienes en la secta eran conocidos con nombres bíblicos. Karen Elva Zerby se unió al grupo en el año 1.969, fue su secretaria personal y después que entre los dos se desarrollara una relación extramatrimonial, fue su segunda esposa, con quien adoptó a Ricky "Davidito" Rodríguez, en Tenerife (España). Fue denunciado por abuso sexual en reiteradas ocasiones, incluso por miembros de su propia familia. Escribió tres mil artículos de tipo espiritual o práctico que fueron usados como objeto doctrinal, conocidos como "Las cartas de Mo", cuyo nombre se deriva de sus manuscritos y el vocablo "Mo" corresponde a la sílaba inicial de Moisés, por cuanto se hacía llamar "Moisés David", y en aquéllos afirmaba que en él se cumplían las profecías referentes al futuro rey David, tales como Ezequiel 34:23, Isaías 37:35 y Oseas 3.5. David Brandt Berg murió el día 1 de octubre del año 1.994 en Portugal, siendo posteriormente incinerado.

KAREN ELVA ZERBY (1.946-)

La viuda de David Brandt Berg, Karen Elva Zerby, nació el 31 de julio del año 1.946 en Camden, New Jersey (Estados Unidos) es hija de un ministro nazareno y fue formada en el pentecostalismo evangélico. Ella quedó a cargo de la organización cuando murió su esposo, juntamente con Steven Douglas Kelly, su segundo marido, un neoyorquino cinco años menor que ella, que en 1.970 se unió a "la Familia de Dios" en Amsterdam (Holanda). Poco después de la muerte de Berg, le explicaron a los miembros del grupo que el fundador de la secta había instruido, a través de la profecía, que Kelly se casaría con Zerby y se convertiría en el "rey Pedro", seudónimo que utilizó para sí mismo, o el de "Peter Amsterdam", aun cuando legalmente se cambió su nombre por Christopher Smith. Karen Elva Zerby se hacía llamar "María Berg", entre los adeptos del grupo, pero el 4 de noviembre de 1.997 hizo lo mismo que su segundo esposo, cuando también se cambió su nombre por Katherine Smith Rianna y luego fue conocida con los alias María David, María Fontaine, mamá María y la reina María.

EL ORIGEN DEL MOVIMIENTO

Esta secta comenzó su actividad y sus reuniones públicas en el año 1.968 en Huntington Beach, California (Estados Unidos) cuando a los cincuenta años de edad, David Brandt Berg, junto con su esposa y sus hijos adolescentes formaron un grupo de jóvenes, al que consideraron como una familia, en el que sus primeros adeptos eran del movimiento hippie que estaba en pleno furor en aquella época, y en poco tiempo algunas personas más se adhirieron a la "Familia de Dios" por cuanto ésta proclamaba lo que llamaba la "ley del amor", que tenía como slogan la consigna bíblica: "amar a Dios y al prójimo como a sí mismos", con la que ofrecía un mensaje de salvación basado en el libro de Apocalipsis, enfatizando una supuesta "revolución espiritual" antes del fin del mundo, e inspirando con sus escritos y charlas a los integrantes del grupo a difundir por todos los lugares que les fuera posible el mensaje del amor de Cristo, y que enseñaran a otros a realizar la misma labor misionera, mientras que el fundador del grupo censuraba la decadencia moral de la sociedad moderna, sin embargo, las interpretaciones que David Brandt Berg hacía de algunos pasajes de la Biblia eran propias de su interés por abusar sexualmente de las niñas y adolescentes que se unían al grupo, ejemplo que imitaron otros líderes del grupo mientras este se extendía entre la juventud por más de noventa países en América, Europa y Asia, por lo que el movimiento ha sido objeto de muchas polémicas de opinión pública, se la ha adjudicado la promoción sexual ilícita y la pedofilia, y ha tenido problemas de índole social por sus características sectarias. En el año 1.972 ya había ciento treinta comunidades en todo el mundo, conformadas por pequeños grupos o colonias de seis a diez personas que se reunían para estudiar la Biblia y que poco a poco aumentaba el número de sus integrantes.

ESTRUCTURA DOCTRINAL

Aun cuando se destaca la doctrina tradicional de la Trinidad, la salvación a través de Cristo y se anima a los miembros del movimiento a practicar el don de hablar en lenguas como en las iglesias pentecostales, abundan las profecías sobre el fin del mundo con base en la interpretación de Daniel 12:4 como el cumplimiento de este trascendental evento muy cercano, por cuanto ha habido un aumento considerable en los conocimientos científicos e inventos como nunca en la historia de la humanidad. Además del énfasis exagerado que hacía en la profecía, David Brandt Berg promovía falsas doctrinas que animaban a prácticas inmorales, bajo una visión pentecostal mal entendida, como el amor libre, el intercambio de parejas, el incesto, la utilización de menores en relaciones sexuales y muchas otras, con el pretexto de amarse unos a otros, colocando como ejemplo al Señor Jesús y Su convivencia con los discípulos, no obstante, declaraba que el amor no solamente debe ser interpretado en el sentido abstracto de la palabra, sino con atención, afecto personal, e incluso con las relaciones sexuales. Este mensaje atrajo a una juventud desengañada que se refugiaba en las drogas alucinógenas para escapar de la realidad.

Aparentemente el amor es la esencia de todo en la Familia de Dios, además que niegan la existencia del infierno, sin embargo, en las cartas de Mo, David Brandt Berg anunciaba el evangelio del Señor Jesucristo de una manera revolucionaria, atrayente para una juventud rebelde en los tiempos que la droga y el alcohol eran consumidos en grupo como un estilo de vida en Estados Unidos, y con su mensaje formó una especie de comunas, a modo de familias con los jóvenes que veían en él a un padre. Después de su matrimonio con Karen Elva Zerby, Davis Brandt Berg afirmó que Dios le había dado una profecía, en la cual le decía que ella, su segunda esposa, era la "nueva iglesia", en cambio Jane Miller era la "antigua iglesia" y que Dios estaba haciendo "cosas nuevas", con lo que no solamente promovía el adulterio, la fornicación, las segundas nupcias y el sexo ilícito, sino que justificaba la separación de su primera esposa.

RECOMENDACIONES AL TRATAR CON UN ADEPTO

Se debe tener en cuenta que, por lo general, un sectario repudia y rechaza la doctrina del cristianismo ortodoxo, es autosuficiente, difícilmente va a reconocer que está en un error, no está interesado en cambiar sus creencias, tiene resentimiento contra los cristianos y esto hace que, en lo posible, esté muy al tanto de las probables fallas en la iglesia cristiana como una excusa para dejar de escuchar aún las razones más acertadas. Las personas que de alguna forma se han comprometido con una secta tienen entenebrecido su entendimiento y el enemigo les ha engañado con lo que el profeta llamó *"cazar las almas"* con *"vendas mágicas"* (Ezequiel 13:18-20). Las herejías se originan comúnmente en la exagerada interpretación de un sólo aspecto de la verdad, de manera que, si la conversación de alguien gira en un solo tema bíblico, es muy posible que esa persona esté asistiendo a algún lugar equivocado y lo mejor que se puede hacer es seguir el consejo bíblico en cuanto a no tener una discusión innecesaria (Tito 3:9) y más bien, se debe ignorar lo que dice un hereje, sin embargo, es necesario tratar de demostrarle por el testimonio claro de la Sagrada Escritura, Quién es realmente el Señor Jesús. Un rusellista, por ejemplo, cree que todo aquel que debate sus ideas es porque pertenece al sistema de este mundo que persigue a los testigos de Jehová, de manera que para ellos es una especie de algo tener una discusión doctrinal.

Hay por lo menos cinco recomendaciones que se deben tener en cuenta al tratar con el adepto de una secta:

1. Es recomendable conocer las creencias de la secta.
2. Es absolutamente necesario conocer bien la Biblia y la doctrina cristiana.
3. Se debe mostrar humildad.
4. Es aconsejable acercarse con simpatía y sin religiosidad.
5. Al adepto se le debe dejar hablar cuando esté interesado en conocer la doctrina cristiana.

BIBLIOGRAFÍA

CADENA DE ERRORES DE LOS "JESÚS SÓLO" (Tipografía Unión).
EL CAOS DE LAS SECTAS, por J. K. Van Baalen (T.E.L.L).
ESTUDIO DE LAS SECTAS, por Josh McDowell y Don Stewart (Editorial Vida).
HISTORIA DE LAS DOCTRINAS CRISTIANAS, por Louis Berkhof (Estandarte de la Verdad).
LA NUEVA ERA A LA LUZ DE LA BIBLIA, por Mario Cely Quintero (Editorial LEE).
LA REENCARNACIÓN, EL OCULTISMO Y LA GRACIA DE DIOS, por Mario Cely Quintero (A.P.L.I.C.A.).
LOS CÁNONES DE DORT (Editorial Felire).
LOS TESTIGOS DE JEHOVÁ DESENMASCARADOS, por C. Van Dam (Editorial Felire).
LOS TESTIGOS DE JEHOVÁ Y SUS ESPECULACIONES SOBRE EL FUTURO, por José Martín Pérez (Editorial Clie).
NUEVO DICCIONARIO DE RELIGIONES, DENOMINACIONES Y SECTAS, por Marcos Antonio Ramos (Editorial Betania).
OTROS EVANGELIOS, por Pablo Hoff (Editorial Vida)
¿CUÁL CAMINO?, por Luisa Jeter de Walker (Editorial Vida).
VIVENCIAS, por María Luisa Piraquive de Moreno (Iglesia de Dios Ministerial de Jesucristo Internacional).

Printed by Amazon Italia Logistica S.r.l.
Torrazza Piemonte (TO), Italy